涩泽荣一

日本企业之父

[日] 宫本又郎 编著

崔小萍 译

日本近代の扉を開いた財界リーダー

新星出版社 NEW STAR PRESS

序

有关涩泽荣一的记述可谓不胜枚举,包括以幸田露伴的《涩泽荣一传》为代表的多种传记和评传,当然也有小说题材。除此之外,还有关于他的学术论文和书籍,涉及经济史、经营史、思想史、社会史等多个领域。特别是他的个人传记资料《涩泽荣一传记资料》,堪称世界最全,达 68 卷之多。即使在近几年,社会上对涩泽荣一的兴趣仍不衰减,甚至扩大到国际范围。我们已熟知彼得·德鲁克曾经对涩泽荣一进行过高度评价。在全球资本主义的道德倾向受到质疑的背景下,荣一的"合本主义"和"道德经济合一论"开始引起人们的关注。来自英国、美国、法国和日本的八名国际经营史专家对此进行共同研究,其代表性研究成果《全球资本主义中的涩泽荣一》[橘川武郎、帕特里克·弗里顿森(Patrick Fridenson)编]出版。

尽管有关涩泽荣一的文献举不胜举,但并非现在就没什么可讲的。为纪念PHP研究所创立70周年,企划出版"日本企业家"系列丛书,作为该系列第一本书,涩泽荣一与松下幸之助同时获得提名。此二人确实对近代日本经济的发展、企业经营模式以及企业家精神等有着不可估量的影响,他们的行为和理念不单纯是伟大的历史足迹,甚至还投射到了当今社会。因此才会首先以他们二人为研究对象。

在系列丛书中,各卷都由三部分构成。第一部分为书中企业家的生平简介,名为"详传",本书由涩泽史料馆副馆长桑原功一执笔。如前所述,关于荣一先生已有大量的资料和研究结果,如果没有史料自然无法完成研究,可若资料过于庞大,其实也比较耗费精力,加之荣一先生长寿,他的活动范围和内容更超乎常人。尽管如此,桑原功一副馆长潜心研究相关资料并结合他人研究成果,撰写出了独具特色的评传。对此我们表示崇高的敬意,也希望各位读者在品读时,能够有一种身临其境的感觉,感受荣一先生参与各种活动时的情景。

第二部分主要是从经济学和经营学的角度来分析涩泽荣一的活动、思想以及价值观。本书的第二部分由笔者(宫本又郎)执笔。众所周知,荣一先生参与的活动数量多、范围广,他不仅是企业的创办者、经营者,还是财经界的首领、思想家、教育家、民间外交家和公益活动家。由于第一部分设有"详传",

所以第二部分将荣一先生的企业家活动的核心归结成三点,并以此三点为中心进行论述。第一点,作为新的商业模式,为什么会提倡并实行"合本主义",其历史意义是什么。第二点,荣一先生作为"财经界首领"所发挥的作用。荣一先生并没有将脚步停留在创办、经营个别企业的状态,而是更进一步地在企业之间、企业家之间进行网络构建与协调,甚至还为政府与民间企业牵线,这些耗费了他大量的精力。像荣一先生这样的人物和他发挥的作用,为什么是我们需要的呢?本书将会对此论述。第三点,荣一先生不仅作为企业家参与各种活动,还倡导"道德经济合一论",作为新的经营理念的倡导者,他还在财经界发挥着总指挥的作用。本书将讨论这种指导理念的必要性及其对经济的影响。通过上述三点,本书将在时代的潮流中对荣一先生的活动及思想等进行定位,并且以现代的角度给予点评。

第三部分的第一章收录了采访荣一先生的重孙涩泽雅英先生(涩泽荣一纪念财团理事长)的内容。雅英先生此前也曾写过或者谈过关于荣一先生及父亲涩泽敬三的内容,但是本书中有些内容是初次问世,希望读者能感兴趣。在此,对于能够接受我们长时间采访的雅英先生表示衷心的感谢。第二章,我们精选荣一先生在世时人们对他的 些评价,希望以此窥探他生活的时代和他的真实写照。在编纂第三部分时,涩泽荣一纪念财团的主管(研究方面)木村昌人先生、涩泽史料馆的馆长井上润先生和副馆长桑原先生给予我们极大的支持,在此一并感谢。在本书的编写过程中,我的编著合作者 PHP 研究所藤木英雄先生,也竭力帮助我解决各种问题,对此也深表谢意。如果没有藤木先生对我的激励和他细致的编辑工作,想必也不会有此书的问世吧。

最后希望本套丛书的编辑委员能够铭记整体的写作方针,明晰肩负近现代日本经济发展重任的企业家是如何出现的,他们各自怀有怎样的信念和理念;虽然受到时代的制约,但他们是如何努力创新的;企业家的特性,在时代发展的同时发生了怎样的变化;资本家与经营者之间的关系是如何变化的。本套丛书旨在追寻并探讨具有代表性的企业家的活动轨迹。虽然我们以企业家活动为出发点来回顾经济史,但并非主张哪一位企业家个人具有改变历史的能力。经济活动以遵循经济的自然法则为前提进行,这已是极为基础的定论。因此,如果断定所有的状况都是人为产生的,就会有失公允。在体制、惯例、历史的潮流等各种因素制约下,每个企业家都如何抵抗,又如何获得成功,他们这些个案集中在一起,如何改变经济的惯例轨道,这些才是我们所关心的内容。

如果这套丛书能够被更多的人阅读,并且对当今的日本经济和企业经营起到一定的启发作用,笔者将不胜欣喜。

宫本又郎

2016 年 11 月

目录

第一部　详传

舍我为公
追求"公益"先驱者的足迹

Ⅰ 涩泽荣一登场 / 003

Ⅱ 奔走于构建日本经济制度的时光 / 030

Ⅲ 明治初期的企业家活动：以银行业与造纸业为核心 / 052

Ⅳ 多项事业发展中的光与影 / 110

Ⅴ 专注民间企业的培养 / 140

Ⅵ 以促进实业界的发展为己任 / 156

Ⅶ 完全引退后的人生 / 185

第二部 论述与考察
铭刻历史的企业家的价值
合本主义、财经界首领、道德经济合一论

Ⅰ 生于动荡年代 / 201

  涩泽荣一生活的时代 / 201

  涩泽荣一的出身 / 208

Ⅱ 展露商业才华 / 216

  涩泽家的经济活动 / 216

  欧洲生活时期,涩泽荣一的社会经济观结出硕果 / 223

Ⅲ 提倡并实行"合资主义" / 235

  序　节 / 235

  提倡并实行"合本主义" / 236

  大阪纺织和涩泽荣一 / 257

  涩泽荣一与人才培养 / 276

Ⅳ 财经界的首领——涩泽荣一 / 284

Ⅴ 道德经济合一论 / 290

Ⅵ 结语 / 309

第三部　走近涩泽荣一的人物形象

"涩泽荣一"走过的路
江户后期至昭和初期的日本人形象

Ⅰ 采访荣一的曾孙——涩泽雅英 / 321

　　"涩泽荣一"的成长环境 / 321

　　持续到战后的涩泽家的家族会议 / 327

　　曾祖父的艰苦奋斗及弥留之际 / 335

　　对社会文化事业的贡献 / 342

　　"论语"——企业家的人生原则 / 347

　　逸事——荣一的那些事儿 / 355

Ⅱ 同时代的人们对荣一的评价 / 360

"企业家涩泽荣一"简略年表 / 377

写在 PHP 经营丛书"日本的企业家"系列发行之际 / 383

第一部　详传

舍我为公
追求"公益"先驱者的足迹

[凡例]

一、详传部分的主要参考资料《涩泽荣一传记资料》正篇部分共有58卷,续篇共10卷(编纂主任为土屋乔雄)。第1卷在1944年由岩波书店出版,第二次世界大战后由涩泽荣一传记资料刊行会于1955年重新出版,截至1965年正篇部分发行完毕。后来由涩泽清渊纪念财团龙门社继续发行续篇,1971年发行完毕。本书中有关这份资料的标注将会省略各卷的发行时间、编者(涩泽清渊纪念财团龙门社)、出版社等信息。

二、年号基本采用公历进行标记,有时为方便读者也会标注日式纪年法。另外,1872年(明治五年)12月3日之前的日期使用的是农历。

三、引用使用直角单引号标注,我们虽竭力做到忠于原著,但有时为方便读者会做一些处理,例如在生涩难懂的地方标注假名,旧字会改为常用汉字(或正规汉字)等。

四、关于荣一先生的年龄表述,在《雨夜谭》等他的自传中采用的是虚岁,本书详传部分基本以周岁计算。

I 涩泽荣一登场

荣一的出生地

1840年（天保十一年）2月13日，武州国榛泽郡血洗岛村（今埼玉县深谷市血洗岛），曾是农民的市郎右卫门与妻子阿荣之子涩泽荣一出生。

江户时代后期，利根川流经血洗岛村，正好在这附近河床越往上游越浅，于是便于乘客上下船、货物装卸、检查来往船只的浅滩河岸应运而生。那里乘降船的旅客络绎不绝，在河岸边利用水路运输的船只货物装卸也一片繁忙。这里俨然成为物资的集散地，许多船只停靠于此，客栈鳞次栉比。浅滩河岸旁有渡口，从渡口经由上野可以到达北越道，北越道是条通往越后地区的辅干道。

从河岸向南出发，经过深谷宿（译者注：位于中山道，从江户开始数第9个驿站，位于现在的埼玉县深谷市，是中山道规模最大的驿站），便可进入中山道，中山道的深谷宿距离江户约19里(约75千米)(译者注:在日本,1里约有3.9千米)。荣一年少时,驿站的人口约1928人,住户524户,商人旅客往来频繁,车马运输物资等行业蓬勃发展[1]。

血洗岛村也因此成为交通要塞,行人往来与物资流通一片欣欣向荣的景象。政治、经济、文化等信息也很容易在这里融汇聚集。

在荣一出生的年代,无论农村还是城市,社会与经济结构都发生了巨大的变化。在农村,上层农民和贫民化日益加剧的下层农民之间的差距越来越大。从关东到东北的农村一片荒芜,举村迁徙的情况时有发生。19世纪30年代的天保年间,曾发生过严重饥荒,社会矛盾日益尖锐,幕府和诸藩顺应潮流采取了相应的政治改革。荣一的祖辈就在这种社会背景下不断积累起家业。

涩泽家的家业

血洗岛村形成于1573年的天正年间,最初仅有5户人家。江户时代后期数量达到50户,米谷收成可达346余石[2]。江户时代中期以后,全村的平均米谷收成大约在400~500石,可以称得上是一个初具规模的小村庄[3]。

涩泽的祖辈在建村之初就已居住于此,在荣一幼年时,姓涩泽的人家有十几户，荣一家的名号叫"中家"，也被称为涩泽一族的本家。1831 年（天保二年）荣一祖父所拥有的土地（房屋和耕地等）只有 1 町左右，并不是很多。因为耕地只有旱田，所以家族开始生产"蓼蓝"[4]。后来"东家"（涩泽宗助家）的涩泽元助入赘到"中家"，与阿荣结为夫妻并继承家业，改名为"市郎右卫门"，这个人就是荣一的父亲。当时社会动荡，荣一的父亲涩泽元助（市郎右卫门）曾立志成为一名武士，但入赘到"中家"后，便专心经营家业[5]。

血洗岛村的土地不怎么产大米，"中家"在天保年间后的江户幕府末期，手里只有旱田，市郎右卫门便一边养蚕、种麦，一边大力发展经济价值高的旱田农产品——蓼蓝产业，将其作为家里的经济支柱。蓝叶既可以在自家采摘，也可以向附近的农户采购，制成蓼蓝染色剂后，卖给信州、上野、武州秩父郡一带的印染店[6]。后来"中家"积累的资产仅次于市郎右卫门（涩泽元助）的老家"东家"，还开起了当铺，做了金融生意，原本败落的"中家"家业因此兴旺起来[7]。

从血洗岛村到江户大约有 19 里，虽然可以利用利根川—（关宿）—江户川这条水运线路，也有中山道的陆运线路，但是这些都没能推动蓼蓝生意拓展到江户。

盛产蓼蓝的阿波地区虽然距离江户有一段距离，但是利用海运可直接将产品送到江户。江户聚居着许多富贾豪绅,他们对用日本顶级品阿波蓝制成的高级货需求较为旺盛。在这个时期,江户近郊的农村,有许多生产蓼蓝染料的作坊,几乎可以满足江户地区普通大众对蓼蓝的市场需求。涩泽家并没有积极投入江户市场,因为他们的产品很难达到阿波蓝的品质,而且他们的产品已经销售到武州西部、上野、信州等地区,足以对抗江户市场。

血洗岛属于规模较小的冈部藩的领地,领地对涩泽一族的"中家"和"东家"以及其他领地内各家族的蓼蓝染料销售利润征税,但是并没有对蓼蓝原材料的销售和加工采取课税等管制措施。因此,涩泽家族与其他藩地及领地的村镇可以直接自由地交易,他们还通过血缘和地缘在不同地域构建了人际关系网,扩大销售渠道、增加客户。

荣一在以这种手法增加蓼蓝销量的父亲的教育下,一边学习经营管理,一边不断创新,开启了人生新的篇章。

才华初露

荣一的哥哥早年夭折,他作为涩泽家"中家"的继承人被悉心养大。人们常看到荣一的母亲阿荣怕他感冒,拿着外套追着他跑[8]。虽然荣一的姐妹和弟弟很多,但是大部分在年幼时就离开了人世。后来，妹妹阿贞长大，招了女婿，继承了"中家"。

荣一的乳名叫市三郎，也叫荣治郎，他11岁之前本名叫美雄，后通称荣一郎，本名改为荣一。5岁起荣一就跟随父亲读书，后师从邻近的下手计村的尾高惇忠学习《论语》和四书五经等内容。在13~14岁时，他每天都会读书，练习神道无念流的剑术等[9]。父亲曾对荣一说过，以后要抽出一定的时间帮忙料理家事[农业（种麦、种蓼蓝、养蚕），生意（采购蓝叶、生产蓼蓝染料、销售）][10]。

荣一13岁那年关东地区大旱，一等蓝歉收严重，二等蓝却大丰收，对二等蓝的收购需求增大。当时荣一的父亲正在走访信州、上野等地的染坊客户，不能亲自采购，就把采购的事交给了岳父（荣一的祖父），他对荣一说："你跟随祖父一起去学习做生意，这也是将来经商的一种修行。"

荣一认为自己已经掌握了鉴定蓝叶的本领，想在父亲外出时独自收购蓝叶。他第一天跟随祖父，收购近邻的矢岛村一两家的蓝叶时，突然想独自一人收购，就跟祖父说想绕道去横濑村再回家。与祖父分开后，他把祖父给的钱装入腰兜，从横濑村转到新野村，宣称自己是采购蓝叶的。但是当时荣一还是梳着鸢口髻（译者注：形状像鹰嘴的发髻）的孩子，村民们并不信任他。于是跟随父亲多次收购蓝叶的荣一模仿父亲的样子，看了看蓝叶并煞有介事地说这个缺肥，那个晒得不好，还有叶茎切得不对等，细致地指出了这些蓝叶的问题。

村民听说来了一个厉害的孩子，觉得稀奇的同时开始对他正眼相待。荣一收购了新野村 21 家的蓝叶，第二天、第三天又在邻村收购，那一年的蓝叶都是荣一自己收购的。回到家的父亲看到收购的蓝叶很是赞赏，受到努力工作的父亲影响，荣一在十五六岁时，便投身到农业和经商的工作中[11]。

对身份制社会的愤恨

荣一 16 岁时，冈部藩向血洗岛村周边征收赋税，并要求荣一的父亲市郎右卫门等人到阵屋（译者注：江户时期，有些小规模藩地的首领没有城郭，他们的居所就被称为阵屋）听命。荣一的父亲因为有事不能前往，便由荣一代替出席，他和其他两位同样需要交税的邻村人一起去了阵屋。

在听完官员的发言后，荣一回答说："税钱的金额我知道了，容我禀告家父后再做答复。"而官员听后则对他一顿冷嘲热讽，还逼迫他在这种场合下应该说"小人领命"！这些冈部藩无德无能的官僚，因为有一个武士的身份就可以侮辱农民，这让荣一觉得荒唐至极。"不管怎样都不想再做农民"，"农民和商人地位太低了",这些想法不断从荣一脑海里奔涌而出[12]。

自那以后,荣一就以打破官尊民卑的现象为目标,心系民间活动,致力于提高农工商的社会地位。荣一16岁时对不合理的身份等级非常愤恨,有着提高身份的强烈愿望。从17岁到19岁的3年,通过阅读《日本外史》等历史书籍,荣一有了"千古英雄豪杰皆我友"的想法。他知道丰臣秀吉是尾张的农民出身,德川家康是三河的小大名(译者注:大名是指室町到江户时期能够支配一定范围领地的领主)出身。这些都使他更加坚定了提高身份,成为英雄豪杰,扬名天下的想法[13]。

但是,父亲教导他说也不能只读书,还要多多参与家里的工作。尽管对身份制社会不满,他还要专心于家中事务。在销售蓼蓝时,一年4次去信州、上野、武州秩父等地,每天都非常忙碌。虽然觉得"农民和商人地位低下",但是由于对做买卖十分感兴趣,他还是不断学习,下了很多功夫。

为了不输给已经具有品牌效应的"阿波蓝",荣一立志成为"最优质的蓼蓝染料制造商"。有一年,他们收购了邻村很多人的蓝叶,并款待种植蓝叶的农民们,但是在决定座位顺序时,他们像相扑力士等级榜一样给种植优质蓝叶的农民排名,按照蓝叶品质的好坏排座,只有生产出最优质蓝叶的人才能坐在上座。这一策略激起农民强烈的竞争心,在农户中形成了努力生产出最好的蓝叶以争上座的风气，成为一项能够提高蓝叶质量的举措[14]。

尊王攘夷运动培养出的思维模式

有时，荣一对厌恶的社会现状充满困惑并且意气风发地想改变些什么；有时却在帮助料理家务之余，一个人伫立在屋后高高的榉树下，在清澈的潭水旁冥思，安抚自己那"抑郁少年无法释怀的悲哀"[15]。

1858年（安政五年），日本签订了日美友好通商条约。幕府接受了自由贸易，同年尊王攘夷派掀起了反对运动。

1859年，荣一19岁时也加入了尊王攘夷运动[16]，他和表哥同时也是他的老师尾高惇忠、表哥尾高长七郎、涩泽喜作等人一起商讨国事。受到在江户生活过的尾高长七郎的影响，荣一认为不能一直这样在田间当个农民。他说服训斥他应该专心操持家务的父亲，于1861年（文久元年）赴江户游学2个月，在5月时，荣一加入了海保章之助（渔村）的汉学书塾，还加入了位于御玉池附近北辰一刀流的千叶道场。

荣一与书塾和道场中的有志之士广泛地交流，听取各自的言论，他想在江户明辨时局，扬名立万。这里人才济济，学习知识和剑术的人很多，荣一萌生了结交有志之士，把他们拉入阵营的想法[17]。这样一旦爆发尊王攘夷运动，就会得到更多同道中人的支持。

在江户游学后受到强烈刺激的荣一回到家乡，怀揣着尊王攘夷想法的他开始对家中事务敷衍了事，经常遭到父亲的训斥。荣一22岁那年发生了坂下门外之变，他听说长七郎遭到怀疑，就迅速赶往中山道熊谷旅店，阻止了正要前往江户的长七郎。荣一将信息告诉他，说服他经过信州时顺便打探一下京都局势再去。

1863年春天，荣一23岁时再次到江户游学，虽然在老家和江户之间往返多次，但是游学时间也长达4个月之久。这次游学荣一参加了海保塾和千叶道场。那个时期尊王攘夷派的运动频繁，他们批判幕府不执行朝廷下达的攘夷锁港要求。荣一也开始考虑加入攘夷运动的行列。

荣一认为"即使要友好相处，也应该先一决胜负，否则就不存在真正的友好。"而且，"即使敌人船坚炮利，我们有大和魂和锐利的日本刀，也可以把他们砍得落花流水"，"我们要发动震惊世人的动乱，如果不推翻腐败的幕府，就无法挽回国力。我们这些劳苦农民既然是日本的国民，那就不能坐视不管"。

为了实现"推翻幕府之大变革"的计划，荣一、尾高惇忠和涩泽喜作三人开始密谋。他们在1863年8月计划攻占高崎城后，到横滨的外国人居住地纵火，并计划在11月23日施行[18]。

9月13日晚上，荣一与惇忠、喜作一同在自家赏月。他以断绝父子关系为最坏的打算，和父亲展开讨论。他说现在天下大乱，虽身为农民，也不可安居，身处乱世就必须要有在乱世的觉悟。父亲说："生是农民，就应该遵守农民的本分。"而且教育他："不应该抱有与自己身份不相符的奢望。"

荣一说遵守农民的本分，只会整日提心吊胆。如果此次计划成功，农民、城里人和武士之间的身份差别将会消失，这与血洗岛村涩泽家族存亡之事无关，只与我今后的进退荣辱有关[19]。

他们一直争论到天亮，14日早晨荣一被允诺自由，为了完成事前准备和召集志同道合之士，他当日便出发前往江户，10月末回到家乡。

然而，10月25、26日，从京都返回的长七郎对荣一的计划持反对意见。10月29日夜，在下手计村惇忠家的二楼，荣一、惇忠、长七郎、喜作和中村三平5个人商议是否要终止计划。

因为8月18日京都发生的政变，让在朝廷中拥有强大影响力的长州藩失势的局势扭转。长七郎说明现在的局势，认为白白牺牲太可惜，主张终止计划。而荣一坚持认为，即使失败了也会有志同道合之士在各地继续反抗,应该将生死置之度外,成败听天由命。在此谈论太多也没用,不如用一死表明心志。

长七郎对荣一说:"哪怕是杀了你,我也要阻止你。""我宁愿刺你一刀也要发起运动。"荣一回道。他们争论了整整一夜,最终荣一离开时,觉得长七郎说的也不无道理,所以放弃了计划。因为担心被关东取缔出役官(译者注:江户幕府的官职名称,主要负责管理所辖区域的流浪汉、赌博以及其他非法行为,维护社会治安)抓捕,11 月 8 日,荣一同喜作一起从乡里动身,为结交有识之士看清局势前往京都[20]。最终荣一参与的尊王攘夷运动失败了,但是通过这次运动,荣一有了超越武士、农民、商人等身份观念的认知,开始意识到无论是武士还是农民,日本的立国之本都是"国民"。

一桥家的家臣

1863 年(文久三年)11 月 25 日,荣一到达京都,投宿在三条小桥旁客栈兼茶店的久四郎家里。荣一从江户赶往京都时,一桥庆喜的亲信平冈元四郎曾许诺给他一个家臣的头衔,于是荣一拜访了他。在之后大约一个月的时间里,荣一都在和京都的有志之士们交流,寻找推翻幕府的时机,继续坚持了一段时间的尊王攘夷运动。

但是刚刚经历"八·一八政变"的京都，根本没有这样的机会。12月中旬，荣一和喜作找借口一起去伊势参拜，翌年正月再次回到京都，他们开始频繁地拜见平冈，询问一桥庆喜在朝廷的势力、与诸藩的交流情况以及如何解决幕府的攘夷锁港问题。2月上旬，他们收到在江户被捕入狱的尾高长七郎的来信，从信中得知，长七郎被抓捕时怀中揣有荣一和喜作写给他的信，而信中满是批判幕府的言辞。两人至此走投无路，不知何去何从。翌日清晨，荣一收到了平冈有事商议的来信，前去拜访时看到了幕府发给一桥家的照会状，里面提到荣一等人与被捕的尾高长七郎有瓜葛。

平冈对荣一等人说："事已至此，各位不如屈尊来一桥家做家臣，如何？"一桥家贵为御三卿，是德川家的亲族，与其余诸藩不同，通过接受幕府的御赐金维持财政。一桥家内以平冈为首的官吏都是幕府派去的。平冈为一桥家寻求人才，非常看好荣一等人的才能。

荣一告诉平冈自己之前并没有到一桥家做官的想法，并直言目前的境况确实进退两难。平冈劝说他虽然现在看似是在为国家抛头颅洒热血，但实际上并未做到，（此处有删减）一桥主公是有为的君主，即使幕府无德无能，但一桥却有所不同，（此处有删减）选择一桥家也算是慰藉自己志向的好去处。

就此荣一于1864年2月开始在一桥家任职,表面上负责看管通往家中内院的入口(无觐见资格的家臣)的工作,但实际上他们的工作并不是看门,而是在一桥家被称为御用谈所的一个公关部门工作,负责与朝廷和各藩之间的外交事务,俸禄是4石加2人份的扶持米,外加在京都"出差"的补贴4两1分钱。

虽然在一桥家任职并非本意,此时的荣一认为家臣的身份有些丢脸,但这个职位带给他的希望和动力又让他感到愉悦。任职后,荣一满怀热情,夜以继日地认真工作[21]。

网罗天下志士

荣一初当家臣时向平冈进言,一桥家应尽揽天下之士,关东地区也有许多人才,可以派我和喜作去关东地区筛选人才。

1864年(元治元年)5月下旬,一桥家决定让荣一他们去关东。荣一选用人才的标准,是在击剑家和汉学学生中选取言谈慷慨、富有志气、心无贪恋、敢作敢为、有魄力的人。肩负着挖掘人才重担的荣一前往关东,在一桥领地中挑选出大约40人,在江户选出剑术精湛的剑客和汉学学生10人,共50人返回京都。

正值荣一在关东选拔人才之际,6月17日晚,他的恩人平冈元四郎在京都被暗杀。接替他负责一桥家事务的是头号管家黑川嘉兵卫。荣一回到京都后，黑川嘉兵卫对他说："我会让你们在此施展才华，助你们实现自己的理想，所以务必要竭尽全力去学习。"这对失意的荣一是莫大的鼓励。正如黑川嘉兵卫所言，时隔不久的9月末，荣一晋升为御徒士（无觐见资格的家臣），俸禄变为8石加2人份的扶持米，外加每月在京都"出差"的补贴6两。实际的工作内容没有改变，继续在御用谈所工作。

12月初，水户的天狗党从北国筋向西进攻，庆喜亲自带兵打仗，荣一也跟随管家黑川嘉兵卫担任秘书之职。但是天狗党败退，通过加贺藩提出投降，庆喜交给幕府的天沼玄藩处理，2月末才得以回京。荣一也回到京都。

第二年，一桥家和诸藩的关系变得更加复杂。荣一跟随掌管御用谈所事务的头号大管家黑川嘉兵卫，经常出入一桥家与诸藩之间的交际宴会。1865年（元治二年）2月，荣一晋升至小十人（译者注：江户幕府时期，负责警备和军事部门事务的职务），成为具有觐见资格的家臣，俸禄为17石加5人份的扶持米，饷钱13两2分。工作内容还是与之前一样在御用谈所，但是已经不是下级官员而是"御用谈所长官"。

在和诸藩之间频繁举行交际宴会之时，荣一想如果能做一些哪怕是微不足道但对社会有意义的工作，才对得起自己这奉公之职。于是他向黑川进言："守卫"正如字面意思所示，要守护、保卫主公，而我们目前的状态却不然。一桥庆喜大人既然奉命担任京都守卫都督，没有士兵岂不是有名无实？目前的两三个小队的步兵，到关键时刻没有任何作用，而且从幕府借调过来的步兵，也随时可能因为幕府的一句话而撤走，兵备十分不稳。

黑川认为荣一所言极是，问他该如何招兵买马，荣一说招募一桥领地内的农民便可以组成千人步兵队，这样就可以常备两大队的直属兵。而关于如何招募人马，他想亲自拜见庆喜大人，在黑川的牵线下，荣一拜见了庆喜，建言道：若要履行京都守卫总督之责，就必须拥有兵力。首先应该完成步兵队的编制，从领地内召集农民作为士兵是最合适的选择，此事请务必交由他处理。

第3天（2月28日）荣一被任命为步兵征集专员，前往一桥领地赴任。3月4日前后，他从大阪出发，先前往收入为32000~33000石的备中国领土，在那里有200多人应征，后又在播州、摄津、和泉等地招募456人，招募大获成功。5月中旬荣一返回京都复命，尽心尽力地进行兵制完善工作，于7月前后大致完成整备。

这一时期,荣一一边正常参与御用谈所的工作,和诸藩同席交流,一边还积极策划招募人才。

一桥家拥有德川宗家的家族待遇,家臣大部分都是幕府派来的。正如荣一所说,一桥家既没有直属兵力也没有太多的直属家臣。由此荣一积极为一桥家挖掘人才,招募了许多直属于一桥家的人才,力图强化一桥家的势力,但是若要实现这个理想还需要大量的资金做后盾[22]。

资金和货物流通

荣一在招募民兵时,萌生增加一桥家收入,使辖下民众也富裕起来的想法。在领地巡视期间,他对地方特产、特产销售渠道以及其他经济方面的情况抱有浓厚的兴趣。由于他在青少年时期就参与自家的生意,所以对地域经济的洞察力非常强。

一桥在播州的领地,盛产优质大米,这引起了荣一的注意。调查了流通线路后,得知播州的大米最后由兵库销售。此事由一桥家的大阪地方官管理,他将大米的销售和价格等全权委托给兵库的米商,没有直接监管,所以米商以低价收购大米的情况时有发生。荣一认为不经过米商,可以将这种好米直接卖给滩和西宫一带的酿酒作坊,如果能打开这条销路的话,一定可以卖出高于以往的价格，增加一桥家的收入。

一直以来播州就是棉花产区，农民在大阪可以自由贩卖棉花，虽说棉花是特产，但是一桥家没有对其进行任何管理。而邻近的姬路藩则不同，将藩内生产的棉花全部买断，运到姬路城晾晒后再高价销往江户等地。一桥领地的棉花不仅售价低，产量也远远低于姬路藩。荣一认为如果先高价收购棉花再薄利销往大阪和江户，那么领地内的棉花产量就会提高。后来荣一又发现备中的老宅地下可以挖出大量的硝石，硝石是火药的原料，由于海防、战乱等原因，用于枪炮制造的硝石需求量越来越大，荣一认为这也会为一桥家带来可观的收益。

通过整顿一桥领地内的经济事务，荣一觉得军事方面的事务可能不太适合自己，他更想为一桥家创造财富。因此，向大管家黑川和其他管家提出大米、棉花和硝石3项建言。

1865年（庆应元年）秋天，荣一转为财务组组长，俸禄变为25石加7人扶持米，在京都的津贴为每月21两。虽兼任御用谈所长官，但他大部分时间在财务所上班，并不断策划各种活动。管家们听了荣一财政方面的建言，都有意让他担当财政改革的重任，他自己也对改革充满热情，对财政做了全面的调查之后开始着手改革。他不仅在一桥家的财务所坐镇指挥，还亲自到一桥领地的各个村了现场指挥，对发展生产、增加财政收入的整体工作进行规划。

他首先在备中建立4所硝石制造所,起用在招募民兵时结识的剑术家关根,此人精通硝石制造。荣一向该地域农民说明缘由,并拨专款作为奖励基金,鼓励农民生产硝石,之后由荣一按照定价收购。年贡米的销售方法是尽量减少中间费用,这样一来形成提高利润的机制,获得了一定的成功。

其次是播州的木棉布匹,荣一在距离今市的物产会所(批发商)4里(约16千米)的地方设置了会所(仓库),收购印南、多可、加东、加西等地的棉花,并在播州今市的物产会所将其库存的木棉换成"棉花换货票"(藩币,可以交换货物)交给对方。

应村民的要求,藩币可以换取面额相等的钱币,如此一来,藩币的信用度提高,便于流通也搞活了经济。充足的钱币可以使藩币的信用得到保障,荣一将一半资本放在今市的会所,一半放在大阪22家兑换机构中具有代表性的5家获取利息。距离今市4里的会所将收购的棉花送给大阪指定的批发商,批发商将这些棉花分销出去,再将收入(现金)上交给大阪川口的物产会所。物产会所将金银币存放在可信的富商那里,赚取利息。在这种机制下,无论是收购棉花,还是自己直接去大阪销售,只要支付等额的藩币,就可以换得棉花。

发行藩币与收购棉花关系紧密，1865 年秋天，藩币发行手续确定，同年 12 月开始发行藩币。第二年春天初现成效[23]。

荣一此时基本上留在播州和大阪建立贸易机制，指挥各个阶段的工作，正当事业步入正轨时，他收到了财务所发来的回京命令，并于 1866 年 3 月到 4 月间回到京都，每天在财务所处理会计事务，之后他一直积极推进财政改革。1866 年 7 月德川家茂将军去世，8 月一桥庆喜继承德川宗家并昭告天下（同年 12 月 5 日庆喜被任命为征夷大将军）。

在庆喜继承德川宗家的 8 月，荣一被调至幕府，成为陆军奉行支配调役（译者注：官职名，负责陆军调配工作）（无觐见资格）。被调离负责财政改革的岗位，荣一感到非常遗憾。当幕臣最初的那段日子，他住在大阪的旅店，庆喜要前往京都他都一并前往，在陆军奉行支配所快快不乐地工作着[24]。

赴欧有感

1866 年（庆应二年）11 月，荣一下定决心辞去幕职，成为浪人（译者注：失业的人）[25]。11 月 29 日，幕府的官僚原市之进叫荣一去谈话，世界博览会即将在法国巴黎举行，朝廷决定派德川庆喜的弟弟德川昭武出席，昭武想在世界博览会后留学法国，让荣一随同前往。荣一得知此事非常高兴，回答说：

"乐意奉陪，请务必差遣在下随行。"[26]

这样，原本为财务官、陆军附属调配官员的荣一身兼会计、总务等多职，作为巴黎博览会幕府使节的随行人员前往欧洲。1867年1月11日，荣一从横滨出航，经由中国上海、香港和西贡、新加坡、锡兰、亚丁、苏伊士、开罗、亚历山大、马赛、里昂之后，于3月7日到达巴黎。到达巴黎后的荣一在德川昭武手下负责文书和会计事务，并随从昭武参加了欢迎会，走访了许多地方，还参加了拿破仑三世安排的观剧会、大型阅兵式等欢迎仪式，以及杜伊勒里宫的舞会。随后，他们又参观了大炮机械所，巴黎市区近几年建成的地下设施,包括水管、下水道、天然气管道等。平时的休闲时间，荣一会和同事一起跟随法语教师学习法语，在到达法国一个多月后，他就可以用法语进行简单的日常对话[27]。后又跟随昭武出席巴黎世界博览会[28]并受拿破仑三世邀请，与昭武一起参加博览会的颁奖仪式[29]。

随同昭武视察博览会期间[30]，荣一对日本的展出物品进行评价与调查，博览会的例行公事结束后，8月6日，又陪同昭武相继访问了和日本缔结友好条约的瑞士、荷兰、比利时、意大利、英国等国。11月再次回到法国，陆续访问了伯尔尼、日内瓦、鹿特丹、阿姆斯特丹、布鲁塞尔、佛罗伦萨、米兰、马耳他岛、马赛、里昂、伦敦等地[31]。

幕府末期的荣一

在游历欧洲的过程中荣一始终兴奋无比,他看到与日本完全不同的景象,接触到完全不同的世界,无一不让荣一感触颇深。

荣一后来回忆,当时结识了以银行家弗罗里赫拉尔特为首的众多法国当地实业界友人,虽然在理论上不太懂这些,但是至少能接触到实物并有所了解。例如银行是如何运作的,合本公司的经营方式等,会在整体上有一个模糊的概念[32]。

担任会计和处理各项事务的荣一,在实际工作中收取汇款和向外汇款时经常会接触到银行。例如8月16日在伯尔尼，荣一在东方银行（东洋银行）收到"1000英镑兑换的法郎"[33]，在巴黎东方银行又收到了在英国的川路太郎的汇款[34]。

停留在荷兰的阿姆斯特丹时，荣一认为阿姆斯特丹和大阪在地势上有诸多相似之处，而阿姆斯特丹的商业银行规模庞大，贸易往来极其繁盛[35]。他发现大型银行、商店和经济繁荣有着密切的关系。

在参观和实际使用银行之后，荣一了解到了银行的功能，并通过银行了解"合本会社"（股份公司）的相关内容。早在从日本前往法国的航海途中他就对"公司"产生了兴趣。从横滨出发的一行人，于1867年2月21日中午通过海路到达苏伊士。当时苏伊士运河正在开凿，荣一在《航西日记》中详细地描述了从火车左侧窗户看到的从苏伊士到地中海的运河挖掘现场。

当时过西洋的军舰、商船想要来到东洋，就必须绕过非洲大陆南端的好望角。这样经费开支巨大，小船运输也不方便，所以1865年由法国公司承揽运河开凿工程。苏伊士运河的开通，极大地便利了东洋和西洋的贸易往来。"最令我钦佩的是，西洋人不是只为自己而实行的这一计划，而是超越国界，为谋求全世界的公益而实施这一规模宏伟、目标远大的工程"。荣一感受到了法国的公司参与大规模公益事业的力量[36]。

后来荣一看到拿破仑三世在巴黎博览会演讲后,第二天早晨就有报纸报道,感到非常震惊,他日后积极参与创建主营造纸、印刷的抄纸公司,就源于此。

巴黎博览会的正式活动结束后,1867年11月荣一随昭武前往英国伦敦参观了泰晤士报社,看到40名工作人员用活版印刷机一天仅用两小时就印刷了14万余张报纸。当时欧洲用的纸和日本的纸张不同,欧洲是以破布为原料,机器化生产程度高。这种西洋纸可以在短时间内完成大量的报纸印刷[37]。

传播信息的报纸行业引起了荣一的关注,他参观完报纸印刷后对可以用于机械印刷的纸张及其制造方法产生了浓厚的兴趣,开始思考西洋纸制造、印刷技术发展、报纸发行等,与欧洲各国的繁荣存在着怎样的关系。经过一番思考,荣一认为造纸业非常重要,所以才着手建立了抄纸公司。

站在世界看日本

1867年(庆应三年)10月,日本幕府与朝廷之间发生了大政奉还事件。这些消息被迅速刊登在法国的报纸上,并连日报道日本的政治现状。此时滞留在欧洲的荣一也正怀有强烈的打破日本官尊民卑现状的想法。

翌年1月，荣一终于收到来自日本的信件，得知在鸟羽、伏见战役中旧幕府军败北，德川庆喜离开大阪城，从海路回到了江户，并表明愿意归顺于新政府[38]。4月，荣一又从首任彰义队（译者注：以保护德川庆喜为主要任务的军队）队长也是荣一的堂兄涩泽成一郎（涩泽喜作）的来信中得知，新政府军已到达江户，召开会议商讨如何处置德川庆喜[39]。

1868年闰4月27日荣一给成一郎写了回信。此时，德川庆喜已经隐退在水户，江户城由新政府军接管。成一郎等人离开彰义队，和荣一的表哥尾高惇忠、涩泽平久郎等人结成振武军，开启了新时期的活动。

由于荣一只收到成一郎3月下旬的书信，所以在回信中表示对之后的政治形势很担心。自己的祖辈并非德川家的世代家臣，不能只替德川家族考虑，也不能"弃主顾家"，一切只能顺势而为了[40]。

后来荣一又收到庆喜隐退等情况的信息，据荣一晚年回忆，当时在相隔千里的海外，听到变革后内心的忐忑无以言表[41]。

1868年（明治元年）11月，荣一随昭武到达横滨，回到日本[42]。

注释：

1 深谷市史编纂会编 [1980],《深谷市史增补》(深谷市政府) 150—158 页，187—198 页。儿玉幸多校订 [1971],《近世交通史料集 5 中山道宿村大概帐》(吉川弘文馆) 101 页。

2 《新编武州风土纪稿》第 2 卷・第 132 卷・榛泽郡之三。《涩泽荣一传记资料》第 1 卷 16 页。关东近世史研究会校订 [1988],《天保乡帐》,《关东甲豆乡帐》(近藤出版社) 499 页。另，血洗岛村属于冈部藩，距离冈部藩 1 里（约 4 千米）。在冈部村里有位于深谷宿和本庄宿之间的"间宿"，还有同藩的根据地・冈部阵屋。虽说是藩，藩主安部家族也不过是 1 万余石的小大名。领地分散在三河国、摄津国、丹波国等地。

3 木村础 [1980],《近世之村》(教育社) 27 页；井上润 [1999],《少・青年期人性的形成》,涩泽研究会编《公益的追求者・涩泽荣一》(山川出版社) 325 页。

4 参考土屋乔雄 [1937],《青渊先生的血印入门书之其他旧记》,《龙门杂志》第 583 号（龙门社）14—15 页。

5 《涩泽荣一传记资料》第 1 卷 10 页。

6 上述土屋论文 [1937] 15 页。同上，井上论考 [1999] "中家"所持土地、家业、经营状况等相关分析。

7 涩泽荣一口述 [1984],《雨夜谭》(岩波书店) 18 页。

8 涩泽秀雄 [1998],《涩泽荣一》增补版（涩泽青渊纪念财团龙门社）1 页。

9 参考《涩泽荣一传记资料》第 1 卷 1 页。同上,《雨夜谭》18 页。

10 上述《雨夜谭》18 页。

11 同上,19—21页。

12 同上,25—28页、30页。

13 同上,29—30页。

14 同上。

15 涩泽荣一[1913],《青渊先生怀旧谈父母的模样》,《龙门杂志》第304号40—44页。

16 上述《雨夜谭》215页。

17 同上,31—32页。

18 同上,36—38页。

19 同上,38—39页。

20 同上,44—45页。

21 同上,51—68页。

22 同上,76—92页,100—101页。

23 同上,102—114页。

24 同上,121页。

25 同上,124页。

26 同上,125页。

27 同上,128—130页。

28 涩泽荣一·杉浦蔼人[1871],《1867年6月20日(庆应三年5月18日)条》,《航西日记》第3卷(耐寒同社)。

29 同上,《1867年7月1日(庆应三年5月29日)条》,《航西日记》第4卷,《涩泽荣一传记资料》第1卷514页。

30 同上,《1867年7月3日(庆应三年6月2日)条》《1867年7月22日(庆应三年6月21日)条》,《航西日记》第4卷;《1867年9月1日(庆应三年8月3日)条》,《航西日记》第5卷。

31 日本史籍协会编[1967],《御巡国日禄》,《涩泽荣一滞佛日记》(财团法人东京大学出版社)394—489页;以及该书中的小西四郎《解题》部分,497页。

32　上述《雨夜谭》231—232页。

33　上述《涩泽荣一滞佛日记》405页;《巴里御在馆日记》。

34　同上,237页;《巴里御在馆日记》。

35　上述《1867年9月20日(庆应三年8月23日)条》,《航西日记》第5卷。

36　同上,《1867年3月26日(庆应三年2月21日)条》,《航西日记》第2卷;高桥重治·小贯修一郎[1927],《青渊回顾录》上卷(青渊回顾录刊行会)143中也记载荣一当时讨论过正在开凿的苏伊士运河。

37　涩泽荣一[1920],《有关报纸的回忆》,同上,《龙门杂志》第390号39—40页。

38　上述《雨夜谭》136—137页。

39　《涩泽荣一书信给涩泽成一郎庆应四年闰4月27日》(涩泽史料馆所藏)。

40　同上。

41　上述《雨夜谭》137页。

42　《涩泽荣一日记1868年12月16日(明治元年11月3日)条》,《涩泽荣一传记资料》第2卷17页。

II 奔走于构建日本经济制度的时光

决意在静冈度过余生

1867年（庆应三年）11月3日回国的荣一，面对取代幕府统治建立的明治新政府，昔日的江户变成东京，以及不断变革的日本新面貌感到非常迷茫。荣一刚到横滨就被新政府的监督官吏讯问了很多关于身份境遇的问题，这与之前从横滨出航时的情形迥然不同。"无论看到的事情还是听到的事情，没有一件让人感到愉快"[1]。

荣一前往东京提取德川昭武的行李，以幕府使节的身份向新政府提交参与巴黎世界博览会的报告并处理其他相关事务。昭武在归国途中对荣一说："我回国接手新政府的工作，前途实在令人担忧。特别是现在这种非常时期，我能够依赖的藩士也没有几个，考虑到这些（此处有删减）你还是到水户来待几日吧。"在东京滞留期间，以及前往水户藩小石川宅邸时昭武都对荣一说过同样的话。

荣一曾受恩于德川庆喜,而此时的他正深陷禁闭(译者注:江户时代对武士以上身份者处以刑罚之一)状态之中,荣一的好友涩泽喜作和榎本武扬等背负反贼的罪名,只能据守箱馆。在新政府的统治下无论是朝臣还是藩士,没有一位知己。荣一对于今后该如何是好烦恼不已,且"对于追随有实力的当权之人,请求成为政府官吏一事心中有愧"。他认为昭武之所以邀请自己,必是因为自己曾受过庆喜的恩泽。左思右想,他下定决心要到静冈度过余生,算计着去了静冈,会有什么工作可做,倘若实在没有,也可以耕地种田[2]。

荣一先是回到故乡血洗岛村问候了父母,后又到东京再前往静冈。到达静冈的第三天,他拜见了处于禁闭中的庆喜,讲述了昭武赴欧时期的情况以及留学等事,并转达了昭武的口信。之后便暂住在静冈的旅店,等庆喜回信后到水户的昭武那里复命,然而回信却迟迟未到。他向藩里打听情况,第四天突然被藩厅传唤,到藩厅后收到命他出任静冈藩勘定组头(译者注:官职名称,主要负责财政工作)的任命书。然而由于一直没有收到庆喜的回信,荣一不能向昭武复命,也就不能接受勘定组头的任命。

此时的荣一又收到手握静冈藩所有实权的中老(译者注:江户时期各藩的武士职称)大久保一翁的传唤。一翁将内情告诉荣一：水户藩已经开始调查荣一的身份，若荣一前往昭武处复命，水户藩内部也许会有人迫害荣一，庆喜担心荣一的安危，才做此决定，任命他在本藩担任勘定组头一职。荣一听此缘由后考虑再三还是婉言谢绝了，因为当时他心里期望的是在庆喜所在的静冈藩从事农商业，平稳地度过余生[3]。

当时的荣一对于究竟从事农业，还是从事商业踌躇不定。在去静冈的时候，他发现新政府在各藩根据官定米谷收成发放相应的新纸币贷款，总计发行了5000多万两的纸币作为战争及其他经费，然而由于纸币的社会信用极低，在民间并不能顺畅流通。

为了使纸币顺利地在全国范围内流通，政府采用每年3个点的利息，13年分期付款还清的方式，依据各个藩的官定米谷收成发放纸币贷款。分配给静冈藩的贷款总额约为70万两，然而到1868年年末只放出53万两的借款。刚来到静冈的荣一对此事也有所了解[4]。

成立商法会所

欧洲一行后，荣一认为"强国之根本在于经济"[5]。婉拒勘定组头一职后，荣一与勘定头平冈准藏见面，对官定米谷收成借款一事说出了自己的想法，平冈深表赞同。荣一在1868

年(明治元年)年末,将详细的方案及计算数据交给平冈,根据提案内容,于 1869 年 1 月,在静冈县染坊街成立商法会所。

平冈准藏担任商法会所董事,荣一担任商法会所所长,与勘定组头属于同级的财政专员,经营方面的工作实际上由荣一指挥。勘定所的几名官员被任命为商法会所各部门的工作人员,外加 12 个政府供货商。商法会所主要处理银行业务和物产贩卖等商业业务。银行业务包括抵押贷款、定期和活期存款等。商业业务主要是鼓励地方农业,将京阪等地采购的粮食贩卖到静冈及其他城市;将从东京采购回来的肥料(鱼糟、干沙丁鱼、油糟、米糠)借贷给静冈藩领地的各村等[6];除经营粮食和肥料外他们也经营其他物产,例如蚕纸(译者注:让蚕在上面产卵的厚纸)和茧,大部分的蚕纸和茧都会送到横滨贩卖,也有一部分委托小野组生丝店的负责人古河市兵卫销售[7]。

1869 年 4 月,商法会所在东京的业务内容发生变化,荣一任命他在先前构想阶段曾接触过的吴服街的大黑屋六右卫门为主管,筹备东京分店[8]。自从大黑屋担任东京分店的主管后,东京分店各项事务不断推进,1869 年 7 月,商法会所东京分店即"东京会所"在深川伊势崎街成功开办[9]。商法会所虽然已经和深川佐贺街的久住传吉家缔结了贸易关系,但是因为经营粮食、肥料等产品的商人大多都在深川,在与深川的商人交易的鼎盛期,他们选择这里作为开设东京分店的最佳地点。当时正在欧洲的荣一因要事收到外务省的传唤,返回东京待了一段时间,这段时间里曾对"东京会所"的开设进行指导[10]。

在荣一的指挥下,以静冈为据点的商法会所,在京阪、伊势、东京深川及其他区域有效地利用海运进行交易,逐渐步入正轨。1869年8月27日,静冈藩厅表示商法会所使用静冈藩的资本进行商业操作有违朝旨,需要改名,经过商讨,将商法会所改名为常平仓,业务还是和以前一样。荣一尽心地经营着一切,认为两三年后,一定能够建立起稳定且有意义的商业公司[11]。

违心就职于新政府

1869年(明治二年)10月,新政府的召令传到静冈藩厅,命令荣一前往东京。荣一非常沮丧,请求暂缓半个月,他暗里请求德高望重的大久保一翁,表示想花毕生心血在商法会所的经营上,希望他可以帮忙撤回自己进京的调令。一翁说如果那样做的话,静冈藩将被质疑违背朝旨私藏人才,这也将给藩主带来麻烦,无论如何还是应当先奉命任职。被一翁这么一说,荣一不得已只能下定决心进京任职[12]。

11月,荣一前往皇城,在柳间(译者注:江户城本丸殿中的起居室）门口等了没多久便接到赴任租税正的任命书。接到任命书后，荣一即刻前往民部省与大藏大辅大隈重信等人会面，听取关于工作的一些说明，傍晚回到住处[13]。第二天荣一去拜访大隈，亲述自己的经历及商务会所的业务，并坦言自己对于即将开始的任职没有经验、十分困惑，希望辞退职务。然而大隈却回复自己现在没有时间，让荣一18日再来。12月18日荣一又一次拜访大隈[14]。这次大隈语重心长地劝他说："建设新日本是我们的任务。现在参与新政府计划的人都是'各路神仙'，（此处有删减）不知道该从何做起的不只你一个人，在接下来的时间里，大家都会一起商量一起摸索。现在正值求才用人之际，任用你是当务之急，你是作为贤人之一被录用的，也就是说你也是'神仙'中的一位。"荣一不得已放弃了辞职的想法[15]。

荣一在改革科（译者注：部门名称，负责为明治政府制定改革草案）针对度量衡基准、租税、交通通信制度、货币制度、俸禄改革、铁路铺设方案、各政府机关建设等问题参与了讨论和审议，并制订相应方案，对这些事项进行查询、整理、建议，全面参与到新国家的制度建设当中。据说荣一在改革科进行的各种讨论审议"非常愉快"[16]。另外，荣一在新政府任职期间，政府在通商司（译者注：明治政府的经济机构）的基础上，于东京、横滨、新潟、京都、大阪、神户、大津、敦贺设立外汇公司，并希望以此发展工业，促进经济发展。

该公司的三井、小野、岛田组等各地富商募集资本组成一个合本组织（股份公司形态），加之从政府处贷款得来的太政官币，主要从事洋银（译者注：江户时代末期到明治初期流入日本的银币）、古金银买卖、汇兑、存款、贷款等银行业务，并发行纸币。同时，他们还设立了合本组织形式的通商公司和运输公司，主要负责对外贸易。荣一将此作为殖产兴业政策的一环，旨在振兴工商业[17]。然而，由于外汇公司和通商公司的民间需求量很小，与各藩进行的交易也不多，并且参与的富豪也不适应共同经营，因此业绩惨淡。

在民部省工作的荣一也参与了建设外汇公司和通商公司。但是两家公司的亏损越来越严重，在1870年前后政府意识到了失败，荣一也为善后工作奔走各处。当时荣一见了东京、大阪等地的商人，谈了许多业务方面的话题。

那些商人们并没有摒除江户时代身份社会的旧习，还残有谄媚之风。荣一认为"只会在当官的面前点头哈腰来表示敬意的人，不仅没有学问也没有骨气，这样的人对于创新和事物的改良也没有任何新意。面对现状，荣一在感慨之余觉得自己必须辞去现任职位，拼尽全力来促进工商业的发展"[18]。他认为可以让近代银行和商业公司取代外汇公司和通商公司,并再次坚定了打破官尊民卑这一社会风气的想法。

在这种情况下,荣一任命吉田二郎(大藏省官员)制定草案,自己修正编纂《立会略则》[19]。1871年大藏省出版该书,对"通商公司""外汇公司"进行解释说明,并记录通商公司、外汇公司设立方法等概要。该书中心思想是政府不能"以权势压制"商业。由于政府的严重干预,导致现有外汇公司和通商公司无路可走,荣一一心想要打开新局面[20]。

1870年前后,日本流通的货币包括政府发行的太政官币、民部省纸币、外汇公司纸币,各藩发行的藩币,大量金、银、铜硬币等,货币流通混乱不堪。1872年政府决定将太政官币和民部省纸币兑换为金币,并承诺没能兑换的部分到第二年可获得6%的利息。然而前景并不乐观,政府消除混乱的货币已经迫在眉睫[21]。荣一为解决这些问题,以建立近代金融制度、银行制度为目标,与伊藤博文等人讨论。根据伊藤的提案,为了调查金融制度决定派遣伊藤本人前往美国。荣一在改革科对相关事务进行审议、汇总,并制定草案提交给太政官(译者注:日本律令制下的最高行政机关)。1870年闰10月,伊藤和福地源一郎、方川显正、吉田二郎、木梨平之进以及东京外汇公司、横滨外汇公司、大阪外汇公司、运输公司等派出的代表组成 21 人团队出发前往美国[22]。

荣一作为改革科科长，负责搜集处理伊藤、福地等人通过书信传来的美国金融制度调查信息，并将其与改革科调查到的信息结合，讨论整理后呈报给大藏大辅大隈[23]。

政府在建立各种新制度的同时也尽全力深入调查，讨论银行制度。与此同时，荣一开始明确指出建立西洋纸制造业的重要性[24]，并且在政府内部讨论机械制丝厂相关事宜[25]。同年，荣一、杉浦让、尾高惇忠等人成为建立官营制丝厂的事务主任，筹划建设机械制丝厂。1872 年官营富冈制丝厂建成。荣一对创建西洋纸制造业也进行了研讨，却始终没有进展。

筹备成立近代银行

1871 年（明治四年）2 月，伊藤博文从美国邮寄的书信到达日本。信中建议日本今后的金融制度采用美国式的金本位制并发行国债，效仿 National Bank 制度建设银行，日本政府对伊藤的建议进行了探讨。

政府开始策划解决因多种货币、纸币的流通导致日本经济混乱的局面。决定采用金本位制，铸造新货币回收旧货币，并将太政官币、民部省纸币与新货币交换，以此来实现货币的统一。荣一负责货币制度的调查，并尽全力拟定"新币条例"

(译者注:明治政府发布的第一道货币统一令,意在确立金本位制),于同年5月10日发布。条例规定将货币的名称由"两"改成"元",发行5种金币作为新铸造的本位货币,发行4种银币和3种铜币作为辅助货币[26]。

同年6月,荣一、大隈、伊藤、吉田清成等人就制造货币事宜前往大阪造币中心。在回来的路上,荣一回想目前为止他在新政府工作的所有经历,深思了未来日本经济的状况:一直以来,自己在政府殚精竭虑,制定货币法、修正租税率、设立公司法以及合本组织,这些虽然对殖产兴业有一定的帮助,但是想要改善日本工商业,仅凭商人目前的实力是远远不够的。因此,希望辞去官职全身心投入商业中。尽管能力有限,却想带头振兴日本低迷的商业状况,为日本未来的商业带来巨大进步,这种想法在荣一的心中越发强烈。他与同行的大隈、伊藤诉说自己的鸿鹄之志,并吐露想辞官的想法寻求他们的意见。大隈和伊藤虽赞成荣一的志向,却劝说他稍微延缓一下辞官的时间[27]。

同年7月废藩置县,荣一处理废藩事务公务缠身。8月13日,荣一被封为大藏大丞[28]。在银行制度的讨论进程中,归国后的伊藤主张效仿美国的National Bank制度。然而针对伊藤的意见,大藏少辅吉田清成建议设立像英格兰银行那样的中央银行，政府内部为此事争论不休[29]。美国创造统一的银行制度，是因为国内各地区经济独立性较强。综合日本推进经济一体化的现状，荣一最终决定支持伊藤[30]。政府也于1871年末以美国的 National Bank 制度为基础创建新的银行制度。

12月18日，荣一身兼大藏大丞及大藏省纸币中心长官两职[31]，积极推进在大藏省设置银行条例编纂科的工作，并且与负责纸币业务的高级长官方川显正共同负责"银行条例"的实际编纂工作[32]。12月24日，荣一在寄给正在大阪出差的井上的信中写道：他修改了早前调查的"纸币公司"（银行）的成规条例，决定于1872年早春奔赴正院，尽早创立"公司"（银行），并且欲将现有的外汇公司等转成"纸币公司"，目前正在进行调研[33]。

日本政府以伊藤从美国寄来的建议书（明治三年12月29日）附件"美国货币条例"（"全国通货法"1864年版）为基础，参考欧美的法律与银行书籍编纂条例[34]。荣一和"美国货币条例"的译者福地源一郎一起，结合日本的国情修改。作为拟定草稿的负责人，荣一将成为范本的美国的"National Bank"翻译成"国立银行"。1872年5月草案的制定工作结束[35]。

"国立银行条例"顺利起草期间，1872年1月25日，参

三井组成员和荣一（前排从右依次是三野村利左卫门、涩泽荣一、三井高福、斋藤纯造、永田甚七。后排从右依次是三井高喜、三井高朗）

议员大隈与纸币头荣一陪同井上馨大臣，向三井组的三井高喜、三野村利左卫门等人传达了将吴服业务分离出去，集中精力创建银行的意见。[36]。在前一年的7月，三井组向大藏省提交了荣一参与起草的创建银行的申请书，虽然在8月份获得批准，但是在9月前后，创建银行的批准又被撤回[37]。

当时政府并没有否定三井组将来可以单独创办银行。荣一等政府相关人员打算待"国立银行条例"完成之际，再让三井组单独创办银行。第二年2月，小野组向大藏省提交创建"私人外汇行会"（Bank）的申请书。虽然使用"Bank"这一名称没有获得许可,但根据后来制定的银行相关条例,允许建造以创办银行为目标的建筑物[38]。也就是说,大藏省也没有否定小野组提出的单独创建银行的申请,从其答复中可以看出未来有被批准的可能。

改变银行建设方针

1872年(明治五年)4月14日,三井组干部三井高喜、三井高朗、三野村利左卫门、斋藤纯造,小野组干部小野善右卫门、行冈庄兵卫、古河市兵卫,均被邀请至已成为大藏少辅的涩泽荣一邸宅。三井组、小野组与荣一之间展开了一场有关"开设银行的内部谈话"。

政府改变了原先允许三井、小野两组单独创办银行的方针,想让两组尝试联合创建银行[39]。双方经常私下里要求荣一给他们看相关规则,还让荣一做了说明,[40]但他们还是很难认同这些规则。

5月21日,身为大藏大辅的井上馨通知三井、小野两组会面,荣一和芳川也一同出席。井上和荣一等人对日本当时的两大富商满怀期待,希望他们能联合创办银行,将大藏省的公款收支业务,也就是大藏省外汇方面的业务移交过去,公款业务原本是两组赖以生存的业务,井上馨暗示如果不联合,政府将会停止此项业务。[41]。最终三井、小野两组接受劝告解除不和，5月27日，两组最终确定联合创建银行。6月18日，联合向大藏省纸币中心提交了"银行创立申请书"[42]。

8月15日，三井组、小野组成立"三井小野组合银行"。9月23日，三井组7月竣工的位于海运桥桥头的房产被迫转让给银行，转让时三井组进行过抵抗，后被荣一说服[43]。

荣一认为，根据当年颁发的"国立银行条例"，"三井小野组合银行"应该正式更名为"第一国立银行"，并对此给出了指导和建议。同月在发行"第一国立银行股东募方布告"（股东招募手册）[44]的同时，也在报纸上刊登了广告，大范围招募股东。发起人有三井八郎右卫门、小野善助、三井三郎助、小野善右卫门、三野村利左卫门等三井组成员及小野组的首脑和干部等人，可是却没有荣一的名字[45]。任职于大藏省的荣一在同一时间还并行推进了建立抄纸公司的事，同样是在幕后默默指导。

倡导创立造纸行业

话锋暂且回到1870年（明治三年）前后，当时还在民部省工作的荣一听到外国人谈论有关制造西洋纸的话题。他将听到的和在欧洲看见报纸时吃惊的体验相结合，认为要想使所有的事业都繁荣起来，提升人们的知识水平很重要，应该实现西洋纸的工业化生产，使低价、快速、大量印刷成为可能，这样书籍和报纸等印刷品才能普及[46]。

1872年（明治五年）2月，荣一在兼任纸币头（译者注：官职名，负责纸币相关事务的长官）时又被授予了大藏少辅的官职[47]。大藏省的事务由大藏大辅井上馨全权掌控，荣一作为他的副官负责辅佐工作。如此一来，一心扑在建立银行制度和创办银行的荣一，打算创立从很早以前就开始提倡的西洋制纸业。1872年5月，荣一、井上馨、上野景范等人联名上书，建议无论是由政府实施，还是在政府的保护下由民间实施，都应振兴西洋纸制造产业[48]。

荣一认为，在社会对西洋纸需求还比较低的状况下，仅仅依靠民间作为先驱，创建大规模的工厂并维持经营非常困难。依靠政府或在政府的保护下，建设模范工厂才是切合实际的做法，他还讨论了政府的保护策略：民间建的厂有承包政府使用的邮票、印花税票等公用纸订单的特权。

5月，荣一起草的"国立银行条例"草案完成。不久便出现了基于这项条例创建"国立银行"的举动。国立银行发行的"国立银行纸币"是从美国订的货，荣一设想，将来这些纸币、公债证书等都可以用国产的西洋纸来印刷，由新创建的西洋纸制造工厂承包。政府可以基于实际状况，实施西洋纸产业保护政策，建立理想的西洋纸制造工厂。尽管如此，日本政府却迟迟未做决定。

在这种情况下，荣一劝说从江户时代便开始经营外汇兑换业务，也是当时最有经济能力的政府御用外汇方——三井组、小野组和岛田组成立造纸公司：虽然眼前的利益很少，但是为了国家必须募集资本兴建造纸业[49]。当时横滨的沃尔·霍尔商会（亚美第一商会）正准备推销造纸机器，分别和三井组、小野组、岛田组进行交涉。据说各家都准备采购造纸机，出现竞争造纸业务的倾向[50]。鉴于此，荣一劝说他们若想创建有利于公益，并且持续发展的事业，必须采用资本与人脉相结合的股份组织形式，即"合本组织"。经过荣一劝说，最终三组都认可此事。他的妹夫涩泽才三郎，作为荣一的代理人，决定出资15万日元参股合本组织公司。

然而，岛田组的首领岛田八郎左卫门和在政府担任要职的土佐藩人后藤象二郎有很深的交情，后藤扶持岛田创办制纸事业。岛田组单独并秘密地和沃尔·霍尔商会签订了引进设备和器械的合同。

曾约定要共同创办造纸公司的三井组、小野组提出抗议，他们不但要从刚起步的造纸业务中撤出，还要从之前三组共同承接的政府外汇业务中脱离出来。荣一出面协调此事,教育了岛田组,最终以岛田组向大家道歉并取消同沃尔·霍尔商会的合同告终[51]。

荣一认为这种问题反映出当时的富商岛田组没能理解"合本组织"的真谛,对此还非常陌生。当时的商家基本上都是以家庭、同族为基础经营,认为追求自家的利益是理所当然的,而荣一所讲的"合本组织"是超越家庭、同族,与其他公司联合共同振兴事业的新组织。

荣一以一种"为了国家而兴起此事业"的气魄[52],参与西洋纸制造公司的创建,躬身协调三组关系,衔接三组资本和三组成员,指导他们共同创建西洋纸制造公司。西洋纸制造公司的创建申请书终于在1872年11月,以三野村利助(三井组)、古河市兵卫(小野组)的名义,提交至大藏省纸币中心。当时政府有发行纸币、公债证书、印花税票等打算,申请书中明确提出,希望各官厅使用的所有西洋纸类的订单都归他们负责[53]。为了使经营步入正轨,他们必须争取政府的订单。

注释:

1 涩泽荣一口述 [1984],《雨夜谭》(岩波书店) 146 页。

2 同上，154页。

3 同上，155—161页。

4 同上，161—162页。据经营史学家佐佐木聪指出，明治元年12月进入骏府的荣一为了静冈藩能够实现殖产兴业重建财政，曾与三井组和骏府富商们进行协商，通过与国产物运上元会所的相关人员接触，将商法会所的构想更加具体化。具体参照佐佐木聪[1994]，"涩泽荣一和静冈商法会所"，《涩泽研究》第7号（涩泽史料馆）。

5 涩泽荣一[1916]，"辞任第一银行行长职务的原因"，《龙门杂志》第339号（龙门社）45页。

6 上述《雨夜谭》161—165页。《涩泽荣一传记资料》第2卷81页，242页。（静冈）商法会所的资本、构成人员、事业、业绩的相关问题，在上述佐佐木的论文[1994]中有相关分析。

7 桑原功一[2016]，"涩泽荣一和古河市兵卫的交流"，《足尾座谈会》（译者注：足尾是栃木县西部上都贺郡的町，以铜矿山而闻名）第2次·2016版·通卷第18号（同会）7页。

8 上述佐佐木论文[1994]，66页。

9 荣一担任勘定头职务时寄给商法会所监管人员小栗尚介的书信（明治二年7月1日）被收录在《涩泽荣一传记资料》第2卷171—172页。据此资料记载，深川伊势崎街商法事务处理的"手续传习"和前一天6月30日的各账面笔记都决定效法静冈的商法会所规则的处理方法来解决问题。

10 《涩泽荣一传记资料》第2卷155页。

11 上述《雨夜谭》166—167页。就改名为常平仓后的动向特征而言，荣一继续担任经营责任者，发挥其本领。8月29日，荣一任命18名相关工作人员和商法会所时代的富豪，再加上新的两名名主阶级富豪小鹿村、勘太郎，提出以商法会所的藩、士及商人为中心的劝业、共济方针要逐渐向农民层扩展的观点。

12 上述《雨夜谭》167—168页。

13 "涩泽荣一日记,明治二年11月5日"(涩泽史料馆所藏)。

14 上述《雨夜谭》169页。

15 涩泽荣一[1910],"我70年生涯中,始终难以忘记的前辈的一句话",《实业世界》第7卷第5号(实业世界社)8页。

16 上述《雨夜谭》175页。改革科的成员大多数都是从租税司、监督司、驿递司出来兼任改革科的职务。就明治三年2月的改革科成员一事,在涩泽史料馆[2000],"1870年(明治三年)的改革科成员",《涩泽史料馆常设展示图鉴》(涩泽史料馆)34页中有介绍。荣一认为应重视有才之人,于是向大隈重信申请任用当时静冈藩的旧幕臣杉浦让、盐田三郎、赤松大三郎等人。"杉浦让书信寄给涩泽荣一明治三年正月28日"(涩泽史料馆所藏)。从该书信中可以看出荣一推举杉浦让,以及委托杉浦劝说赤松大三郎任职等事。而关于改革科,在涩泽史料馆编[1985],《第二次特别展明治的知识集团民部省改革科》(涩泽史料馆)中其业务的介绍。丹羽邦男[1995],《地租改正法的起源——开明官僚的形成》(密涅瓦书房)163—165页中记载。改革科还论述了以计划推进民营事业自主发展为目的的宝源局。明治七八年前后开始实施殖产兴业政策,将近代工业的中心部移植到国营企业。而与此相对的丹羽,始终坚持宝源局构想,鼓励民营事业的发展。然而有人指出政府并没有真正实施此构想中的诸多后期政策,而是民间人士涩泽带领大家共同努力才得以实现。由此可以看出改革科所包含的近代化构想的特征。

17 第一银行80年史编纂室编[1957],《第一银行史》上卷(同室)36—40页。

18 上述《雨夜谭》184页。

19 坂本慎一[2002],《涩泽荣一的经世济民思想》(日本经济评论社)59页。

20 涩泽荣一口述[1971],《官版立会略则》(大藏省)。尾佐竹猛[1929],"官版公司弁官版立会略则解题",《明治文化全集》第22卷(日本评论社)7—8页。

21 上述《第一银行史》上卷46—48页。

22 涩泽荣一[1909],"明治五年的财界",上述《龙门杂志》第253号9页。《涩泽荣一传记资料》第2卷484—485页。

23 上述《雨夜谭》179—180页。

24 涩泽荣一谈[1914],"王子制纸股份公司回顾谈",《百万塔》创立40周年纪念特别号(财团法人纸的博物馆)76页。由涩泽荣一口述、校阅,井口正之记录的原本(刊登在公益财团法人纸的博物馆)翻刻出来的作品被收录于1990年同一杂志,同一编号发行的刊物之中。

25 涩泽荣一[1928],"生丝经济研究"第2号。《涩泽荣一传记资料》第2卷520—521页。

26 《涩泽荣一传记资料》第3卷150—151页。

27 上述《雨夜谭》182页。

28 《涩泽荣一传记资料》第3卷223页。

29 龙门社编[1900],《青渊先生六十年史》第1卷(龙门社)480—481页。高垣寅次郎[1972],《明治初期日本金融制度史研究》(财团法人清明会)246—247页。

30 上述《雨夜谭》233页。

31 "太政官日志"第113号,明治四年12月18日。《涩泽荣一传记资料》第3卷291页。

32 上述《雨夜谭》232页。上述《青渊先生六十年史》第1卷481—

482页。《第一银行史》上卷60页。上述《明治初期日本金融制度史研究》247页。

33 "涩泽荣一书信井上馨收明治四年12月24日"（股份公司瑞惠银行所藏）。

34 伊藤从美国寄来的"National Bank"制度建议书（明治三年12月29日）附件"美国货币条例"的原典是"全国货币法"（National Currency Act of 1864）。其依据在立胁和夫[1985],"关于BANK的译语和国立银行条例"《长崎大学经济学部研究年报》1页,14页。

35 上述《雨夜谭》232—234。同上,《青渊先生六十年史》第1卷481—482页。同上,《第一银行史》上卷60—65页等。

36 财团法人三井文库编[1980],《三井事业史》正篇第2卷（同财团）80页。

37 《涩泽荣一传记资料》第3卷213—214页。同上,《三井事业史》正篇第2卷61—63页,67—70页。

38 上述《三井事业史》正篇第2卷124—125页。

39 同上,126页。

40 同上,129页。

41 上述《第一银行史》上卷77—78页。同上,《三井事业史》正篇第2卷127—129页。

42 上述《三井事业史》正篇第2卷129—130页。

43 宫本又次[1970],《小野组的研究》第3卷（《小野组的研究》出版会）240—244页。

44 "第一国立银行股东募方布告"明治五年11月,股份公司瑞惠银行刊载。

45 《东京每日新闻》明治六年1月7日（股份公司瑞惠银行所藏）。

46 上述涩泽谈[1914], 76—77页。

47 《涩泽荣一传记资料》第3卷309页。
48 同上,第11卷5页。
49 上述涩泽谈[1914],76—77页。
50 抄纸公司"创立记事"一,明治六年9月—明治七年12月(公益财团法人纸的博物馆刊载),《涩泽荣一传记资料》第11卷5页。
51 同上,"创立记事"一。成田洁英[1956],《王子制纸公司史》第1卷(王子制纸公司史编纂所)21—22页。
52 上述涩泽谈[1914],77页。
53 上述《王子制纸公司史》第1卷23—30页。

III 明治初期的企业家活动：以银行业与造纸业为核心

成立抄纸公司

1873年（明治六年）2月，成立洋纸制造公司获得许可，公司正式命名为"抄纸公司"[1]。荣一创建抄纸公司时，还在大藏省任职不是公司股东，在创立申请书后面所附的"合议略则"中记载的经营体制中也没有荣一的名字。但是荣一委托涩泽才三郎作为他的代理人实际上占有一大部分股份[2]，他不但指导抄纸公司的创办工作，还全权负责经营管理工作[3]。

3月23日，为采购抄纸机械、雇用专业造纸技师等事，抄纸公司的藤田藤四郎、行冈庄兵卫、古河市兵卫、三野村利助与沃尔·霍尔商会的代理人阿尔滨及劳斯劳福特签订合同时，荣一以"正五位"（译者注：日本的身份阶位制度，被授予者用以表示身份、地位、等级等。位于从四位之下，从五位之上）的身份出席签订仪式，并以"认可人"在合同上签字盖章，作为大藏少辅来保障这次合同的约定事项，可见他与抄纸公司经营管理等业务关系颇深[4]。

荣一也参与了创立申请书后面所附的"合议略则"的起草工作。略则中开宗明义地指出成立抄纸公司的主旨和意义："历经维新，社会文明开化。我们不应固守成规，抵抗新事物，也不应追求一己之利，我们应奋发立志'共同建立公司'，大量引进洋纸制造技术，掀起造纸热潮，'为国谋利，上可报洪恩浩荡，下可增加个人资产'。[5]"抄纸公司是荣一集中精力建立的第一家合本组织形式的民营公司。

股东三井组、小野组和岛田组，沿袭了他们自江户时期养成的商业习惯，旧习难弃，仍旧倾向于追求各自的利益。荣一曾批评三组不能一味追求"私利"，创办洋纸制造公司应超越各组"私利"，为国家"殖产兴业"做贡献，为国谋利。

辞去财政部工作创立第一国立银行

1873年（明治六年），各部门再次掀起向财政部要求增加经费的热潮，大藏大辅井上馨上书直言应拒绝请款，他当时尚在参议院中，对政府会调整政策抱有一线希望，但是他的书面申请却被驳回。为此他又当面陈述了申请书的内容，可此方法也未奏效。井上对荣一说"已经对大藏省的工作感到绝望"，打算再去一次讲述自己的想法,如果仍不被采纳就直接辞职。井上馨在5月3日再次来到政府,并将荣一和其他官员召集在一起,说出将辞职的想法:我辞官心意已决,先行告辞,善后事宜就拜托各位了。说罢便想转身离去,荣一一把拉住井上说道:"正合我意,借此机会,我欲与君共同提交辞呈。"[6]

自从欧洲回国以后,荣一始终想打破官尊民卑的现状,希望离开政府,在民间以企业家的身份参与活动。他与井上一起经历了金融制度的整顿,并且为实现政府收支平衡确立"量入为出"的原则,参与纸币兑换工作[7]。自打前年以来,面对司法省、文部省等各部门增加经费的请求,荣一已经向政府提出申请不可增加经费,但这一请求未被采纳。在这种无法预测政府内部财政收支是否均衡的状态下,荣一开始考虑一有机会就辞去官职。之所以拖延至今日,是因为他想尽力与井上共同完成财政改革。

荣一向井上明确说明,如果政府不进行财政改革,自己留任也没有意义。当日12点多荣一和井上一起离开大藏省,并向政府提出辞呈。5月23日,大藏省根据荣一本人意愿免去其官职[8]。

在荣一辞官时,同样为官且和他关系亲密的玉乃世履劝阻说:"我怀揣着你我将来共同成为内阁大臣的梦想才会努力至今。"还说荣一竟然"突然辞官想要成为商人,这让我痛惜不已,请务必悬崖勒马"。玉乃认为荣一之所以和井上一同辞官,是因为与内阁发生了争吵,意气用事才会这样做。

而荣一在晚年对自己辞官的解释是:"我并非因为争吵才辞官,当时我国的政治和教育都需要大力改革,可经济却萎靡不振,经济萧条就无法增加国家财富,所以无论如何都应该将经济与其他方面一同改革,使国家繁荣昌盛。那时经商不需要太多学问,太多的学问反而不好。有句话叫富不过三代,像我这种第三代就会有危机意识。我虽不才但立志成为一名商人,并且认为必须要通过学识来发家致富。"荣一还引用赵普"半部论语治天下"的典故向玉乃说明:"《论语》是我的人生向导,为什么与金钱有瓜葛就会变得低贱?若都像你这样蔑视金钱,国将不国。达官贵人并非天生尊贵,人可以从事的工作有很多,并非只有当官才是令人尊敬的。"

在提出辞职的5月份,荣一决意"将《论语》作为引领其一生的商业之路"[9]。荣一自幼谙熟《论语》,但从离开家乡开始,先后在一桥家做官、远赴欧洲、在静冈藩负责商法会所、成为政府官员直到辞职,他"与《论语》绝交十年有余"。1873年,荣一认为自己"对论语的认识并不深刻",当他再次拿起《论语》,听取中村正直等著名学者的讲座后,决定将《论语》作为他人生的座右铭[10]。

建立银行组织

1873年（明治六年）5月，荣一辞去官职成为平民后，三井组和小野组邀请他掌管银行事务[11]。荣一虽远离朝政，但仍心系"第一国立银行"，并积极协调收尾工作。6月11日，荣一参加了由多名股东召开的以选举董事和规划银行业务为主题的创立总会[12]，会上三井组和小野组的人都被任命为董事，此时股东冈田平藏提出荣一也应担任董事，但他以政府通知自己"原地待命"为由，拒绝了这个提议。虽然荣一辞去官职，但仍无法毫无顾忌地抛头露面参与经济活动。

但是在创立总会上，身为股东的荣一提出三个提案：第一，应以执行"国立银行条例"为前提，按照"股东招募手册"的规定，由熟悉银行业务并且具有一定信用的三井组和小野组共同创办银行，提高业务精确度，以营利为银行之根本。在银行成立后，保持对三井组和小野组的一贯信任，继续遵照执行"国立银行条例"，努力提高业务水平，整顿经营方式。

第二，在选举董事时，可以不从股东中选举，而是通过商议从三井组和小野组旗下的相关人士中选出，被选出的董事应抛开往日旧情，公正处理银行业务。

第三,由于两组的业务内容与银行相似,如果从两组中选取银行董事,很容易将本组的业务与银行业务混同,并且有可能会倾向于本组利益。为此,可以做一份合议规则,两组的人通过选举成为董事后,可以继续修正合议规则。有的股东负责监督工作,主要是监督董事的工作,防止不良事件发生。这样能够确保银行顺利建成。

荣一为了促成提案实施,拿出条款详尽的"合议规则"并当场宣读,多位股东一致同意了第三点提案和支撑此项提案的合议规则。

三井组、小野组以外的股东(外部股东)在誊写好的创立证书和约定条款上盖印,创立总会结束。会后除去"外部股东",荣一与三井组和小野组的股东围绕三项提案商讨并选举董事。三井组的总管事三井八郎右卫门及其他4人,小野组的总管事小野善助及其他3人当选为董事。紧接着,董事们召开会议,推选行长、总行经理等各职务负责人。最终,三井组的总管事三井八郎右卫门和小野组的总管事小野善助被推选为行长,三井组的大番头(译者注:江户幕府时的官职名,主要负责江户城安全的大番组的组长)三野村利左卫门和小野组的小野善右卫门成为副行长。各职务基本由三井组和小野组旗下人员担任。

在创立总会上以"原地待命"为由拒绝董事职务的荣一,

在第二天与第一国立银行董事会签订了"总监察"的就职合同[13]。就职合同中明确记载了由于太政官有"原地待命"的吩咐,荣一有可能无法履行合同义务,这份合同也是由荣一亲自起草修订的[14]。

荣一在第三个提案中指出,如果两组人马分别成为董事,则需要监督指导董事的"总监察",他应早已设想好自己要出任这一职位。在创立总会上获得股东一致同意的"合议规则"的第 42 条至第 50 条,明确规定了"总监察"的职务内容[15],表明他在就职之前就已做好了铺垫。由于"国立银行条例"中没有关于"总监察"一职的规定,荣一在与政府积极协调,争取让这一职位获得批准的同时,还协调了三井和小野两组的工作。由于准备周密、资料完善,"第一国立银行"的创建工作顺利完成,其本人也签订了 1873 年 7 月 1 日至 12 月 30 日的阶段性合约[16]。

荣一在获得大藏省的领导大隈许可后[17],正式就任"总监察"一职,并积极建设第一国立银行的经营体制。三井和小野组各出两人就任行长和副行长,虽说这样能够保持人事任用的均衡,但也可以看出两组之间依旧存在竞争并相互警惕的关系。荣一日后回忆当时的情形,说起自己那时的角色有点像相扑的裁判员[18],一直尽力控制"自我"意识的蔓延,将银行业务作为"公共"事业经营。

7月20日,大藏省纸币头芳川显正将临时开业许可证发放给第一国立银行,日本第一家现代银行正式开业,总行位于东京兜町,在横滨、大阪、神户三处设有分行[19]。东京兜町总行在8月1日举行开业典礼,荣一致辞时指出银行业是"流通的枢纽""致富的根本",大家应该"舍我为公""加强合作意识""为全国人民谋福利",为国家富强而助力。这些话既表明了他对银行的定义,也是他作为总监察执行工作的指导思想[20]。

荣一说,他从大藏省辞官进入第一国立银行是"自己喜欢才参与的",还指出"若要谋求工商业的发展,就必须依靠合本方式。我既没有习得汉学,也没有掌握洋学,身无所长,很难找到擅长的事情。但是今后全身心投入银行业,学习理论知识,如果能够通过实际业务锻炼自己,或许就会有所提升。另外,工商业者整体的社会地位比较卑微,处于社会的下层,(此处有删减)如此卑微的弱势群体是无法完成祖国繁荣富强的使命的。我虽不才但想成为他们的楷模,所以加入了第一银行[21]"。

"宛如梅花"

第一国立银行是日本第一家真正意义上体制完整的股份制

有限公司，它的民营属性，让荣一必须将其看作私人公司来经营。满怀期待地希望这家银行能够成功，向世人展示理想的银行模式，通过银行制度的确立来促进经济发展。

荣一回顾银行创办史时讲道："我们用并不娴熟的方法开垦这块未知的土地，开出的花朵虽没有沁人心脾的花香，也没有美艳动人的颜色，但你不觉得这正如梅花般典雅脱俗，堪称百花之首吗？"荣一将第一国立银行比作先于樱花开放的梅花，对于依靠先驱精神一路经营过来的日本第一家银行，荣一的言语中充满了自豪[22]。

第一国立银行开业初期的业务内容分为特殊业务和普通业务。特殊业务包括：1.发行能够与本位币兑换的纸币；2.公款收支业务；3.依政府之令，办理公债证书的购买、交换业务；4.兑换破损纸币。普通业务包括：1.存款（活期、定期，普通存款业务从明治十三年开始实施）；2.贷款；3.汇兑；4.贩卖金银币；5.兑换；6.保管箱（保管股东的股票，自明治六年12月开始实施）[23]。

特殊业务中的第一项，让它能发行可以兑换本位币的纸币。政府将此业务视为确立纸币兑换制度的第一步，消除无法兑换的纸币。为了维护金融稳定，第一国立银行默默地背负了协调日本金融政策的重任。

荣一认为在日本金融体制得以确立的背景下，使全社会的资金循环起来，方可达到兴业富国的目标，所以无论如何也不能让第一国立银行倒闭。根据"国立银行条例"，第一国立银行作为合本主义公司，需要公开经营状况。但自江户时期以来，商人们并没有公开自家资产和经营状况的习惯。银行开业一个月后的8月31日，首次完成月度决算报告[24]。其目的是掌握总行每个月的收支、资产等状况，如果发现问题可以及时改善。荣一希望通过这种形式使股东感受到自己的权益和义务，激励他们在股东大会上为银行的经营出谋划策。

荣一从银行开业初期就在思考如何使全社会的资金都调动起来，用于发展经济，如何让资金取之于民用之于民。所以，从一开始就尽力建设银行活期存款制度，希望以此来鼓励个人存款，积极推动商业贸易发展。

多年之后的1924年（大正十三年），一位叫森鸿次郎的人来到位于飞鸟山的涩泽家。拿出自己的亲戚持有的落款日期为1874年（明治七年）2月4日的"活期存款合约"[25]，要赠予荣一。荣一看到后，回忆起当年创办第一国立银行时，日本还没有活期存款的习惯，这份合约是他"煞费苦心制定"出来的，感慨万千[26]。

合约的落款时间在银行开业半年后，虽说存款业务刚开业时就有，但是前期并没有合约，他们不断在实践中积累经验，加以修订，才完成这份合约。虽说很多工作都是遵照"国立银行条例"执行，但是相关的业务细则，都是在实际工作中不断摸索出来的。

荣一虽竭尽全力参与存款合约的制定，但当时社会对银行并不了解，认为银行的信用度比较低。要融资的民营企业寥寥无几，开发客户的道路非常艰难。日本虽然经历了明治维新，但是银号、钱庄在社会中依然具有较大的影响力，这种状况从江户时期开始就一直没改变过。作为这种状况的真实写照，在商业贸易往来繁盛的伊势町和传马町的商人中流传着这样一句话："传统商家对新潮商人要提高警惕，如果是出入官府、身着西装、手拿手表的商人，那更马虎不得。[27]""在日本桥旁边的传统大店铺的老板"看着第一国立银行的西洋式建筑说："总感觉这家银行的买卖像是吉利支丹（译者注：对天主教信徒的蔑称）搞的鬼。[28]"而且以杉村甚兵卫等人为首的一些有势力的商人，觉得银行将"马上倒闭"，所以都对荣一等"新派商人"敬而远之[29]。

根据"国立银行条例"（与政府合作）创办起来的第一国立银行是合本组织的先行代表，为此，荣一尽力做到以下3点：1.公开股东名称与出资额度；2.公开公司的经营状况；3.确保股东的权利和义务。那些像杉村一样保持传统商业习惯的"守旧派"富商，非常忌讳此事，始终保持着警惕。

荣一坚定地认为，如果现代银行代表的"革新派"不能战胜"守旧派"，那么他的理想就无法实现[30]，所以非常积极地推进民间商业往来。

民间商业往来业务开通后，最先开出支票的是大仓喜八郎、先收公司的益田孝、小野组的古河市兵卫等人[31]。大仓喜八郎出生在越后国新发田的富商家里，在幕府末期来到江户，戊辰战争时靠贩卖军火积累财富。1872 年赴欧美考察，第二年创立大仓商会，从事贸易工作。古河市兵卫从属于小野组，是第一国立银行创办时的股东，但目前无法确认其直接参与过银行经营方面的活动。古河市兵卫非常希望小野组旗下的矿山及其他产业能够有更多发展，所以有时会向第一银行申请融资，并与荣一商量如何发展公司业务，二人交往甚密[32]。

大仓、古河等人在动荡时期将商业发展寄托于革新形式，成为银行的客户，并率先获益。银行的信用度不断稳固提升，推动了民间商业贸易的发展。在荣一与守旧派商人之间的斗争中，为了"培养出呼吸新鲜空气的商人，率先创办合本组织形式的企业，将其示范于众"，无论什么行业的客户，他都不会拒绝[33]。这对银行开拓新客户，具有非常重要的意义。

为了实现多年夙愿，兴盛民间金融，打破官尊民卑的现状，荣一全身心地投入银行事业中。但从开业伊始，银行的业务要步入正轨，就要解决很多现实问题。

在开业前的 1873 年 6 月，第一国立银行与大藏省签订"大藏省第一国立银行金银业务规则"。大藏省出面签订的人有事务总裁兼参议大隈重信、出纳头马渡俊迈、检查头安藤就高，第一国立银行方面的参与者有行长三井八郎右卫门、经理三井三郎助等，双方共 21 人参与签订此协议。

虽然第一银行的签约者中没有荣一，但是据他回忆，当时从大藏省辞官后，曾与大藏省的最高长官大隈重信商量过是否要进入银行，这份合约也是荣一极力促成的结果。签订这份合约后，银行就可以执行公款出纳和汇兑等业务。后来，内务省的交通通信局也将公款出纳和汇兑业务委托给银行办理[34]。能够将大额的公款业务揽到手，这对刚开业不久还没有民间业务的银行来说，在推动基本业务走上正轨等方面，具有非常积极的作用。

荣一批评江户时期幕府、藩等政治权力与豪商之间畸形的金融状态，他认为最理想的金融状态应该是资金能够流通到社会各界，并推动民间商业贸易发展。所以，首先应该调整依赖公款业务的基本经营方式，为达到上述效果采取实际措施。

荣一回忆银行当时的经营状况时说:"第一银行根本没有业务支撑。首先没有客户,虽然三井和小野等股东出资组建银行,但是他们又从银行把钱借走。[35]"第一国立银行的两大股东同时还是银行的借贷客户,贷款方式是无担保的信用贷。刚开业时,将实际经营工作委托给善于处理财务的三井和小野两组,虽然有很多便利之处,但也存在很多问题。连行长都是从两组各出一人,虽说是同一个公司,但是从两组调到银行担任各种职务的人很容易将利益的天平倾向本组。身为总监察的荣一,虽然负责全面指导工作,但是在执行时总会有照顾不到的地方。甚至有时是事后才得知具体情况,就不得不睁一只眼闭一只眼。

以先见之明有效利用人才

虽然在实际运作中时有碰壁,但是荣一依旧指导来自三井和小野两组的领导班子。一边告诉他们现代银行的理想状态,一边脚踏实地经营银行。

在三井组担任要职的三野村利左卫门,时任银行的经理兼副行长,他和在小野组担任要职的小野善右卫门经常来银行参与工作[36]。

三井组出身的永田甚七,身为银行经理担负汇兑负责人的实际业务，总是能正常出勤。永田出生在江户的下谷西町，他在幕府末期进入三井，年少的他成为处理各种杂务的小吏。1869年（明治二年）就任东京汇兑公司总经理，第二年与伊藤博文等人一同赴美考察金融[37]。汇兑公司的业务被称为现代银行的先驱，虽然永田发迹于三井这种传统商家，但是具有在汇兑公司工作的经验，又体验过美国金融体系，因此在第一国立银行成为股东，担任经理的同时负责汇兑业务[38]。荣一在民部省任职时也曾管理过汇兑公司，支持过伊藤等人赴美考察的工作，估计二人应该是在荣一与三井组谈判的过程中结识的。虽然永田是从三井组调到银行的经理，但是荣一非常信任他并委以重用。

为了促进民间商业贸易发展，荣一尽量让存款、借贷以及汇兑等业务办理起来更方便快捷。在第一国立银行成立前，明治初期的汇兑业务主要由政府御用的汇兑公司三井、小野和岛田三家承办，他们各自在总部与分店之间进行内部封闭式的民间汇款。各组之间相互竞争没有合作，因此汇兑业务办理起来仍旧很不顺畅。

第一国立银行成立后，就在总部与分行间开展汇兑业务。可是刚开始只有大阪分行能够联动，再加上银行信用度低，也没有与其他公司签订汇兑合约[39]。荣一为了打破这种局面，积极推进第一国立银行与其他公司签订汇兑代办业务合同,在全国范围内推进汇兑业务。

1874年8月,第一国立银行总部、大阪分行与小野组的长崎港分行签订了日本第一份代办汇兑业务的代理合同[40]。这份合约凝聚了永田的诸多辛劳,应该也是在荣一的授意之下执行的。通过永田和荣一的书信往来,还可以看出他们后期扩大了与三井之间的业务合作。书信的年份尚不清楚,但是从内容可以看出与银行的汇兑业务有关。由于需要在大阪签订汇兑业务合同,永田对三井进行了一番调查,并在书信中向荣一报告[41]。从他们的通信可以看出,第一国立银行与三井组签订汇兑业务合同时,荣一和永田做了很多协调工作。

永田谙知三井组的旧式商业习惯,但并不拘泥于此,而是勇于接受金融新知识。荣一培养重用永田这样的人才,并促成第一国立银行与小野组、三井组之间的汇兑代办业务合作,并以此为基础将这种业务合作关系扩展到其他公司。

银行职员的实际状况

在第一国立银行,除了经理和要职外,还有一些职员是从三井和小野两组调过来的。在银行工作的专职人员很少,多数人既要担任本组工作,又要兼理银行事务,银行这边时有缺勤状况发生。在银行创业初期，除去要职人员，约有30名员工。聘用他们时没有什么要求，他们中的一些人是通过荣一的关系进来的，基本都是旧时幕府里的差役以及荣一以前在静冈藩认识的人[42]。荣一要努力改变这些无法摒弃旧习的银行职员的意识形态，包括他们在上班时的着装，他们会穿着传统的和式裤裙上班，仅有荣一自己穿着西服上班[43]。

当然也有人原本在三井组、小野组任职，后来成为银行的专职人员，被荣一提拔重用。例如1872年（明治五年）应聘到三井组，出身于石藩主仙石氏家臣之家的熊谷辰太郎。在第一国立银行创办初期，他成为总行账务管理的负责人（课长），专心从事银行业务。在银行成立之前他曾被委派到大藏省纸币寮银行局，与同为总行负责管理账务的野间益之助、本山七郎兵卫一起，跟随大藏省的外籍员工阿兰·项道学习簿记知识。1875年，熊谷辰太郎被调往大阪分行，后来陆续担任神户分行经理、大阪分行经理等。按照荣一的吩咐，他主要负责监督关西的第一国立银行业务[44]。

后来成为第一银行行长的佐佐木勇之助，情况也类似。他曾在幕府的海军所学习过数学，维新以后在小野组工作。1873年，19岁的佐佐木勇之助主要负责第一国立银行的结算业务。当时结算业务负责人（课长）是三井组的向井小右卫门和小野组的近藤忠藏。他们俩手下有几个年轻的员工，佐佐木就是其中之一。

荣一平时十分注意员工的工作状态，当时他就注意到了佐佐木。第一国立银行创业初期打算引进簿记形式，聘请阿兰·项道传授簿记知识，荣一挑选的学习人员中就包括佐佐木。佐佐木在簿记方面具有"非凡的理解力"，因为成绩优异，很快被提拔为账簿课长[45]。

这些受到荣一高度评价的年轻人获得提拔，得到培养和锻炼，日后都成为第一国立银行的核心人物。

第一次股东大会

在江户时期，商家一般不会公开自己的资产和经营状况。根据"国立银行条例"，第一国立银行有义务向政府报告资产和经营状况。参与起草条例的荣一认为，通过这种形式可以激发出资者即股东对企业的责任心，所以积极地推动第一国立银行公开资产和营业状况。考虑到这种公开的形式，当然也是为了了解银行的收支明细，实现银行的现代化，荣一打算导入西式簿记来管理账务。

当时在日本普遍使用的是"大福账"，按照不同的客户分类，记录日期、商品种类、数量、销售金额、收款记录、开销、余额等项目。虽然采用大福账可以掌握每天的余额,但是却无法掌握商家在某个节点的资产、负债、净资产以及某个特定时期的损益(收益、费用、利润)等整体情况。如前所述,荣一在第一国立银行创办之初就在银行内部设置教室,聘用阿兰·项道传授簿记知识[46]。开业之后约1个月,银行根据簿记完成"总行每月实际报告",这是一份能够反映经营状况的报告。同年12月20日,所有的银行账簿都改用西式簿记记录[47]。

1874年(明治七年)1月21日,第一国立银行开业后首次召开股东大会。根据董事决议,由股东推选荣一、岛田八郎左卫门(岛田组)、副田欣一(横滨)三人为会长[48]。

会上,荣一代替行长对银行开业以来半年间的业务状况,进行了详细的说明。阅读了"考核办法",说明了"统计报表",并将这些资料交付各位股东传阅。公开经营状况后,荣一还询问各位股东对经营形式是否满意,他们都表示"满意"。荣一提出应该将能够反映经营状况的"考核办法"印刷出来,在更广泛的范围内公示,也获得了股东们的同意。此外,荣一还对上一年的事务进行了全面说明。

作为日本第一家真正意义上的合本组织(股份制)公司,第一国立银行将经营状况向股东公开,具有划时代的意义,显示了第一国立银行与江户时期的商家截然不同的性质。

抄纸公司开业

1873年（明治六年）5月，荣一从大藏省辞职，在指导创办第一国立银行的同时，对已经建立起来的抄纸公司的开业工作予以积极的指导。

抄纸公司形成了以"暂定负责人"三野村利助和古河市兵卫为中心的临时经营体制。荣一虽然不是正式员工，却事实上以二人上级领导的身份指导经营。刚成立的抄纸公司面临的主要问题是根据同年3月签订的合同，处理通过沃尔·霍尔商会采购抄纸设备、聘用外国工程师以及选定厂址等事项。

荣一在指导业务经营的同时，还注重与股东之间的意见沟通。例如，需要向全体股东征求意见的事项（抄纸设备的周边设备、在合同金额之外另行购买物品等），亲自安排联络事宜。三野村和古河提前通知股东，获得股东同意后，再向荣一汇报。荣一再将结果直接通知股东，这样就可以获得股东的一致同意[49]。

1873年10月，抄纸公司需要购买设备。最先与抄纸公司合作的沃尔·霍尔商会提出与荣一面谈。荣一在19日向股东征求意见后，代表抄纸公司前往横滨与商会会长约翰·吉·沃尔斯及其兄长托马斯·沃尔斯针对设备采购事宜谈判[50]。

谈判时沃尔·霍尔商会指出，英国公司的抄纸设备会在近日运到日本,在日本的组装工作必须由英国人完成,所以设备应交由商会指定的人来操作。而且他们希望英国的设备制造商、沃尔·霍尔商会与抄纸公司以"合资"的形式来创办企业,工厂地点设在川崎一带。可这样做违背了抄纸公司希望洋纸国产化,防止由于大量进口造成国家利益受损,推动殖产兴业的宗旨,荣一没有接受这一提议。

荣一认为,毕竟外国人不是自己人,如果"合资"办厂,日本人不能成为"真正意义上的股东"。虽然荣一当时就拒绝了对方,但这毕竟是他的一己之见,事后荣一将会谈内容整理并传达给各位股东,征求大家的认可。虽然造纸设备和技术人员需要依靠外国,但至少没有注入外资,还是凭借国内资本来运作公司。

1873年12月5日,荣一向抄纸公司的股东提议,在订购的造纸设备于1874年7月运到日本之前,需要采购旧布。每位股东需要拿出所持股票价格的5%集资,"暂定负责人"三野村利助、古河市兵卫,尽量以最低的价格购买旧布。从股东那里集资到的资金,先存入第一国立银行。如果抄纸公司与银行签约,这笔钱一直存在银行里,也会有相应的利息,而且随取随用,非常便利[51]。

在荣一提出上述提议之前,已经与"暂定负责人"三野村利助、古河市兵卫对接下来的工作进行了周密安排，并提议抄纸公司应与第一国立银行合作，整顿目前的双重经营体制，最终明确了以三野村利助和古河市兵卫为中心的经营体制。之所以让此二人负责收购旧布，是因为他们能够利用三井组和小野组遍布全国的关系网，促成业务顺利开展。

经荣一提议，1874年1月31日，在第一国立银行召开抄纸公司股东大会，对带息活期存款进行讨论。经营体制方面，荣一先前提出的以三野村利助和古河市兵卫为核心，在当天并没有公示，但是将抄纸公司的业务正式委托给荣一全权处理一事倒是通过了决议。这次会议结束后，荣一成为抄纸公司的"代理董事长"，开始全面建设公司的运营体制[52]。

抄纸公司刚开始是在第一国立银行借了一间屋子办公，1873年10月，该公司在第一国立银行的院子里又租借了"租税寮"（译者注：政府机构名称，归属大藏省）以前的办公室成立了临时事务所，并挂牌为"抄纸公司"[53]。在荣一的指导下，第一国立银行经营基础的整顿工作与抄纸公司的开业准备工作都在有条不紊地进行，这两项工作能够齐头并进，都归功于荣一能从三井组和小野组的工作人员中举贤任能的才华。

作为代理董事长正式筹划开业

1874年(明治七年)3月,横滨的景缔社(活版印刷、装订业务)向抄纸公司提出希望合并的要求。虽然景缔社曾经是印刷、装订行业的"领头羊",但是由于当时社会对使用洋纸印刷的书籍需求量很少,导致景缔社陷入经营困境。

作为抄纸公司的代理董事长,荣一认为若要发展业务、提高人们的知识文化水平,就必须使用洋纸,将自己公司生产出来的洋纸以书籍、报纸等印刷品的形式普及。景缔社在提出合并时曾说过:"虽然我们也造纸,但是我们还可以根据客户的要求提供印刷和装订服务,如果不这样做,公司根本经营不下去。"听到这番话荣一大受启发,决定收购景缔社,将其打造成抄纸公司的横滨分厂(印刷、装订工厂)[54]。

根据之前的合同,抄纸公司不但要进口设备,还要从国外聘请机械、建筑方面的工程师。1874年5月,26岁的弗兰克·齐斯敏从英国抵达日本。他曾经在英国驻埃及总督直接管辖下的抄纸工厂工作过,应聘沃尔·霍尔商会后,签订了3年的劳动合同。弗兰克每个月的工资是265日元41钱,这是当时日本普通工人工资的53倍,可谓是天价。当时身在横滨,44岁的托马斯·波特姆利也经过沃尔·霍尔商会的介绍,以造纸工程师的身份签订了3年合同,同样也是年薪高达3000日元的天价工资。由于当时没有外国人能够住宿的酒店,抄纸公司只能将筹划开业时用于办公、开会的第一国立银行总行的二楼和三楼租借下来,改造为二人的临时住所[55]。

这个时期的荣一极其忙碌,"我自己一个人总会有照顾不周的地方",抄纸公司的很多工作都是从零开始,而且"事情较为繁杂且耗费精力",所以1874年7月,荣一任用不持有股份的古敬三为经理,作为他的助手[56]。荣一之前的下属直接接受古敬三的领导。

抄纸公司即将开业,虽然从第一国立银行调派过去的董事兼股东代表也参与实际的准备工作,但后来逐渐形成了以专门负责业务经营的经理也就是古敬三为核心的经营体制。

1841年(天保十二年),古敬三出生在兰医学世家,是平井信道的儿子。他与荣一年龄相仿,后成为江户金座官员(译者注:江户幕府中对铸造出来的钱币进行鉴定、检验的官职)古氏的养子。维新后,就职于大藏省造币寮(大阪),与同在大藏省任职的荣一相识[57]。荣一一直在寻觅值得信赖的人才,希望找到一个既能选定抄纸厂厂址、又能筹备工厂开业的人。古敬三不但擅长化学还精通机械,又是荣一的知己,井上馨也对他赞赏有加,可以说是不二人选。因此,荣一邀请古敬三到抄纸公司委以重任[58]。

抄纸公司工厂选址

荣一回忆当时的工作说:"所有的工作都是第一次接触,所以创业的过程非常艰苦。其中工厂选址的工作尤其艰难。[59]"他在选址时设想的条件是:1.必须要有造纸时需要的洁净的水源;2.拥有平坦开阔的场地; 3.方便运输原材料、产品以及设备;4.抄纸公司作为现代工业的范例,为了能够向世人更好地宣传工业精神,最好设置在具有信息传播优势的东京都周边[60]。

荣一亲自到东京周边的候选地段实地调查,这些地段各有利弊,所以一直难以抉择。这时,荣一得知在东京近郊泷野川村(现位于东京都北区)有一个叫鹿岛万平的人,经营了一家机械纺织工厂,利用水力带动机械制丝。荣一对工厂周边展开调查,发现鹿岛纺织厂所在的泷野川村附近有个王子村(现位于东京都北区),地势平坦很适合开设抄纸工厂。那附近还有发源于三宝寺池(现位于东京都练马区)的石神井川和以玉川上水道为水源的千川水道。荣一让抄纸公司的员工调查这些水源是否可以用于造纸,自己也到水源上流实地考察过两次,最后的结论是石神井川和千川水道的水都可以用于造纸[61]。

这个地方还非常适合运输造纸原料、设备以及产品等。石神井川的下游与荒川(现为隅田川)汇合后流入东京湾。调查的同时,抄纸公司的三井组与幕府时期曾接受过政府委任的浅草米藏(译者注:江户幕府三大米藏之一)签订了租借协议,将用于造纸的破布和设备等物品在米藏存放至7月2日(1874年年底,这些物品从浅草米藏转移到了深川租赁仓库中保管)[62]。

浅草米藏紧挨着隅田川。在荣一等人选址时,江户幕府准备在鹿岛纺织厂附近建造大炮工厂,所以石神井川的下游河道正在进行拓宽工程[63],这样不仅可以运输破布,还能利用河道运输机械设备等物资。

这片土地既方便运输仓库里的物资[64],基础建设又比较完善。根据荣一之前的设想,抄纸公司作为现代工业的范例,为了能够向世人更好地宣传工业精神,最好建立在具有信息传播优势的东京都周边,从这一点来考虑,这里也是首选地段。

在这附近有一座飞鸟山,那里自江户时期开始就是赏樱胜地,石神井川沿岸的饭店鳞次栉比,江户城里的人们来这里游玩可以当日往返。后来由于幕末维新时期社会动荡,来这里的游客有所减少,但是可以想象以后应该还会有很多人来此游玩。荣一指出"王子之地世人皆知,近东京城内,交通便利。(此处有删减)我厂作为机械工业的范例,要尽可能向大众开放展示,希望以此唤醒沉睡中的工业精神。[65]"

1874年8月,抄纸工厂的厂址暂定在王子村。8月21日,荣一与古敬三再次来到王子村进行实地调查。中午之前他回到了位于兜町的家里,留下古敬三与周边村落交涉,可有的村子根本就没有参加这次谈判。

由于在购买地皮时,需要根据工厂布局调整水利资源,所以抄纸工厂与周边村落在这次谈判中没有达成最终协议。但是王子村的大谷仓之助、熊谷源左卫门以及鹿岛纺织厂的老板鹿岛万平为了欢迎抄纸工厂落户在王子村,非常积极地参与当地的协调工作[66]。王子村是个比较小的村落,村民们除了务农之外,还会向飞鸟山的游客贩卖糖果点心,或者开个餐饮店来维持生计。维新时期社会动荡,游客数量减少,有些村民已经移居到别处。该村的熊谷村长为了搞活地方经济,非常欢迎抄纸公司来投资办厂,他希望村里为抄纸公司提供场地和用水,工厂为村里人提供就业机会并支付水费[67]。

由于得到当地人的支持,8月23日双方结束了谈判,26日抄纸公司的荣一、齐斯敏、波特姆利等人再次前往王子村,勘查水力资源,并就工厂用地问题与村里进行了非常细致的谈判,最终达成一致意见[68]。

购买工厂用地的同时,抄纸公司还需要协调用水方面的工作。抄纸公司最终决定利用千川水道的工农业用水,将其水流的末端架起后横跨石神井川河面，然后将水流导入北侧三个村子农业用水的水渠中，抄纸工厂再从水渠中抽水造纸。由于这种方式将会截断23个村子专用水渠补充用水的水道，所以从北侧3个村子的农业用水中调水补给。受此影响的23个村与北侧3个村、王子村一起与抄纸公司在9月签订协议[69]，之后便开始动工建厂[70]。

1874年一年，抄纸公司在调查并选取工厂用地的同时，还要拿出外国工程师的人工费用、工厂用地的收购费、工厂建设费，造纸设备的购买、运输、组装等费用，花销已经超过了当初的预算。股东们对此有所不满，所以当工厂要求他们拿出股金时，有的股东就没有出资[71]。该年3月，既是发起人又是股东的胜间田诚三郎甚至还将股票转让出去[72]，10月，股东由当初的12人增至15人，资本金共152250日元。但由于11月向沃尔·霍尔商会支付了购买设备的108070美元的巨额费用，抄纸公司已经捉襟见肘[73]。

恰恰就在这个时期，抄纸公司和第一国立银行的大股东小野组宣告破产。荣一一边处理相关事务，一边"多方奔走，解决资金问题"。抄纸公司的资本金终于在12月又增加了25万日元，荣一"暗下决心，无论如何都要将手上的工作做好。[74]"他还从第一国立银行那里周转过资金[75]。

小野组破产

为省、府县等各级政府部门处理汇兑、租税等业务的小野组、三井组、岛田组,手握政府公款,1874年(明治七年)2月,政府决定让他们每年缴纳业务总额的三分之一作为担保。同年秋季,忙得不可开交的荣一听闻小野组即将破产,他在大藏省工作时的上司井上馨也忠告过他此事[76]。

小野组用自己手里的公款和从第一国立银行贷来的资金参与了多项投机生意。虽然荣一了解情况,但是一直苦于不知如何处理。多年以后荣一再提起时说道:"小野组从银行借了不少资金,银行能要回本钱就很满足了。可是如果这么做的话,小野组就会破产,我肯定不能这么做。虽然我跟三井方面商量过此事,可是我们并没有想出更好的方法。我夹在中间左右为难,最终仍是无计可施。[77]"

第一国立银行发放给小野组的贷款几乎都是无担保贷款,金额高达138万日元(超过该银行资本金的一半),如果收回贷款小野组就会破产。第一国立银行也有可能遭遇危机,但是如果能将这笔钱收回,会大大降低银行的风险。从国家和社会的角度考虑,为了能让现代银行制度扎根于社会,应该收回小野组的贷款,可荣一还是感情用事,没有这样做。据说当时荣一还曾苦恼过"如果在政府里当官,就不会有这么多烦恼了吧[78]"。尽管如此，小野组还是在1874年11月关闭总店，并停止政府汇兑业务，这无异于破产[79]。

小野组破产之后，银行将小野善助、古河市兵卫拥有的银行股票、大米、新公债、秋田院内地区的矿山、房屋、各种设备以及生产出的铜都拿来抵押。虽然还有几万日元的库存商品，但还是不够。荣一积极地与大藏省交涉，希望能够将大藏省收回的小野组的旧公债证书、通货等下放给银行，帮助银行渡过难关。这么一来，第一国立银行的损失最后控制在19000多日元。这个金额后来以贷款给小野组的形式来处理，本息需46年内偿还，前30年无利息。虽然小野组事实上已经破产，但是荣一对其还有无法割舍的情谊，在处理这些事情时，也尽量维护了小野组的声誉。

荣一最后坚持将个人情感放在一边，站在国家与社会的立场，帮助需要稳固根基的第一国立银行成功地渡过难关。

与三井组之间的较量

三井组与小野组一样，也承接了公款汇兑业务。对于政府突然需要全额缴纳保证金的严令，他们通过东方银行（东洋银行）周转资金，最终免于破产。

在第一国立银行成立以前，三井组曾希望单独创办银行。

小野组破产之后，他们认为时机已经成熟，开始谋划将第一国立银行划入旗下。1874年（明治七年）12月20日三野村利左卫门向荣一提出，希望将银行所有的股份都转让给三井组[80]。荣一拒绝道"不合适"，他阻止了三井组想将银行据为己有的念头，并提出改革方案，确保具有公共属性的银行顺利发展。

在这样的背景下，荣一准备向大藏省纸币寮纸币头得能良介递交陈情书。他在写完之后反复推敲、不断订正，终于在12月31日定稿。新年伊始，1月4日荣一正式提出陈情书。他在陈情书中指出，由于小野组破产，第一国立银行的股东几乎都是三井的人，有些事即使召开股东大会，也几乎等同于三井组自己做决定。如此一来，"银行几乎就是三井的一家门店"，这样银行的性质非常容易由"公"转"私"。为了确保银行的公共属性，需要采取新的措施和管理制度。希望银行能够在政府的保护下获得长期发展。为了确保效果，荣一指出应该采取削减资本、更改银行与三井之间的合作方式、修改贷款规则、加强分行管理、加强管理各董事的转岗与免职、降低纸币发行保证金限制等9条改革方案，并向得能良介寻求援助[81]。

收到陈情书和改革意见的得能向大藏省提出了意见书，意见书中明确提出：1.要明确银行与三井组之间的边界；2.小野组出资的股票份额要从资本金中扣除,削减资本;3.废除总监察一职,向股东推荐荣一做行长。在大藏省还没有对此下达指令时,得能派英国人阿兰·项道对第一国立银行展开调查,阿兰·项道提出改组方案后,得能又再次向大藏省提出意见书[82]。经过一番讨论,该意见书于1875年6月27日,以纸币头得能的名义对第一国立银行下达。通知书指出,第一国立银行开办之初,政府迫不得已勉强承认其人事任免,但根据目前实际情况来看,有些董事只是摆设,银行并没有得到发展。根据"国立银行条例",银行需要修改合议略则,并且为了确保业务发展,还需制定改革方法[83]。

荣一就任行长之后,积极推进银行改革,从根本上阻止了三井组将银行由"公"转"私"、据为己有的想法,保证了银行的公共属性,得能下发的这则通知成为荣一的强大后盾。

银行制度问题

荣一一边处理小野组破产后的事务,一边推进改革,就在他多方奔走时,银行整体的制度问题开始显现。根据"国立银行条例"创办的国立银行,无论什么时候都可以将纸币依据面值换成相应的金币。所以第一国立银行自成立之日起,至1874年(明治七年)年初都没有发现问题。但自1874年5月开始，由于金币的世界市场价格不断上涨，用纸币换金币的顾客明显增多。

这么一来银行就必须补充储备金币，从6月开始银行的纸币发行遇到困难。如果没有纸币流通，银行效益就会恶化。荣一发现之后，认识到这是银行制度上的问题[84]。而且不仅是第一国立银行的问题，也是当时新成立的其他3家银行共同的问题。1875年3月8日，第一国立银行、第二国立银行、第四国立银行、第五国立银行联名向得能良介请愿，希望将本位币兑换制度改为使用政府纸币兑换，同时修改国立银行条例[85]。

就这样荣一一边致力于银行的制度改革，一边准备对银行内部改组。1875年8月1日，荣一参加了在第一国立银行总行召开的临时股东大会，参加大会的股东32人，因路途遥远或生病委派代理人参加会议的54人，缺席19人。出席会议的基本上都是实际参与银行工作的股东，委派他人出席或没有出席的股东包括三井组总管事三井八郎右卫门、三井旗下各分支机构的掌门人，甚至连当初与荣一共同创办银行的三野村利左卫门等三井组的重要人物都未参加会议[86]。

荣一在会上说明缘由，提出发展银行业务的修订方案：1.由于小野组破产，整理其所占股之后，银行的资本金由250万日元削减为150万日元；2.向政府提出请求，希望修改发行纸币兑换金币的制度；3.应严格按照统一标准实行借贷业务，取消之前对三井组的特别对待；4.强化借贷规则（以抵押贷款为主，每人借贷上限为15万日元）；5.扩大汇兑业务。除此之外，荣一还详细说明了银行董事的选举制度，并推荐三井元之助、永田甚七、深川亮藏、西园寺公成为负责银行经营业务的经理。按照"国立银行条例"，当时还差一名经理，荣一提出如果各位股东同意，他愿意担任经理一职，而且日后可以从包括他在内的5名经理中选取行长。

非三井派的西园寺公成等人对荣一的提案并无异议，并表示愿意担任经理，各位股东也表示同意。西园寺提出让荣一成为行长，自己才愿意担任经理。荣一并没有推辞，但是他说自己必须先是经理，之后"自然不会推辞行长一职"。根据条例，行长必须由经理全体会议决定产生，这才是较为恰当的流程。

在荣一的提议下，股东们没有让三井八郎右卫门和三野村利左卫门负责银行的经营业务，但是毕竟他们是银行的大股东，就让他们负责监察工作。由于深川亮藏在会议当日缺席，无法同意是否担任经理职务，所以另外一名新任经理由荣一和其他3名经理一起从大股东中选出。最终三井组的斋藤纯造入选，最终5名新任经理共同选出荣一为行长。

荣一与纸币头得能合作，担任了自己之前一直拒绝的经理一职。这次他决心成为可直接指挥经营的银行行长,应该是早有准备,出于战略上的考虑,他召开了临时股东大会。荣一的目的曾在写给得能的陈情书中说过,为了不让小野组破产这种事重蹈覆辙,才阻止三井将银行私有化,希望创建一个具有公共属性的现代银行特有的经营体制。

最终,除去荣一,6名经理中有5人是三井派系的,但是三井八郎右卫门和三野村利左卫门不负责经营,只负责监察。负责经营的经理中永田虽然是三井组的人,但也是荣一的亲信,西园寺并则是非三井派系的。最终形成了以荣一为行长的经营体制,推进银行内部改革。

作为行长着手改革

总监察职务不能直接指导银行的经营,所以有时不能掌握贷款的实际情况。但是成为行长后,荣一便掌握了银行实权,直接参与经营管理。

处理小野组的破产工作虽然初见曙光,但依然没有结束。银行的社会信用度尚未确立,还不能全方位开展业务。在这种情况下,若是重建银行的工作失败,"银行"这种公司形态便不能扎根于社会,也不会有人再想创办银行,进而影响现代金融制度的确立[87]。

荣一在处理小野破产相关事务时，巧妙地利用了这种危机，他认为这是向世人展示银行信用的机会[88]。1875年（明治八年）11月24日，荣一将小野组抵押的股票以及退股者的情况整理后，向大藏省提出了要削减100万日元资本的申请。根据8月召开的股东大会决议，荣一不断推进改革工作[89]。在1876年1月的股东大会上，荣一宣布扩大汇兑业务和存款业务。其实早在1875年9月银行就已修改过向存款者开具票据的制度，但由于当时很多商人并不熟悉托收汇票业务，所以几乎都是现金交易。为了使金融交易更加顺畅，荣一要推广此业务，并向纸币寮请教票据模板的制作方法[90]。

顺便说一下，从这一年开始，上野已经试行生丝质押业务。当时上野产的生丝质量首屈一指，还出口到国外，但是上野缺乏具有实力的商业大户，生丝贸易停滞不前。所以当时的贸易形式是从外商那里借来资本，再销售给外商，叫作"御国损"（译者注：如果发生损失那也是在贵国）。于是，缺少资金的商人与第一国立银行通过生丝质押的形式，来推动贸易发展[91]。1876年6月，盛产生丝的岩代和福岛地区也向大藏省纸币寮提出申请，希望能够以同样的形式获得贸易支持并获得批准[92]。

要求修改"国立银行条例"的运动

荣一就任行长以后，立志要改变日本商人自江户时期以来一直沿袭的旧式商业习惯，他在第一国立银行推行营业制度改革，并将改革内容提交给政府，在获得许可后，对日本金融制度的改革，以及现代金融制度的稳定发展，都起到了推动作用。

1875年（明治八年）8月的临时股东大会上，荣一曾提到还需努力改变发行纸币与金币之间的兑换制度。在提出该决议之前，荣一就与纸币头得能商讨过此事，并有所行动。如前所述，在同年3月，以第一国立银行为首，四行曾联名上书，向得能提出修订本位币兑换制度的请求。

收到请求后，得能为了援助国立银行，向大藏省提出从纸币寮现有的政府预备纸币中拨款717万日元，根据各银行的营业状况，以无息借贷的形式进行分配，同时从各国立银行回收同等金额的银行纸币纳入国库（译者注：实质就是用政府纸币与银行纸币进行了等额兑换），并向第一国立银行征求了意见。

对此，荣一曾在同年7月向政府提出三个具体的解决方案。在第二个方案中提到，纸币寮可按照各银行收到纸币的半额贷出新纸币，并从各银行回收等额银行纸币。在金币兑换市场稳定之前，以无息借贷的形式发放给各国立银行。他的这一提议与得能的提议被一同采纳。同年12月，得能向以第一国立银行为首的四大国立银行传达了这一暂定决议[93]。

另一方面，荣一率领第一国立银行主动向客户提出使用政府纸币兑换已经发行的国立银行纸币，并且以高于银行纸币面额的价格回收，这样就可以只用政府纸币来兑换金币[94]。荣一通过这样的临时对策来保证银行的持续经营。但是荣一认为要从根本上解决这个问题，必须在改变银行内部经营体制的同时，要求政府修改基本制度。

抄纸公司工厂竣工

在推进第一国立银行经营改革的同时，荣一还亲赴在建的抄纸公司进行现场考察。抄纸公司的厂房是真正意义上的砖砌房屋，在当时实属罕见。在竣工之前，1875年（明治八年）4月，荣一曾陪同大藏卿大隈重信等重要领导视察[95]。

荣一当时说道："这种厂房在东京圈尚属首例，世人对此评价相当高[96]。"厂房建好后，依次搬入造纸设备并安装好，王子村工厂于1875年6月竣工。破布的收购工作也在有条不紊地进行，1875年5月开始筛选适合做造纸原料的破布。工厂竣工后便立即投入生产，蒸汽机、主动轮、破布专用锅都相继开启[97]，7月生产出第一批洋纸[98]。

其实最开始，虽然荣一在洋纸制造方面付出了很多努力，但是对用收购回来的漆黑的破布是否能造出白色的洋纸这件事,他仍旧半信半疑。没有葡蟠或是黄瑞香,怎么会造出纸呢?能将各种颜色的破布漂白这件事就很不可思议,荣一多多少少还是有些担心[99]。他任命专业工程师波特姆利作为主任,带领日本工人尝试造纸。虽然机器开始运作,洋纸却始终没能制造出来,或者是刚出来一点纸就断了。荣一非常担心,几乎每隔一天就去一趟工厂确认生产状况,但断纸还在继续,荣一心情极度低落。

症结到底在哪里呢?荣一质问波特姆利[100]。"你是有经验的工程师,在外国造过纸,正因如此,我们才高薪聘请你。当初要雇你时,我跟你怎么说的?这些设备是从横滨号称'亚美1号'的沃尔·霍尔商会那里购买的,他们说这些设备叫福佐尼亚机,是英国最好的造纸机。我问你果真如此吗?你当时也回答正是如此。既然你拥有丰富的造纸经验,原料、水、药品,也都是按照你的要求准备的,为什么最后生产不出洋纸来?是不是你本人技术不够成熟?不然为什么造不出纸来?"

虽然波特姆利回答说"是日本的工人不好,不听我的指挥才会这样",但是荣一根本不相信他的说辞,他责问道:"工人没有理由不听从你的指挥,应该是你自己技术不到家吧,所以你才会以原材料品质不过关,或者药品投放不合理之类的借口

第一国立银行总行（1875年以后）

来托词说生产不出纸的吧？"波特姆利回答道："你给我一周的时间，如果一周内做不出好纸，我无话可说，自会辞掉工作。（此处有删减）到时你赶我走我也毫无怨言。"荣一在抄纸工厂上投入了巨额资金，工厂和设备都已齐备，但仍旧不能生产出洋纸，这让他大伤脑筋，可眼下又没有别的办法，只能把希望寄托在波特姆利身上。

波特姆利被训斥后，虽然没有生产出完美的洋纸来，但洋纸开始一点点变长，不像以前那样刚出机器就断。抄纸公司的总部设在王子工厂内，在第一国立银行还设置了东京分社（印刷工厂）的临时事务所。就在荣一整改抄纸公司内部组织期间（1875年8—9月），王子工厂终于生产出像样的洋纸。但是，纸张的质感有点像柿漆纸，这种粗糙的厚纸只能用来包裹物品，价格低廉并没有什么利润。

截至1875年下半年，公司各项经费逐渐上涨，总金额已达到4万多日元。抄纸公司是荣一牵头干起来的新兴事业，可历经3年却是这样的结果，面对那些向抄纸公司投资的股东们，荣一自觉"无颜再见他们，如果地上有个洞，羞臊得都能钻进去"。可是荣一始终认为日后洋纸的需求量肯定会增加，即便遭遇困难也只是暂时的，这项"事业的初衷"并没有错。想到这里，荣一又调整心情，一边到生产现场鼓励生产，一边积极开拓政府和民间客户，这样如果工厂那边能生产出像样的洋纸，就可以直接销售。

1875年10月，抄纸公司终于生产出了白纸。荣一曾经因为第一国立银行的经营问题而请教过的大藏省纸币寮和美国博览会事务局，在11月答应购买抄纸公司制造的洋纸[101]。此外，民间的日报社也发来了报纸用纸的订单，同年12月，抄纸公司开始尝试制造报纸用纸[102]。当时的日报社社长是福地源一郎，荣一赴欧归国时曾与他见过一面,当时荣一细谈了在欧洲感受到的"报纸的重要性",并提出"希望日本也能有这一天"的远大抱负[103]。

抄纸公司初见曙光,同年12月16日,王子村总部工厂股东及相关人员、王子村及周边村的相关人士、工厂建筑承包商、破布收购商等参加了抄纸公司的开业典礼。抄纸公司实现了荣一"向大众展示机械工业范例""鼓励工业发展",和将抄纸公司作为现代工业的典范向世人展示的想法。在开业当天下午及次日,允许普通参观者入场参观[104]。

开业典礼成功举办后,古敬三经理在12月18日的书信中向荣一报告:开业后王子村大量群众到工厂参观,盛况空前。并在书信中对荣一之前表扬过自己一事,表达了谢意[105]。这是因为荣一曾赞赏过古敬三,在艰难时期一直支持自己,并从1874年7月开始一直在一线指挥工作。

第一国立银行改革过程中出现的问题

抄纸公司开业典礼圆满结束后,便迎来了1876年(明治九年)的新年。而此时荣一却要面临第一国立银行的重大经营问题——大藏省提出要停止之前委托给第一国立银行的金银出纳业务,并命令其立刻交还金银。第一国立银行的储备金几乎都是大藏省的存款,这些政府存款在 1875 年年底是民间存款的 2.5 倍还要多,如果将这些存款全部交出,会给经营带来严重的问题。荣一即刻向大藏卿大隈重信和纸币头得能良介请求延期归还[106]。

1876 年 3 月初,荣一将自己几经推敲的陈情书递交给得能[107]。陈情书中写道,政府下达了即刻归还公款的通知,如果必须全额归还这笔公款的话,那政府的目的与其说是希望"归还公款",还不如说是逼迫第一国立银行"歇业"。荣一表示一定会竭尽所能归还公款,但还是希望政府能够将全额归还公款的日期延后[108]。得能收到荣一言辞恳切的陈情书后,在大藏省内部开始协调,最终约定将全额归还日期延至 6 月[109]。同年 3 月,荣一将自己内心的想法写成对联"耐而约成事妙诀,勤与俭良图创业"[110]。

6 月 30 日,第一国立银行按照约定向大藏省全额归还预存金银,自开业以来一直承接的大藏省金银出纳管理业务自此告终[111]。

抄纸公司开业后的困难

抄纸公司在 1875 年(明治八年)10 月,与政府之间缔结了各级政府用纸、纸币、公债证书等的原纸承包合同,年底还接受了大藏省纸币寮的"专项用纸"订单，经营顺风顺水。特别是承包制造纸币，对抄纸公司来说是一项关乎今后发展的重要业务。可到了1876年，大藏省就像对待第一国立银行一样，态度发生了很大的转变。当时，大藏省要停止委托代办金银出纳业务，得能为了救助陷入危机的第一国立银行，说服大藏省改变政策，他主张说如果将一个国家的纸币制造业务委托给民间公司，有出现假币的风险，保密工作也存在隐患，政府由此将制造纸币的业务从抄纸公司收回，改为政府直接管辖下的工厂。

据此，大藏省纸币寮抄纸局（后改为纸币局抄纸部、印刷局抄纸部）让抄纸公司割让出300多坪（译者注：明治时期面积度量单位，1坪约3.3平方米）场地并分享抄纸公司一半的用水取水权，大藏省购买场地后，于1876年2月在抄纸公司的隔壁又建了一家抄纸公司，4月大藏省纸币寮抄纸局（工厂）开业。5月，由于抄纸局和抄纸公司的名字容易混淆，抄纸公司接到政府命令必须改名，所以更名为"造纸公司"[112]（后文使用"造纸公司"进行表述）。

在政府毁约之后，虽然印刷局那边依然有少量订单，但是由于造纸公司刚开业，技术也不够纯熟，经营状况堪忧。当时民间的洋纸需求量较少，荣一回忆起当时的状况说合作的客户

"也就一两家洋纸商户和两三家报社,销售上的困难超乎想象。荣一夹在中间,一边苦于处理造纸生产业务,一边又要努力扩大销路"。

1876年上半年度,造纸公司没能向股东分红,荣一在股东和公司之间的夹缝中,艰难地摸索解决方法[113]。

第一国立银行的经营改革

如前文所述,1876年(明治九年)6月,第一国立银行全额归还大藏省预存的金银,结束了大藏省的金银出纳委托业务。这件事虽然对银行业务造成了打击,但荣一反倒利用这个机会摆脱了依赖公款的经营体制。银行民间贸易业务的占比得以提高,而这正好符合他的创业初衷。

荣一自1874年开始就与其他银行联手,请求政府从根本上修订"国立银行条例",并且与纸币头得能良介商讨方案。得能对兑换制度没有彻底执行一事进行了调查,并在大藏省内部协调及准备修改条例。

如此一来,政府修改了"国立银行条例",并在同年8月公开宣布。修订后的条例规定,国立银行可以发行实际资本总额80%的银行纸币,要将其中25%作为政府纸币兑换公积金,银行纸币可以用政府纸币兑换。

在修订"国立银行条例"之前,世界金币价格高涨,用本位币兑换金币的倾向愈发明显,这也加速了修订兑换制度的进程。第一国立银行的本位币开始不足,所以需要回收其发行的国立银行纸币。可实际上第一国立银行无法发行国立银行纸币,这使得金融循环受阻,对银行的经营也产生了较大影响。后来修订了该条例,金融循环变得顺畅起来,银行的经营状况也开始恢复稳定。1876年7月,荣一出席了在第一国立银行总行召开的上半年股东大会并发言。他指出虽然银行现在没有公款业务,但是到目前为止银行一直致力于民间客户的开发,只要保持这个势头,银行就一定会继续发展下去。接下来荣一又回顾了银行自创建以来的发展历程,并指出虽说初期的经营模式失败了,但是银行仍旧发展至今,"真是托各位股东的福",当然这也是"自始至终都勤奋工作,努力挽救银行的各位董事的功劳"[114]。

在这次股东大会上,荣一提出的扩大业务、修改营业规则、削减经费等提议获得了股东们的同意。大家待"国立银行条例"修改后,准备全力以赴开展民间业务,扩大银行业务范围[115]。

经营造纸公司的侥幸

1876年(明治九年)4月,明治天皇骑马来到飞鸟山一带,中午在王子村的扇屋饭店用膳后，路经附近刚开业不久的大藏省纸币寮抄纸局，于是造纸公司也有幸获得天皇御览[116]。荣一负责当日的介绍工作，之后对于此事，他说道："天皇驾到造纸公司一事，是公司创业史上值得大书特书的一笔。这不仅是造纸公司的荣誉，更是整个工业界的荣誉，业界中人都觉得此事犹如发生在自己身上一般，倍感皇恩浩荡。天皇如此挂念工业发展，我等哪怕历尽千辛万苦也要获得成功，奋发努力之心油然而生。[117]"

明治天皇考察之后，荣一更加努力经营造纸公司。但这一年的上半年经营状况并没有好转，荣一对此殚精竭虑。可万万没想到，老天特别眷顾他们——当时日本全国正在进行地租改革，所有的土地都要发行地券（证明土地所有权和地租赋税等地价信息），需要大量的地券用纸。于是在8月份，造纸公司接到了大藏省纸币寮的地券用纸订单[118]。

当时造纸公司在技术上仍旧不够成熟，如果制造薄纸就会比较棘手，恰恰这地券用纸是像美浓半纸（译者注：美浓纸是日本特有的一种质地厚实的纸，半纸规格纵向约为24厘米，横向约为34厘米）那么大的尺寸，而且需要的是厚纸，对造纸公司来说这是最拿手的产品了。后来荣一回忆说，这笔订单简直就是救命稻草[119]，他们抓住这次机会，终于使公司经营步入了正轨。

搬至深川

第一国立银行自荣一就任行长后，在1875年（明治八年）下半年决算时，纯利润比前期增长3万日元，股东分红一股可增额1.56日元[120]。造纸公司工厂也在同年竣工，可以生产出洋纸，并举行了开业典礼。1876年7月，第一国立银行提出扩大业务的口号，8月造纸公司接到了地券用纸的特供订单，公司业务逐渐发展壮大。

1875年8月，荣一就任第一国立银行行长时，取消了创业伊始制定的"合议略则补充条款"中的"就近居住"条例。这样荣一就可以不必一直住在银行附近，1876年4月18日，他购买了位于深川福住町4号地的近江屋喜左卫门的屋宅并修葺。7月17日（也可能是8月26日），他从第一国立银行附近的兜町2号地的住宅中搬出[121]。

之所以要搬到深川居住，是因为随着物流发展，深川在仓库场地、与客户交涉等方面的区域优势越发明显，[122]而且深川也是荣一在商法会所时期设立过分店的地方，他对这一带比较熟悉。不仅如此，1874年年底至1875年，抄纸公司曾在深川地区的松荣町、福住町、佐贺町等地借用过仓库，保管破布和设备器械等。

成立于 1875 年的抄纸公司即王子村的工厂总部，通过隅田川与石神井川这两条河流与深川的仓库衔接。设立在第一国立银行里的抄纸公司临时办公室，后来成为东京分社（印刷工厂、兜町）。这里和枫川—日本桥川—隅田川一线贯通，横滨分社（印刷工厂）也通过隅田川、东京湾与深川地区相连。在深川可以有效地管理造纸原料破布及其产品（洋纸）的库存。可以说深川既方便管理库存也可以通过水路与东京分社、横滨分社等印刷工厂相连，对于抄纸公司来说，这里是极其便利的重要地段。

1875 年，荣一就任行长以后，第一国立银行在实行经营方面的各项改革时，将民间业务提上日程，以抵押贷款为主，借贷业务严格按照统一标准进行。1876 年 7 月以后，银行全力以赴开展民间业务，如此一来用来保管抵押物品的深川也显得越发重要。

1876 年 7—8 月，荣一从兜町搬到了深川福住町，这里与抄纸公司的"深川福住町 10 号地仓库"在同一个街道，荣一将此处作为主宅，平时就住在这里[123]。被他誉为先于百花开放的"梅花"一般的第一国立银行与抄纸公司（造纸公司）[124]，对荣一来说是可以向社会展示的近代银行和制造公司的典范，荣一也是带着这样的气魄以及绝不能失败的责任感来经营的。荣一搬家时，这两家公司在组织制度以及经营基础建设方面都已具雏形。

搬到深川主宅后，他更加积极地参与两家公司的经营。荣一认为要推动日本建立现代经济社会，不仅要让两家公司发展壮大，还要以它们为典范，指导其他银行及公司的创建，广泛开展能将它们有机结合的活动。

注释：

1. 抄纸公司"创立记事"一，明治六年9月至明治七年12月（公益财团法人纸的博物藏书）。成田洁英[1956],《王子制纸社史》第1卷（王子制纸社史编纂所）30页。
2. 同上,《王子制纸社史》第1卷23页。
3. 涩泽荣一谈[1914],"王子制纸株式会社回顾谈",《百万塔》创立40周年纪念特辑（财团法人纸的博物馆）翻印藏书。四宫俊之[1972],"抄纸公司创业期的资金周转",《明治大学大学院纪要》第10集（明治大学大学院）。桑原功一[2014],"抄纸公司'代理行长'—'股东总代理人'，经营体制的成立与涩泽荣一——明治七年1月的公司业务委托——"《涩泽史料馆年报2012年度》（涩泽史料馆）。
4. 同上，桑原论文[2014]，27页。
5. "合议略则",《明治六年股东会议记录王子制纸公司》（公益财团法人纸的博物藏书）。

6　涩泽荣一口述[1984],《雨夜谭》(岩波书店)197—198页。

7　土屋乔雄[1989],《涩泽荣一》(吉川弘文馆)150—151页。

8　上述《雨夜谭》198—199页。

9　荣一从大藏省辞职时,玉乃世履劝说荣一的内容是根据涩泽荣一[1913],"论语与予(其一)",《龙门杂志》第310号(龙门社)13—14页。

10　同上,12—14页。

11　上述《雨夜谭》236页。

12　《涩泽荣一传记资料》第4卷7页。下文中有关1873年(明治六年)6月11日召开的第一国立银行创立总会的相关叙述(包括当天召开的董事会),若无特别注明,则都是根据《涩泽荣一传记资料》第4卷7—8页。

13　同上,20—22页。

14　"(第一国立银行与涩泽荣一的总监察任职合约草案明治六年)"(藏于株式会社瑞穗银行)。

15　《涩泽荣一传记资料》第4卷15—16页。

16　同上,20—22页。另,在总监任职合约的第二条中规定,行长、董事即使换届,新任的行长和董事通过合议,在任期结束时可以续签合同,且无时间限制。

17　上述《雨夜谭》237—238页。

18　同上,238页。

19　《涩泽荣一传记资料》第4卷46—47页。

20　同上,48页。此外还参考涩泽史料馆编[2015],《舍我为公——涩泽荣一与银行业》(同馆)27页。

21　涩泽荣一口述[1909],"清渊先生的两大决断",上述《龙门杂志》第254号22—23页。

22 《涩泽荣一传记资料》第4卷542—543页。

23 第一银行80年史编纂室编[1957],《第一银行史》上卷(同室)154—174页。

24 "第一国立银行总行每月实际报告(明治六年8月31日)第一国立银行行长·小野善助、董事·斋藤纯造"(藏于株式会社瑞穗银行)。

25 "活期存款合约(明治七年2月4日)第一国立银行"(藏于株式会社瑞穗银行)。

26 "(向涩泽荣一寄赠'活期存款合约'经过说明书)大正十三年7月10日"。上述《舍我为公——涩泽荣一与银行业》29页。

27 井口正之编[1913],《涩泽男爵实业讲演》坤卷(帝国图书出版社)380页。

28 上述涩泽谈[1914],84页。

29 上述《涩泽男爵实业讲演》坤卷392页。

30 同上,392—393页。

31 《涩泽荣一传记资料》第4卷59—60页。

32 桑原功一[2016],"涩泽荣一与古河市兵卫的交流",《足尾座谈会》第二次·2016年版·通卷第18号(同会)8—9页。

33 涩泽荣一[1912],《青渊百话》坤卷(同文馆)708—709页。

34 《涩泽荣一传记资料》第4卷34—38页。

35 上述《涩泽男爵实业讲演》坤卷391—392页。

36 依据来源于《涩泽荣一传记资料》第4卷第26页中的"佐佐木勇之助氏座谈会笔记"。

37 同上,第28卷549页。

38 同上,第4卷8页。

39 明治财政史编纂会编[1927],《明治财政史》第13卷(明治财政史发行所)419页。上述《第一银行史》上卷173—175页。

40 同上,《明治财政史》419页。《涩泽荣一传记资料》第4卷153—154页。

41 "永田勘七书简致涩泽荣一年不详1月21日"(藏于涩泽史料馆)。

42 依据来源于《涩泽荣一传记资料》第4卷27—28页中的"佐佐木勇之助座谈会笔记"。

43 同上,文献27页中的"佐佐木勇之助座谈会笔记"。

44 三田商业研究会编[1909],《庆应义塾出身名流列传》(实业之世界社)513—514页。《涩泽荣一传记资料》第4卷8、9、551页。

45 《涩泽荣一传记资料》别卷4、610页。同书别卷6、454页。青潮出版株式会社编[1963],《日本财政界人物列传》第1卷(青潮出版)425—434页。

46 《涩泽荣一传记资料》第4卷157—158页。

47 同上,37页。

48 同上,64—65页。下文有关股东大会的记述也来源于本书。

49 上述桑原论文[2014],27—29页。

50 上述"创立记事"一。涩泽史料馆编[2013],《涩泽荣一与王子制纸株式会社—为了国家与社会而兴起此事业—》(涩泽史料馆)60页。下文10月19日荣一在横滨与沃尔·霍尔商会之间的会谈的相关记述也来源于该资料。

51 上述桑原论文[2014],29—31页。

52 同上,31—40页。

53 上述《王子制纸社史》第1卷42—43页。

54 上述涩泽谈[1914],81页。

55 同上,81—82页。

56 同上,82页。

57 同上,大川平三郎[1928],"青渊先生与造纸事业——伟大的人格",

上述《龙门杂志》第 481 号 87 页。

58 同上，涩泽谈 [1914]，82 页。

59 同上。

60 同上，83 页。

61 同上。

62 神山恒雄 [1990]，"王子工厂物语（一）创业期的王子造纸与运输"，《百万塔》第 77 号（财团法人纸的博物馆）。桑原功一 [2015]，"明治初期涩泽荣一与工业振兴——抄纸公司·第一国立银行与深川福住町住宅之间关联性"，《武州野》354 号（武州野文化协会）。另，现在的"隅田川"在当时叫作"荒川"。1930 年，开始投入使用的荒川泄洪渠（现在的"荒川"）自开凿以后，荒川被改称为"隅田川"。1965 年，根据河川法，"隅田川"成为正式名称。本文为了避免混乱，统一使用"隅田川"。

63 北区史编纂调查会编 [1996]，《北区史》通史篇近世（东京都北区）579 页。"（抄纸公司通船促成石神井川废旧口岸修复的请愿书）明治七年 12 月 25 日堀内村副户长堀江仁右卫门及其他二人至抄纸公司的《会签文件》抄纸公司"藏于公益财团法人纸的博物馆。上述《涩泽荣一与王子制纸株式会社》63 页。

64 上述神山论文 [1990] 中曾论述过有关"王子制纸在工厂选址时曾非常重视水运条件"的内容。

65 上述涩泽谈 [1914]，83 页。

66 上述"创立记事"一。

67 上述《北区史》通史篇近现代，87—88 页。

68 上述"创立记事"一。

69 上述《北区史》通史篇近现代，38—39 页。肥留间博 [1991]，"王子工厂的水引自哪里（上）"，《百万塔》第 80 号（财团法人纸的博物馆)46—47页。

70 王子制纸株式会社"社事要录"第1卷(公益财团法人纸的博物馆藏书)。

71 上述涩泽谈[1914],85页。

72 上述《明治六年股东会议记录王子制纸公司》。上述《涩泽荣一与王子制纸株式会社》9页。

73 上述涩泽谈[1914],85—86页。

74 同上,85页。

75 上述四宫论文[1972]。

76 井上馨候传记编纂会[1933],《世外井上公传》第2卷(内外书籍)531—534页。

77 涩泽荣一[1910],"我的精神境界新纪元——已故伊藤公的忠言和能让第一银行走到今天的井上候的亲切关怀",《实业之世界》91页。

78 涩泽荣一[1909],"明治五年的财界",上述《龙门杂志》第253号11页。

79 有关小野组破产的问题参考了上述《第一银行史》上卷、上述《舍我为公——涩泽荣一与第一国立银行》等资料。

80 小野组破产以后第一国立银行中三井组的活动倾向问题参考了财团法人三井文库[1980],《三井事业史》本篇第2卷(同财团)183—185页。

81 《涩泽荣一传记资料》第4卷144—146页。

82 渡边盛卫编[1921],《得能良介君传》(印刷局长池田敬八)231—235页。

83 "得能良介纸币头致第一国立银行通告书明治八年6月27日"收录

于"第六次股东大会决议事项明治八年7月11日"(藏于株式会社瑞穗银行)。

84 上述《雨夜谭》239—240页。上述《涩泽荣一传记资料》第4卷199页。

85 大内兵卫·土屋乔雄篇[1964],《明治前期财政经济史料集成》第13卷(明治文献资料刊行会)434—443页。

86 《涩泽荣一传记资料》第4卷168—189页。下文有关1875年8月1日,第一国立银行在总行召开的临时股东大会的记述,也参考了此书。

87 上述《雨夜谭》24页。

88 《涩泽荣一传记资料》第4卷190页。

89 同上,189页。

90 同上,202—203页。

91 同上,203页。

92 同上。

93 同上,200页。

94 上述《雨夜谭》240页。

95 "抄纸公司记事"二,自明治八年1月至12月31日(藏于公益财团法人纸的博物馆)。

96 上述涩泽谈[1914],84页。

97 同上,85—86页。

98 上述"抄纸公司记事"二。

99 上述涩泽谈[1914],86页。

100 下文中荣一与波特姆利之间的对话,参考了上条文献的86—88页中荣一的回忆内容。

101 上述"社事要录"第1卷。上述"创立记事"一。

102 上述"抄纸公司记事"二。上述涩泽谈[1914],89页。

103 涩泽荣一[1920],"报纸的回忆"上述《龙门杂志》第390号39页。《涩泽荣一传记资料》第52卷497页。

104 上述《王子制纸社史》第1卷80—89页。涩泽谈[1914],83页。

105 "古敬三致涩泽荣一信明治八年12月18日"(藏于涩泽史料馆)。

106 上述《第一银行史》上卷236—237页。

107 "涩泽荣一陈情书草案致得能良介纸币头明治九年3月上旬"(藏于株式会社瑞穗银行)。

108 《涩泽荣一传记资料》第4卷212—214页。

109 同上,211页。

110 涩泽荣一作"对联'耐而约成事妙诀,勤与俭良图创业'明治九年3月26日"(藏于涩泽史料馆)。

111 《涩泽荣一传记资料》第4卷217页。

112 上述《王子制纸社史》第1卷95—102页。

113 上述涩泽谈[1914],89页。

114 《涩泽荣一传记资料》第4卷225—237页。

115 同上,231页。

116 宫内厅编[1969],《明治天皇记》三(吉川弘文馆)589页。

117 上述涩泽谈[1914],89页。

118 上述"社事要录"第1卷。

119 上述涩泽谈[1914],89—90页。

120 上述《第一银行史》上卷258页。

121 据"明治十一年虎年9月修改户籍为深川福住町"(藏于涩泽史料馆)应为7月17日。据《涩泽荣一传记资料》第29卷612—

613页,应为8月26日。
122 江东区编[1997],《江东区史》中卷(东京都江东区)91页。
123 上述桑原论文[2015]。
124 上述涩泽谈[1914],108页中荣一将王子造纸公司(之前荣一曾说过第一国立银行像梅花一般)也比作"百花中的梅花,这是不争的事实"。

Ⅳ 多项事业发展中的光与影

膜拜荣一的人们

根据最新公布的《国立银行条例修订版》,放宽了设立国立银行的条件,如取消发行银行纸币兑换本位币的要求,降低创办银行时需要准备的资本金额度等。

同一时期,国家停止向华族和士族(译者注:华族,1869—1947年,存在于日本的贵族阶级,可与皇族通婚;士族,与华族在同一时期,江户时期的旧武士阶级、朝廷高官等没有成为华族但仍旧领取俸禄的人)发放俸禄,取而代之的是公债证书(译者注:1875年由于米价上涨,明治政府将原先发放给华族和士族的大米换成货币。1876年,由于国库空虚,政府强制废止华族和士族的俸禄制度,改为国债的形式),公债证书可以作为抵押来兑换银行发行的纸币。随着俸禄制度的废除和公债证书的发行,华族和士族因很快将公债证书用完,生活变得窘迫,为了维持生计,便出现了以公债证书作为本钱创办、经营银行的新动向[1]。

第一国立银行在创业之初历经多次危机,而行长荣一每次都能化险为夷,并不断稳固银行的根基,第一国立银行也因此获得了较高的社会信用度。后期各地在创办银行时,来找荣一筹谋划策、商议创建办法和业务的人络绎不绝。

例如在1876年(明治九年)俸禄制度被废止之后,旧津轻的藩士们收到了国家发放的俸禄公债证书。他们想借此机会利用公债抵押创建银行,便派旧津轻藩家臣之长大道寺繁祯为代表到东京,拜访创办银行的先驱者荣一。大道寺与荣一见面时穿着旧藩的家臣之长的装束:下身是仙台平(译者注:日本宫城县仙台市产的绸缎,从江户时期到明治时期,曾是做男士裤裙最高级的面料)的和式裤裙,上身是柔软的纯白纺绸带花短外套。见此状荣一对大道寺说:"现在的世道与之前的旧藩时代完全不同,所以你必须转变思想。穿这身仙台平裤裙加上带花短外套是不能经营银行的。银行的性质是从老百姓那里汇集小额资金,然后融资给需要资金的人。利润非常微薄,而且还需提供好的服务来接待普通顾客。需要你们摒弃之前旧的方式和习惯,即便内心有作为'士族'的自尊心,也必须得以'商人'的身份来经营银行。如果你们真的想创办银行,就找两三个年轻人来东京,到我们银行来学习一下。[2]"

创办银行的发起人大道寺和青森县当局在准备创办银行时，从县内集资15万日元，他们希望用这笔钱与第一国立银行合资，在弘前地区开设分行。他找荣一商量此事，荣一直言不讳地说，希望在同一地区共同投资的人是有的，但是第一国立银行增加资本开设分行这件事从理论上来讲是行不通的，如果开设分行，经营目标也不明确，恐怕难以成功。

荣一也提出了一些建议，例如可以从第一国立银行的股东手里购买股份，增加青森县内的股东，并且若是能够接下青森县里的收支钱款业务，或许可以成功开设分行并维持经营。1877年5月，荣一还告诉他们应该独立创办银行，但以当时的状况来看是很难的，那时东京等地方的客户还比较照顾第一国立银行，他们可以同第一国立银行签订汇兑等业务合约，以支持其经营发展[3]。

到了同年7月，荣一将自己写好的《青森县下属银行创立方法大纲》交给了大道寺等发起人。同时拒绝了对方开设第一国立银行分行的提议，原因是在增加资本这一问题上难以获得股东们的同意。但是相对的，他将创建第一国立银行时一路摸索、总结出的创办方法和业务说明，以及第一国立银行能够做到的支持方案一并交给了大道寺等人。例如方案中提到的第一国立银行会在他们创办的独立银行里设立窗口，并派遣专业人员去辅佐青森县的汇兑业务和地方上特有的米谷等物品的押汇业务。《大纲》中还提到，应该让大道寺派年轻人到第一国立银行学习，这是他们第一次见面时荣一就提过的[4]。后来大道寺派了几个年轻人到东京，在第一国立银行学习簿记等实际业务。荣一也参与了银行创办的指导工作，终于在1879年1月，第五十九国立银行（现青森银行）正式开业。

自1876年《国立银行条例》修订以后，类似上述情况，从日本各地来拜访荣一，向他寻求创办银行意见的人络绎不绝。刚开始荣一满心欢喜地接待了前来拜访的人们，并同部下一起将创办方法及银行业务等事宜做出非常详尽的说明。但是由于来访者过多，再加上荣一工作缠身，应接不暇的情况时有发生。为了能让这些想创办银行的人有所参考，荣一便开始编纂创办银行的书籍，并于1878年在造纸公司的东京造纸分社印刷、发行了《中外银行说一斑》，以此来启发那些想要开办银行的人们[5]。

1876年至1879年间，除了第五十九国立银行外，荣一还指导了第十六国立银行（岐阜）、第十九国立银行（长野·上田）、第二十国立银行、第二十三国立银行（大分）、第六十九国立银行（新潟·长冈）、第七十七国立银行（仙台）等银行的创建工作，并在开业后给予一定的支持。第一国立银行与这些新创建的银行通过通汇合同构建了代办汇兑业务的网络，促进了金融业务的顺利发展[6]。

解决造纸公司自创办以来的亏损问题

1876年（明治九年）8月，造纸公司接到地券用纸的订单后亏损有所减少。加上第二年1月爆发了西南战争（译者注：1877年在日本国内爆发的内战，是日本历史上最后一场内战），报纸销量增加，用纸量也随之增高。已经开展报纸用纸业务的造纸公司，在承包地券用纸的同时加大了报纸用纸的产量。1876年上半年度，在接受订单前亏损金额超过47083日元，接受订单后，1877年上半年决算时已无亏损，且净利润达3867日元。造纸产量从1876年上半年度到1877年上半年度提高了2倍多。截至1877年7月，造纸公司扭亏为盈[7]。

在造纸公司经营效益不断提高时，荣一不得不考虑任期将满的外国机械工程师弗兰克·齐斯敏和造纸工程师托马斯·波特姆利等人的去留问题。继续聘用的话需要支付高额的费用，这会给公司带来很大的负担。所以荣一认为"必须想办法使日本人能够独立完成工作，日本的工业当然需要靠日本人来做"，因此他没有继续雇用这些人。1877年2月正值检查和维护造纸设备的时期，弗兰克·齐斯敏期满被辞退。5月，造纸公司开始委托横滨制铁所聘请的英国人阿奇博尔德·金不定期检查机器。该月托马斯·波特姆利也期满被辞退,所有的生产环节都将由日本人独立完成。为了能够促进生产,作业时间由原先的 18 小时改为 24 小时。这个时期(1876 年年底),造纸公司共 374 名职工(男职工 111 人,女职工 263 人)[8]。

1877 年 5 月之后,外国工程师们都已回国。荣一居住的深川一带爆发霍乱,他的妻子千代非常害怕。所以荣一一家暂时搬到距离造纸公司很近的龟山避难。这里是已经回国的工程师们曾居住过的洋房,如今正好闲置着,荣一在这里生活了半年左右,并继续开展工作[9]。

同年 9 月,西南战争结束,民间原本对洋纸的需求量就不多,所以订单也有所减少。加上大批廉价的进口纸进入国内市场,以及大藏省抄纸局的抄纸部也从 1879 年开始生产和销售印刷用纸,这些对造纸公司造成很大的冲击。

在这种背景下,荣一想"一定要生产出品质优于进口纸的产品,以满足日后的大量需求"以及"必须抱有能够引领世界进步的觉悟"。为此更加必要进行技术研究,并考虑派遣合适的研发技术人员,调研欧美目前生产洋纸的制造技术[10]。

但是最合适的人选必须得既有理论知识,又有现场经验,且具备一定的技术能力。而让荣一非常苦恼的是并没有这样的人才，便在公司内部征求意见。有人提议不妨让当时担任抄纸方长，年仅19岁的大川平三郎去。平三郎是荣一妻子的姐姐美知的二儿子，1872年成为荣一的工读学生（译者注：在荣一家生活、学习，平时帮忙处理杂务的人）。1875年3月，他在荣一的推荐下进入造纸公司，负责绘图领工的工作。

荣一在这之前听说过平三郎本人也希望能够去美国。他还曾提出建议书，分析造纸公司的现状，主张直接到美国学习生产技术。虽说自造纸厂开业以来，平三郎就在生产现场跟随外国工程师学习造纸技术，是个爱好学习的人，但是荣一觉得他年纪太小，也不知道他的英语水平如何，因此他决定亲自见见平三郎，考查一下他的能力。面试地点在三井物产公司，荣一请到了精通英语的三井物产公司社长益田孝作为考官，两人一同进行面试。平三郎一进屋，益田孝就用英语提出各种问题，平三郎对答如流。益田孝认为年轻人里面很少有像平三郎这般英语娴熟的人，他应该能胜任这份工作。

荣一说道："我竟然不知道自己的年轻下属如此有才，真是羞愧难当"。平三郎对荣一讲述了自己在完成造纸公司的工作后，晚上跟随齐斯敏和波特姆利学习英语的经过。荣一认为，像他这种有志青年应该没问题。1879年7月，平三郎被选派赴美学习[11]。

平三郎来到美国霍利奥克的比伯·霍尔布鲁克公司的抄纸工厂调研,并对利用麦秆造纸的技术非常感兴趣。在日本可以大量收购廉价稻草,平三郎受到启发,想出了以六成稻草纸浆配四成破布纸浆的造纸方法,并不断向王子本部报告。荣一收到报告后感叹道:"稻草能变成纸?这可真像是吉利支丹那个时代的把戏"。他半信半疑地与古敬三经理边商量边在王子开始试验[12]。

1880年10月平三郎回国,荣一又亲自与平三郎见面,听取他对美国造纸业的详细报告。此后平三郎被提升为副经理[13]。那时,地租改革已接近尾声,造纸公司的地券用纸订单几乎为零,主要业务转向普通印刷用纸。从明治十几年开始,随着报纸、杂志等各种出版物增加,洋纸的市场需求也随之增加,市场逐渐扩大。荣一一心想与进口纸竞争,不断发展公司业务,可实际上却与那些在1880年之前各地建成的国内造纸厂发生冲突。过度的价格竞争使国内各造纸厂相互残杀,多家公司业绩惨淡。

在荣一的提议下,1880年6月,东京府下属的各造纸厂商与洋纸经销商聚集一堂,召开行业大会。12月各公司改良造纸技术,扩大生产规模,以战胜进口纸为目标,成立了造纸所联合会(日本造纸联合会的前身)[14]。后来普通洋纸的价格持续下跌，1881年（明治十四年）发生政变后，在松方通货紧缩政策的影响下，1882—1883年物价下跌，造纸公司的经营越发艰难[15]。为了能让公司存活下去，必须提高洋纸的生产效率，降低生产成本，提高销售竞争力。造纸公司以平三郎为核心，积极开展稻草纸浆造纸技术的研发工作，终于在1882年前后，利用这种技术生产出像样的洋纸[16]。

向清朝学习

荣一将造纸公司的大川平三郎派赴美国学习，归国将其提拔为副经理，并让他继续积极调查研究，开发造纸新技术。荣一也在第一国立银行创业初期派人到美国学习过银行业务，例如1874年（明治七年），他曾出资派种田诚一到美国学习。荣一在工作中应该也参考了一些种田诚一在美国学到的经验与知识[17]。另外，荣一还倡导银行从业者之间互相协商，并在1877年以加深合作为目的成立了银行同盟择善会（后成为东京银行集会所，现在是东京银行协会）。银行从业者不仅可以在此议事，还可以调查研究国外金融市场，提出问题并与同行讨论。

1877年7月，第一国立银行召开第一次择善会，荣一出席会议并在各银行家代表面前称，自己不分昼夜地致力于研究银行业务:"经常会总结出一些好的范例,希望能够对自己有用"[18]。荣一积极收集那些能够成为银行范例的信息,不断进行调查研究。另外,荣一在读了被大藏省内部派去中国的调查人员所写的当时中国银行业实际情况的调查报告后,动身前往中国,实地考察后的荣一再次感慨道:当时的日本"张嘴就会嘲笑中国",可是中国的银行不仅仅模仿了美国、英国的体制,还形成了独特的核心体系,规划精良、发展迅速,不逊于欧美,更是在日本银行之上[19]。正如经济史学家鹤见诚良指出的那样,荣一处理事务灵活,一方面学习欧美的银行经验,另一方面对一切能够成为参考范例的事物都没有任何偏见、虚心学习[20]。

1878年荣一亲自监修并发行了《中外银行说一斑》,内容包括在美国进修归来的种田诚一口述的美国银行情况,以及荣一根据亲身感受撰写的中国上海银行状况,这些内容最后由大泽正道记录并编辑,将此书提供给银行家和想要开办银行的人们作为参考。[21]。大泽是第一国立银行的职员,主要担任荣一的文字秘书,同时也是支持荣一进行金融调查研究的人物之一。在1878年6月的择善会上,荣一还向与会的银行家们发放由他监修,大泽编辑的有关倒米商(江户时期,将店面设置在浅草米藏附近,原本的业务是回收和倒卖幕府发放给武士和将军家臣的大米,后来也会以预计发放的大米作为担保,向武士和将军家臣发放高利贷的人）历史的小册子《倒米商沿革小志》，与会者共同学习了江户时期的金融特征、票据交易、汇兑交易、仓库制度等内容[22]。

荣一将种田和大泽等人组建为智囊团，积极参与到金融、银行业的学习会、出版等调查研究活动中。

励精构建商业制度

明治末期，荣一回顾日本引进银行制度的历程，将江户时期的金融业比作"一颗种子"。如果给"种子"施肥将会培养出汲取了"他人优点"的"美丽的花朵"，即嫁接欧美金融制度加以培养，促进兑换制度和票据交易的顺利发展[23]。荣一并没有将欧美的金融制度生搬硬套，而是以日本原有的金融制度和商业习惯为基础进行有效融合。为此他不仅研究国外的金融制度，还对江户时期以来日本的金融制度、商业习惯进行调查研究。

例如，荣一引进的汇票制度在日本逐渐获得发展。鹤见诚良查询了1877年（明治十年）5月第一国立银行向大藏卿大隈提出的开始执行"赊账汇票法"的征求意见书。意见书中指出：（1）东京、大阪的商人在赊销时，若想在收账期限内获得现金，只需记录赊账明细，再提交汇票即可。汇票可以保证收件人若在到期前无法支付货款,则银行具有连带支付义务。只要在6个月的期限内,银行就会以贴现的形式在到期前支付赊销账款。(2)银行再将汇票发给收件人,收件人必须在汇票上填写同意支付的相关信息。鹤见诚良对此评价道:"像这种利用票据收债的方法,在西欧已经发展纯熟,并得到有效利用。(此处有删减)之所以用如此冗长的语言和形式表达,那是因为荣一希望在日本长期以来形成的赊销即信用销售中导入汇票制度[24]。"

这种汇票制度在择善会上也曾讨论过,后来经过与政府的交涉,1878年初步确定了汇票背书的样式。1879年第一国立银行制定了汇票业务规则,先于他行开启汇票业务,他们希望以此为第一国立银行的客户带来方便[25]。各家银行业都在重新认识旧的商业习惯并融合欧美的银行制度,形成了新的跨行清算体系。

如前所述,荣一将自己的调查研究与择善会的同行共享,并听取大家的意见,之后与政府协调,不断摸索实践新的制度。1878年,大仓喜八郎等商人在东京商法会议所(现东京商工会议所)结成"商人舆论会",成员可以在此相互交流意见并调查研究。根据研究结果讨论或请求政府协助,以此创造、实施新的商业制度[26]。

第一国立银行的飞跃发展

1877年（明治十年）西南战争时期，政府为筹措战争经费大量发行政府纸币，新设立的国立银行也发行了大量的银行纸币，导致1879年之后纸币价值暴跌。以大米为首的各种物品价格一直暴涨至1881年，此时日本商业市场开始变得活跃。受到通货膨胀的影响，日本的经济迎来了春天，银行也在这种环境下获得了发展。由于金融活动频繁，第一国立银行在存款有所减少的同时，仍然加大贷款放款力度[27]。

在这个时期，除了横滨、大阪、京都、神户4个分行以外，荣一还在盛冈、仙台、石卷、秋田等地区设立第一国立银行分行，1878年还在韩国的釜山、元山设立了分行[28]。

如前所述，为了使汇票这一新业务在日本稳定发展，第一国立银行向政府呼吁需要法律支援，率先开展汇票业务，并与其他不断成立的新银行签署通汇合同，积极推进新型金融交易。第一国立银行在积极开展业务的同时，还预测到经济黄金期在不久的将来将会结束，必须采取有效的经营方针，谨慎经营，不断稳固银行的根基。为了实现银行的可持续发展，还应努力增加存款额[29]。而当时利息高涨，随着市场需求和消费的不断增加，进口大于出口，本位币流出，开始出现金融危机的征兆。

这时，荣一在检查第一国立银行押汇业务时，发现棉线和棉布的进口量有所增加。当时从横滨港进口的货物大多采用押汇的形式运往关西地区，先于他人一步尝试押汇业务的第一国立银行在这方面的业务量较大，所以让荣一发现棉花交易有所增加。他开始调查棉花交易情况，发现与日本国产的相比，从国外进口的棉产品不但品质好价格也便宜，进口量自然会增加。荣一心想一定要想出办法，为了改变这种进口持续增加的贸易不平衡局面，1879年荣一与大阪的藤田传三郎、小室信夫等人开始筹划创办大型纺织公司[30]。他认为银行业处于"商业的轴心位置"，除了自身的实际业务还必须"在经济方面多用心"[31]，所以他能够从银行的业务状况感知经济动向，并希望立刻发展纺织业。

近代产业关系网模型的设想

从19世纪70年代末期开始，荣一以行长的身份不断稳固银行的经营根基，扩大业务范围，并以第一国立银行与造纸公司为轴心，不断与其他银行和造纸业相关公司构建关系网，共同创建新的事业。

如前所述，1876年（明治九年）7月（或8月），荣一从兜町搬到深川福住町（现东京都江东区永代）。深川地区有很多江户时期各藩留下的仓库，仓库中又以用来保管大米的"米藏"居多。日本桥附近的批发商在那里也有保管商品的仓库，用来放一些肥料，或者保管一些货物。福住町一带发展成为商业活动频繁的地区，并一直发展到明治维新以后[32]。深川在隅田川河口附近，毗邻东京湾，是全国物资的集散地。小名木川、新川、江湖川、利根川通过河流与关东内陆地区相连。从江户时期开始，深川作为物流中心为了方便河运修建了沟渠，并且岸边的配套基础设施也较为完备。荣一搬去的新家原本是近江屋喜左卫门的宅邸，宅邸内建有多处仓库，马路对面就是大岛川，旁边就是河岸，河运物资在此装卸非常方便[33]。

荣一将宅邸中的仓库租给堂兄涩泽喜作开办涩泽商店，经营大米兼运米生意，也租给当地的一些商人。荣一开始将租赁仓库作为自己的个人事业来经营[34]。在扩大银行业务的同时，他还开始考虑现代仓储业的发展。1877年11月，多名银行家齐聚一堂，召开第五次银行同盟择善会，在第四次择善会时受众人委托，荣一起草了准备提交给大藏省的"开展仓库租赁业务之请愿书"，并在会上与众人讨论[35]。

荣一在请愿书中指出，目前进出口贸易不平衡，导致经济下滑，需要鼓励生产并发展商品运输。我们参考了欧洲各国的仓库租赁办法，希望政府能够在全国各地设置仓库，保管米谷等物资。并且为方便物资保管和租赁买卖发行并流通仓库证券，构建现代仓库制度。但是出席择善会的中村清行对此提出疑问：这份请愿书的目的是为了使今后租税可以用大米来缴纳吗？在中村的印象中"租赁仓库"仍旧是江户时期保管米谷的场地，加上当时米价下跌，他认为这是要请求在全国各地设置"米藏"，像江户时期那样用大米来代替目前正在使用的现金缴纳租税的办法。

荣一解释说并非如此，这是为了促进普通老百姓的储存、搬运、售卖而设置的仓库[36]。在荣一的印象里，"租赁仓库"不仅仅是保管物品的场所，还是通过遵守信用加强管理，促进物流发展的地方，还可以与银行合作发行仓库货物证券，通过证券的流通进一步促进金融发展。

虽然在择善会上这份草案并没有最终敲定，但是在12月，择善会会员联名向大藏省提出请愿书。希望政府能够创建近代仓库制度，并将此作为银行业务来发展[37]。但政府不顾现实状况，一直没有就荣一等人提出的构想给予反馈。第一国立银行一直按照旧式习惯将担保的大米放在合作方的仓库里保管，而恰在此时发生了大米被倒卖的事件。荣一行长再次深刻地感受到近代仓库制度对银行业务发展的重要性。

开启银行保险业务

荣一在接触金融和物流行业时发现保险也非常重要。如先前提到的,第一国立银行从明治八年开始,在上野地区开展了生丝押汇业务,第二年在福岛也开展了此项业务,在宫城还开展了米谷押汇业务。

当时上野和东北地区还没有铁路,生丝和米谷的运输主要靠海运[38]。押汇是指货主在发货之后,以此为担保从银行那里借款的业务,由于只有货物送到目的地才能收到钱,一旦遇上风浪遭到损毁,不仅对货主,对第一国立银行也是巨大损失。当然,如果在运输时购买货物破损保险的话,便可避免巨大损失[39]。可当时在日本国内保险制度并不完善,荣一向大家说明保险业的重要性,但是没人理解他。与普通商人谈到保险时,甚至会有人说他"一派胡言",根本不听他把话讲完[40]。

有一次,荣一被大藏卿大隈重信邀请到家里,福泽谕吉也在场。荣一和福泽谕吉下象棋时,福泽谕吉说道"你是商人里下棋比较厉害的",荣一回答道"你是学究里下棋比较厉害的"。当话题谈到海上保险时,荣一向福泽说明其重要性。福泽听罢表示开设海上保险为时尚早,"因为你涩泽荣一是利己主义者才会主张此事",批判他只不过是将利益放在第一位而已。可当时在场的大隈却赞成荣一的说法,并指出"此事确实有必要,如果没有保险那金融将会受阻"[41]。

还有一次，荣一因预算商讨会或是其他事情前往大隈家，当时岩崎弥太郎也在场。话题也谈到海上保险，荣一对岩崎说道："我觉得银行业没有保险不行，你怎么看？"岩崎回答说："现在大力推崇保险事业应该没有人出资，而且也不知道会不会有那么多人买保险。"岩崎也觉得当时谈保险实属尚早。对此荣一反驳说："我觉得你是一个任何时候都目光敏锐、行动迅速的人，可这件事上你如此犹豫不决，真的是杞人忧天了。我倒觉得此事可行。[42]"

普通商人自不必说，连福泽和岩崎这种思想先进的人都反对荣一的保险事业，可见创立保险业有多么艰难。荣一在一片反对声中为寻找投资人而殚精竭虑[43]。可由于他亲身体验到保险的必要性，所以先想到的是将保险作为第一国立银行的业务来开展。他想出了"海上保证"方案，该方案是限于银行总行与分行之间押汇货物的海上保险。1877年（明治十年）5月，经大藏省许可，该方案在第一国立银行得以实施[44]。

虽然荣一觉得海上保险业务从性质上来讲并不是"银行的本职工作"，但是由于国内未曾设有同类公司，所以只能在银行内部设立海上保险业务部门，采取独立核算制处理并推广该业务[45]。后来荣一与益田克德以及旧铁道组合成员，计划创建海上保险公司。1878年12月政府下发许可,该公司正式成立。1879年6月发起人共同聚在第一国立银行,决定由蜂须贺茂韶、伊达宗城等五人担任董事,蜂须贺担任董事长,但保险行业在日本还只是新兴行业,所以荣一与岩崎弥太郎共同被聘为顾问。资本金60万日元,其中80%由发起人集资,20%由各地商人集资。他们商定创立证书及条款,并确立公司名称为"东京海上保险公司",总部设在日本桥区南茅场町23号地。1879年8月,第一国立银行继续开展海上保险业务[46]。

在开业当天召开的董事会上,蜂须贺辞去董事长一职,由伊达宗城就任董事长。与此同时,还确定了负责实际业务的经理以下级别职务的人选。经理是益田克德,自创业初期开始益田克德就受荣一委托,负责实际的筹划工作[47]。在该公司开业后不久,就召开了择善会。会上荣一向出席的各位银行家介绍了益田克德,并让他介绍了新创建的东京海上保险公司。在同年举办的择善会上也增加了海上保险事业的内容。荣一主张,当务之急是确保合作双方的业务安全,银行尤其应该注意这一点,他强调海上保险事业对促进金融发展非常重要,希望大家能够理解保险事业[48]。

仓储公司的成立与经营不善

仓库在金融和物流行业不可或缺，1882年（明治十五年）7月，荣一作为总代理人，向东京府提出他与安田善次郎等人创立"仓储公司"的申请。同年10月，荣一又作为总代理人，向东京府提出他与安田等人创立的姐妹公司"均融公司"的申请。该公司为股份制，公司章程及各项规定均已制定完毕，股东以荣一和安田为主，还有一些是当时东京、横滨等地有实力的人[49]。

9月，在公司开业前，荣一和安田在东京银行集会所的例会上，向大家说明要创建仓储公司，并说明了公司的性质和业务范围，希望有人能够出资或加盟。听到此消息，除荣一和安田所带领的第一国立银行和第三国立银行外，还有三井银行等共计21家银行加入。于是仓储公司以促进金融与物流的发展为目标，通过与银行合作逐步开展业务[50]。

荣一在同一年创建的仓储公司和均融公司与江户时期的传统仓库租赁业不同，是负责保管委托货物、发行不可以用来买卖或抵押的保管证券，以此促进票据交易为目的的现代仓库行业。商人们也逐渐了解到这种形式在金融方面的便利性，将货物委托给仓储公司保管的人数不断增加。可由于过于寻求这种便利性，有的人会误认为仓储公司与均融公司是"专业放贷

1883年的荣一

公司"[51]。

1884年正值松方通货紧缩时期,东方银行(东洋银行)横滨分行倒闭后,其他金融机构也纷纷步其后尘。仓储公司与均融公司最大的利益来源是横滨的生丝贸易,由于横滨正金银行开始执行低利息贷款政策,荣一等人的公司受到打击。并且误认为仓储公司与均融公司是"专业放贷公司"的人越来越多,在金融环境不稳定的状态下,社会上和公司内部的股东都开始质疑公司,公司经营状况越发惨淡。最终均融公司在1884年就停止营业[52]。

尽管一些商人为了寻求金融上的便利性，非常希望能够继续与仓储公司和均融公司合作，可1885年5月却发生了意外。位于深川的大米批发商将押汇的大米委托给"仓储公司"保管，这批大米只要有定金便可交货，仓储公司承接业务后，发行该公司的保管证券。可实际上，这批大米仍旧在大米批发商那里保管，因为他们还兼负管理仓库的任务，所以大米批发商手里仍握着仓库的钥匙。仓储公司并未直接保管这批大米，而是租用了仓库保管货物，这种做法与江户时期的仓库租赁业是相同的。于是大米批发商将"仓储公司"对本公司保管的大米保管证券抵押到银行贷款。该不正当行为在1885年5月暴露，引起了东京米商之间的信用恐慌。这种恐慌又牵连到事件中的仓储公司和均融公司，导致这两家公司信用度降低。尽管荣一是各方面的主要协调者，可与仓储公司合作的银行、海运公司等也开始动摇。后来影响波及三方的主要支持者——地方上的货主，货主们也因此遭受了损失[53]。

事件发生后的1885年6月，仓储公司也被迫歇业。同时，荣一参与创建并一直支持的共同运输公司也由于和三菱公司的竞争而经营不善。荣一多方奔走，希望能够让自己亲自参与创建的仓储公司和海运公司起死回生。同年，共同运输公司与邮政汽船三菱公司合并，成立日本邮船公司并准备开业[54]。

发展物流的构想受阻

1885年（明治十八年）新年伊始，作为东京商工会的代表，荣一与益田孝共同成为内务省设立的东京市区改正审查会委员，参与东京湾建港计划的审查工作[55]。关于东京湾建港一事，在东京市展开讨论，他们认为方法主要有两种：一种是利用江户时期发展起来的深川，扩大隅田川河口的深川和灵岸岛地区，建成河港；另一种是脱离隅田川，在品川冲一带填海造田建成海港。

荣一和益田加入审查会的同年，汇总了将深川地区填造成海港的方案。其中，益田指出，目前的道路运输正在由水运逐渐转变为陆运即铁路、公路，水运意义不大。对此荣一应该是不难理解的。自明治初年开始，他就非常积极地参与到铁路事业中，并担任了日本铁道公司的第一理事委员，曾倾尽全力推动铁道事业的发展。可是这一次，荣一却提出相反意见，他认为四五十年以后的事虽然无法把握，但是深川的米藏非常重要，水运将会更加方便。并认为应该以江户时期发展起来的水运为基础，有效利用并重组物流网，在深川附近填土，建成隅田川河口河港，将仓库林立的深川地区作为物流集散地[56]。

如前所述，荣一下定决心将共同运输公司与邮政汽船三菱公司合并，同年8月，关闭处于歇业状态的均融公司，留下仓储公司，并不断扩大和重建仓储公司业务。后来日本邮船公司成立，开业后不久，为了维持、重组仓储公司，荣一等人于1886年1月向政府提出"仓储公司保护请求"。当时的背景是仓储公司与均融公司合作，仓储公司的客户实际上是为了金融的便利性才选择该公司，而均融公司倒闭之后，这方面的优势便随之消失，仓储公司的客户越来越少，经营陷入困境[57]。

因为只剩下仓储公司，所以收益来源只有为客户保管货物的仓库保管费。根据旧的商业习惯，仓库保管费极其低廉。市场现状不允许仓储公司一家单独提价，荣一对此一筹莫展。

为此，荣一向农商务大臣谷干城提出请求，希望能够获得保护。例如，增加仓储公司资本金到100万日元；当营业纯利润每年不满8朱（译者注：江户时期的货币单位，4朱为一步，4步为一两）时，不够的部分由政府补贴，期限为10年；在该公司获批设立分公司的地区不允许再设立同类公司等。从保护内容来看，荣一打算将总公司设在东京，分公司设在横滨、四日市、石卷、秋田、酒田、新潟等商业枢纽地区，横滨、四日市、秋田、新潟也有第一国立银行的支行，因此还可以开展金融业务[58]。

这个时期的荣一，为了让现代仓储业站稳脚跟，想要在政府有力的保护措施下，将根据地设在东京。并且组建东日本现代仓库网，在深川一带填河造田，对隅田川河口进行港口化建设，促进东京湾建港并推进东京商业都市化发展。将金融业、保险业、海运业结合为一体，利用这种固定模式推动全国的金融和物流业发展。

然而他的这一愿望并没有得到政府的支持，现代仓储业的先驱企业"仓储公司"在1886年解散，以失败告终[59]（后来在1897年又成立了涩泽仓库部，1909年改为涩泽仓库有限公司）。

另外，在这个时期有一个关于造纸公司的逸事。1883年有消息称欧洲发明了新的造纸法，可以利用木浆造纸。当时荣一担任造纸公司会长，1884年5月，为了研究这项技术，他再一次将大川平三郎派往海外，到英国和德国的造纸工厂学习木浆造纸法。在参观发明这种造纸法的英国帕丁顿工厂时，对方提出需要支付高达2000日元的感谢费，大川急忙用电报征求公司的意见。荣一会长立刻回信，希望大川能够将这种技术学成归国。同年12月，公司又给大川平三郎汇去4150日元（425英镑）的学费。1885年9月，大川回国后即刻在王子工厂开展木浆造纸实验，紧锣密鼓地研发新技术[60]。另外，荣一担任顾问的大阪纺织公司，于1883年投入生产，1884年4月拥有10500纺锤的全部走锭精纺机投入使用，同年6月举行开业典礼，纺织业务稳健发展[61]。

19世纪80年代前半期，涩泽荣一以银行为轴心，活跃在金融、保险、海运、物流、制造等多个行业中，并参与各行业公司的成立、发展、工作指导等。

注释：

1 涩泽荣一口述[1984]，《雨夜谭》（岩波书店）242—243页。
2 《涩泽荣一传记资料》第5卷282—283页。
3 同上，270—271页。
4 同上，271—273页。
5 同上，第4卷293页。涩泽荣一著述，种田诚一口述，大泽正道笔录[1878]，《第一国立银行藏版中外银行说一斑》全（制纸分社）。
6 第一银行80年史编纂室编[1975]，《第一银行史》上卷（同室）335—340页。
7 《涩泽荣一传记资料》第11卷46页。
8 王子制纸株式会社"社事要录"第1卷（公益财团法人纸的博物馆藏书）。涩泽荣一谈[1914]，"王子制纸株式会社回顾谈"，《百万塔》创立四十周年纪念特辑（财团法人纸的博物馆，1990年刊）90页。
9 《涩泽荣一传记资料》别卷5，541页。
10 上述涩泽谈[1914]，90—91页。

11 有关委派大川平三郎的经过请参考上条文献第91页。竹越与三郎编[1936],《大川平三郎君传》(大川平三郎君传记编纂会)113—115页。成田洁英[1956],《王子制纸社史》第一卷(王子制纸社史编纂所)151—152页。

12 上述涩泽谈[1914],91—92页。

13 上述《王子制纸社史》第1卷156页。

14 上述涩泽谈[1914],94页。

15 《涩泽荣一传记资料》第11卷74页。

16 上述涩泽谈[1914],92页。

17 《涩泽荣一传记资料》第4卷68—73页。上述涩泽、种田、大泽[1878]。

18 日本银行调查局编[1959],《日本金融史资料》明治大正编第12卷(大藏省印刷局)8页。

19 同上。

20 鹤见诚良[1984],"明治初期汇票制度的移植与票据条例的编纂——票据流通的传统与革新"《经济志林》第51卷第4号(法政大学经济学会)6页。

21 上述涩泽、种田、大泽[1878]。

22 福地源一郎编[1878],《银行集会理财新报》第2号(日报社)。涩泽史料馆编[2015],《舍我为公——涩泽荣一与银行业》(同馆)5页。

23 《涩泽荣一传记资料》别卷5,127—128页。

24 上述鹤见论文[1948],6—7页。

25 上述《第一银行史》上卷357—364页。加藤俊彦[1963],"第一国立银行"加藤俊彦、大内力编著《国立银行的研究》(劲草书房)78页。

26 涩泽史料馆编[2014],《制造商人的奥论!——涩泽荣一与东京商法会议所——》(同馆) 1。

27 《涩泽荣一传记资料》第4卷421页。上述加藤论文[1963], 62—64页。土屋乔雄[1989],《涩泽荣一》(吉川弘文馆) 167页。

28 上述《第一银行史》上卷504, 414—417页。

29 《涩泽荣一传记资料》第4卷399页。

30 同上第10卷5—9页。

31 涩泽荣一[1910], "在京都徒弟讲习所"《龙门杂志》第265号(龙门社) 35页。

32 江东区编[1997],《江东区史》中卷(东京都江东区) 268页。

33 上述《江东区史》中卷93—95页。利仓久吉编[1931],《涩泽仓库株式会社30年史》(利仓久吉) 6—7页对明治三十年左右,深川福住町涩泽宅邸周边状况有所记载。

34 "约定抄写本(荣一将所持库房借与涩泽喜作)明治九年12月"(涩泽史料馆藏书) [2012],《涩泽仓库株式会社与涩泽荣一——信用为万事之本》(同馆) 论考、资料篇15—16页。

35 《涩泽荣一传记资料》第14卷278—279页。

36 同上, 279—280页。

37 同上, 285页。

38 同上, 第4卷358—359页。

39 同上, 第7卷574页。

40 涩泽荣一[1911], "我国保险事业的滥觞"上述《龙门杂志》第282号16页。

41 《涩泽荣一传记资料》第7卷574页。

42 上述《龙门杂志》第282号16页。

43 同上。

44 同上,《涩泽荣一传记资料》第7卷357—358页。

45 同上，361页。

46 同上，603页。

47 同上，615页。

48 同上，618—620页。

49 同上第14卷295—296页。下文关于仓储公司和均融公司的记载根据下列参考文献。社团法人日本仓库协会编[1970]，《日本仓库业史改订版》（同协会）217—218页，223—229页。社团法人日本仓库协会编[2005]，《新版日本仓库业史》（同协会）14—15页。上述《江东区史》中卷270页。上述《涩泽仓库株式会社与涩泽荣一》6—8页。由井常彦[2012]，"仓库业的创设者——涩泽荣一与安田善次郎"，上述《涩泽仓库株式会社与涩泽荣一》论考资料篇3—9页。曲田浩和[2015]，"近代仓储业的成立与实业家们—涩泽荣一的物流思想—"，涩泽史料馆编《涩泽史料馆企划展涩泽仓库株式会社与涩泽荣一关联演讲录》（同馆）。

50 《涩泽荣一传记资料》第14卷312页。

51 同上，337页。

52 同行，334页。

53 同上，336—339页。上述《日本仓库业史改订版》230—232页。上述《新版日本仓库业史》14—15页。上述《涩泽仓库株式会社与涩泽荣一》本篇7页。

54 同上，《涩泽荣一传记资料》第8卷126—138页。

55 同上，第28卷19—20页，27—28页。

56 东京建港的相关论述参照下列文献。藤森照信[1990]，《明治时期的东京规划》（岩波书店）188—190页。上述《江东区史》中卷87—88页。上述曲田演讲录[2015]，17—19页。

57 《涩泽荣一传记资料》第14卷337页。

58 同上,337—338页。上述《涩泽仓库株式会社与涩泽荣一》本篇8页。
59 同上,《涩泽荣一传记资料》第14卷339—340页。
60 上述色泽谈[1914], 104页。
61 东洋纺织社史编辑室[1986],《百年史东洋纺》〈上〉(同社) 26页。

V 专注民间企业的培养

荣一在企业蓬勃发展时期的活动

1886年（明治十九年），政府开始实施纸币兑换本位币政策，通货市场稳定，商业环境有所好转。随着利息下降，有价证券价格上涨，新兴事业逐渐抬头，并推动了设备投资的发展[1]。

在这一时期，出现了空前的创办企业热潮，以铁路、纺织为主的轻工业快速发展。人们看到大阪纺织公司创办成功，都相继在各地开设纺织公司。大阪纺织公司的2号工厂也在1886年竣工，荣一提出可以考虑从中国进口原棉，经过探讨后，1887年副经理川邨利兵卫前往中国江苏省扬子江（译者注：从中国江苏南京以下至入海口的长江下游河段的旧称）沿岸以及浙江省等棉花产地考察。第二年，川邨又在西贡（译者注：现越南胡志明市）、柬埔寨、暹罗（泰国）等棉花产地进行考察。1889年大阪纺织公司第三工厂竣工，与此同时农商务省书记官佐野常树赴印度调查棉花市场，并让川邨随同前往[2]。

1888年,荣一在办公地点即第一国立银行附近的日本桥川沿岸建造了新宅邸。12月6日,荣一从深川福住町又搬回兜町住宅[3],并在企业兴起时期,以兜町为据点,参与了众多企业的创办及发展。

荣一在指导造纸公司创办、经营和发展的同时,还积极参与了其他多项工作。如在纺织界,参与创办三重纺织公司(1886年)。在陆运方面,1887年3月,申请在直江津和新潟之间修建铁路,1886—1890年,参与设立两毛铁路、水户铁路、日光铁路、北海道煤矿铁路、参宫铁路等多个地方铁路公司。在海运方面,参与浅野总一郎的浅野回漕部创建工作(1887年4月货物运输回漕业)。此外,在1887年荣一还积极参加帝国酒店、日本制砖公司以及东京人造肥料公司等的创建工作[4]。在这一时期,经常会召开第一银行的金融支援、互相合作及同行间的会议。

非官就民

1885年(明治十八年)至1886年前后,日本为了与各文明国家抗衡,开始探讨是否应该在政府办公楼的建设中融入西式建筑理念。

1886年2月,临时建筑局成立,井上馨任总裁。聘用德国建筑家威廉·伯克曼为顾问，专门负责该项事业。伯克曼指出建筑的主要材料是砖石，而东京附近生产的砖，品质太粗糙而且手工砖也不够精准，不能建造出不朽的建筑。他向井上馨提议寻找适合烧砖的土壤，模仿欧洲建造一座大型机械工厂。井上收到提议后本打算创办官营砖瓦厂，但后来改变计划，打算借用民间力量完成此项事业，并找到荣一商谈。

井上提出两个条件：第一，临时建筑局负责出资购买砖瓦厂的成品并加算年7朱的利润；第二，由于机械制砖在日本属于新兴产业，所以政府会出资雇用外国工程师并派往工厂指导。

1887年10月日本制砖公司成立，池田荣亮任理事长，荣一、益田孝等人任理事。临时建筑局聘请的制砖工程师纳斯千泰斯·奇与伯克曼一起参与工厂选址工作。

场地要求既能确保优质的原料土壤，又得是能开办工厂的宽阔土地，最后选择了上敷免（现埼玉县深谷市）。虽然从运输方面来说，这里距离东京较远，称不上是好地点，但由于政府提出在增加一定利润的基础上购买工厂生产出来的所有砖，所以最后还是选在了这里[5]。在厂址确定为上敷免之前，也就是准备成立公司的那段时间，曾有人提议在千叶县办厂，理事长池田和理事兼经理隅山尚德也积极推动并进行过准备。但荣一却"强力推荐改为埼玉县(引用者注：即上敷免)"。理由是：

"我相信将来此厂会利润丰厚,可造福当地"[6]。

基于这一想法,荣一为购买合适的工厂用地等,奔走于周边各村进行协调。

上敷免距离荣一出生的血洗岛村不远,在购买土地时荣一委托当地的韮塚直次郎(沼尻村)和德高望重的金井正治等人与村民协调。荣一与诸井恒平(后成为该公司经理)等也积极地与韮塚等人保持紧密联系,不断进行协商与调整。

通过韮塚等人的努力,当地各村传来消息告知荣一"创办砖厂没有问题"。这就算是已得到当地村民的同意,可由于来信中的文字表述只是对办厂一事没有意见,荣一总觉得不放心。他担心一旦安装设备开始烧砖后,开采当地的烧砖土作为原料,可能会引发不满。为此,荣一指示一定要注意防止日后产生纠纷[7]。

由于在谈判过程中一直都是以无偿使用烧砖土为条件进行协商[8],所以荣一好像非常担心在这一点上出差错。不论是购买工厂用地交涉,还是在实际生产过程中所需要的原料土壤挖掘,以及在建设工厂时可能产生的问题等方方面面,荣一都十分注意,防止与当地发生冲突[9]。

但荣一担心的事情还是发生了,当各村了解了砖厂的详细情况后,又提出各种问题,甚至已经发展到无法协商的地步。

1887年11月5日，荣一在写给金井和韮塚的信中说道，希望他们能够"更加奋发努力"地协商。沼尻村一直没有同意建厂，为了获得该村同意，荣一还曾直接写信给大泽新五郎，希望大泽能直接与该村协商并说服对方[10]。

在与各村协商建厂困难重重的背景下，1887年9月，一直支持开办日本制砖公司的井上馨由于在修订条约时交涉失败，辞去外务卿一职，同时也辞去了临时建筑局总裁的职务，临时建筑局移交给内务省（译者注：当时日本政府部门，主要负责地方行政、警察、土木建设、卫生等国内政务）管理。集中建设西洋风格的各政府办公楼的计划受到影响停滞不前，政府也解除了之前和日本制砖公司之间的特权约定。

上敷免虽然距离东京较远，运输不便，但有政府的保护措施还尚可赢利。可眼下的砖厂却是到了要么关门解散，要么苟延残喘的进退两难的局面。

荣一主张"不屈不挠，奋勇向前"，他说"开拓此项新事业，兴国家之经济，怎可因有无政府保护而改变初心，临时建筑局有何变化，不需我等为此烦恼"。并主张坚持不懈地前进，最终说服大家，在公司内部得到了一致认可。

就这样，办厂工作有条不紊地进行着，1888年，日本制砖公司上敷免工厂开始动工，第二年9月竣工[11]。

成立东京人造肥料公司

荣一在1886年（明治十九年）因处理第一国立银行事务出差至神户，碰巧那时农商务省工程师高峰让吉也在神户出差。二人偶然共处一夜谈了很多。高峰曾在英国留学，学习过磷酸肥料的制造方法，1884年在美国新奥尔良举行的工业及棉花的独立百年万国博览会上，高峰看到参展的巨大磷矿石，认为如果能够在日本使用这种磷矿石将会意义非凡。于是，高峰自掏腰包购买磷矿石，将其分与各地有志之士使用，且收效极好。高峰便想创办磷酸企业，他一边向荣一介绍欧美的实际案例，一边说明日本需要改良肥料、生产人造肥料（化学肥料）的重要性。

荣一年轻时曾在自己出生的本家干过农活，对购买肥料和施肥的时期等非常有经验。自1869年开始，就通过静冈的商法会所与深川的肥料商进行贸易，购买沙丁鱼肥料等。在1880年之后，荣一还与深川的肥料商合作，开展仓库业、海运业以及金融业等方面的工作。曾实际使用过肥料，在商业运作上参与过肥料贸易的荣一，对肥料市场一直抱有浓厚的兴趣，他对自己在这一领域的认知程度很有自信。所以当荣一听高峰谈起化学肥料时，一时间难以接受，他认为来自大自然的肥料才是最有效的肥料，反驳道"纸上谈兵，光靠书本上的学问可不行"。对此,高峰非常细致地向荣一说明,并且劝说荣一:"你有创办造纸公司和大阪纺织公司等制造业工厂的经验,也应该为制造化学肥料尽一份力。"

荣一听后百感交集,回到东京后立即与益田孝、大仓喜八郎、浅野总一郎等人商讨,同时请来高峰参与协商。最终几人达成共识,一致认为传统的肥料是自然肥料,在人口不断增加的同时,不能使农作物随之增产,为了解决日本将来的发展与人口增加所带来的粮食问题,应该在耕地面积狭窄的日本通过合理施肥来增加农作物的产量,这是重中之重,于是他们开始准备成立化学肥料制造公司[12]。

1887年2月,在第一国立银行召开了创办人造肥料公司的临时股东大会。荣一与涩泽喜作、马越恭平担任创立委员,高峰让吉担任工程师[13]。同年4月,荣一等创立委员共3人联名向东京府提交设立东京人造肥料公司的申请,当月获批[14]。5月,他们购入东京府南葛饰郡大岛村等土地。在辰野金吾的监工下,1888年依次建成生产车间、实验室、仓库等。1888年2月末,开始安装从美国运来的设备。3月,开始使用国外的半成品原料生产化学肥料。根据订单,有时还会生产氮肥原料。截至11月,从美国运过来的设备安装完毕,并投入使用,将磷矿石打成粉末,再将里面的杂质蒸发分解,并将氮肥原料粉末化等[15]。

但事情并没有按照荣一设想的那样顺利发展，由于人们并不了解施肥方法，会犯很多低级错误。例如，在水分较多的越中高冈地区使用氮肥，由于是粉末状肥料，所以几乎都被水分带走，导致肥料流失。那个时期，作为工程师的高峰"经常被荣一厉声呵斥，成为人们的笑柄。[16]"

荣一等人一边请教高峰技术问题，一边努力经营，公司业务终于有了起色。1890年，由高峰本人发明并获得专利的酿造法被美国的大型酿酒公司采用，为了能够在美国发展，高峰提出希望去美国。

荣一听闻此事非常不满，想阻止高峰赴美："我之所以能够在日本开拓此项新事业（引者注：化学肥料制造业），还不是因为你的极力劝说。如果你在这项事业成功之前离开，就有失信义了。"

对于目前的化学肥料制造，高峰说道："再过几年一定会蓬勃发展，这是显而易见的（此处有删减）而自己也想去美国尝试经营自己的事业"。

益田孝也来劝说荣一，化学肥料前景可观，只要今后按照高峰的方法继续经营，应该不会失败。让我们日本人的发明可以在外国得到发展，这可是千载难逢的机遇。荣一也觉得这是他人无法替代的好机会,便应允高峰赴美[17]。

对经济危机的认识

从1886年(明治十九年)以来,日本经济状况一直良好。直到1889年上半年度铁路补充公债和海军公债等相继开始募集,下半年度财政困窘,利率高涨。同年,因水稻歉收米价暴涨,进口米开始增多。1890年发生全球经济危机,生丝等出口贸易停滞不前,出现贸易逆差,本位币开始流出,股价暴跌。很多在经济景气时期创办的公司都以破产告终。

经济危机时期的1890年3月,在东京府管辖下的以商人为主、旨在奖励实业而设立的经新俱乐部中,荣一应会员请求,对金融困窘状况阐述了个人意见。

他指出:"目前的金融危机并非国力衰弱引起,反而是在国力增强过程中引起的现象,大可不必过于忧虑。打个比方,这不是人生病后身体衰弱导致的发烧,而是运动过度所导致的发热现象。"荣一还进一步指出:"随意增加货币来挽救经济的做法非常危险,要解除目前的金融危机现象,应该是实业者自救而不是依赖政府的力量。我们不能惧怕现在的危机,担心将来的发展,将手里的股票抛出不管。而是应该期待过往努力建成的事业有所收获,新兴事业应伺机而动。总而言之,目前的救助措施就是消除恐惧感，咬紧牙关不妄自行动，做好自我保护。[18]"荣一基于此想法亲自参与到相关公司的指导工作中。

1893 年商法修订

自 1890 年（明治二十三年）开始，经济持续不景气。1892 年全世界范围内银价暴跌，实质上是银本位制的日本从半年前开始物价上升，刺激了出口贸易，经济状况有所缓解。到了 1893 年，日本经济进入恢复期。

同年 5 月，荣一担任委员长的东京人造肥料公司的工厂因火灾大半烧毁。一直以来稳健发展的公司业务受到打击，为了研讨以后该如何发展，6 月召开了临时股东大会，荣一对火灾事件进行说明。

会上有些股东悲痛叹息，甚至还有些人提出应该趁此机会解散公司。可荣一断然拒绝了这一提议，"我们开创此项事业，本心并非只为盈利。我们的着眼点是国家利益，并且坚信这是振兴农村经济不可或缺的产业，是在将来大有前途的产业，我们是为此才创办的公司。因此无论遭遇什么样的灾祸，都必须要成就这一番事业，这也是我们的初心。他日事业有成之时，这次火灾所造成的损失很容易就能补偿回来，对此我深信不疑。各位如果坚持要解散公司，那也没有办法。可就算只剩我一人，我也会将你们的股票全部收购,借钱也要将公司继续经营下去,誓将公司发展成功"[19]。

荣一还向各位股东提出,为了重建工厂、修理设备,临时借款最多15000日元等再建方案。听到荣一如此热忱的诉说,全体股东一致通过了重建计划,东京人造肥料公司得以继续经营[20]。

这一年商法修订,荣一也在相关的公司按照新法制定新的公司章程,采用新的经营体制。东京人造肥料公司也改名为"东京人造肥料股份公司"。荣一也由原先的委员长改为董事会主席负责指挥经营业务。1893年年底,化肥厂重建,产品需求稳步增长,第二年下半年有一成的红利,经营步入正轨[21]。

日本制砖公司也随着商法的修订,在1893年改名为"日本炼瓦制造股份公司",1894年,荣一由理事长改为董事会主席,第二年开始发行公司债券,决定铺设从上敷免工厂到日本铁路深谷站之间的铁路,预计1894年7月通车,以解决运输问题。之后虽然是负债经营,但是在1898年1月的股东大会上,第一次实现一成的分红[22]。

荣一担任会长的造纸公司,1893年9月在第一国立银行总行召开了股东临时大会,通过了修改公司章程的决议案。董事为荣一、岩下清周、藤山雷太、谷敬三、大川平三郎五人,监察人为齐藤专藏、浅野总一郎二人。荣一担任董事会主席，专务董事为谷敬三和大川平三郎[23]。

公司章程和组织形式虽然有改动，但是谷敬三和大川平三郎依旧负责公司经营的核心工作，自荣一创业以来，他们就分别统管经营实际业务和技术工作。只是，董事当中增加了由三井公司派去的藤山雷太和岩下清周（同属三井银行）共同参与公司今后的工作。1893年11月，商法修订，造纸公司改名为"王子制纸股份公司"[24]（下文称"王子制纸"）。

1984年，甲午战争爆发，除了军工业和海运业，其他行业都不景气。但是次年4月，日本战胜，战争结束后的下半年经济有所回转。1896年，经济形势比之前更好。三井银行副行长中上川彦次郎在三井财阀内部推行改革，实行工业化路线，进一步抛售三井持有的第一银行的股份，企图获取王子制纸的经营权。

这被认为是王子制纸在积极推进业务时的小插曲。据说荣一与中上川见面，商谈王子制纸的增资问题，中上川同意增资，但他企图让三井财阀控制王子制纸的经营权，并以派三井的代表担任要职为条件，荣一当即答应。中上川想将岩下清周或藤山雷太派往王子制纸，荣一指名要藤山雷太，于是藤山雷太就被调到王子制纸工作[25]。据说这个小插曲是1896年的事，当时王子制纸准备在天龙川沿岸的静冈县磐田郡佐久间村中部建设新工厂,并决定增资110万日元。

藤山担任了董事,王子制纸在增资事宜上获得资金援助,1896年6月,藤山代替自创业以来一直统管实际经营业务的谷敬三,升为专务董事。在公司内部就形成了董事会主席荣一带领大川、藤山两位专务董事的体制[26]。

从此以后,代表三井想掌握王子制纸经营权的藤山派和大川派之间展开了明争暗斗[27]。在1898年8月,公司发生罢工事件,为此荣一以董事会主席身份将大川降职处分。第二年9月,荣一辞去董事会主席职务,谷敬三与大川也一同离职。王子制纸的经营权完全归属三井。荣一晚年回忆这个时期的事情时说"公司已经可以独立发展,不必再依赖我"。从字里行间可以看出,荣一考虑的是"公司"的经营与发展,他并没有将"公司"视为"一己"之物,而是从公共利益角度出发来考虑的[28]。

1896年,日本迎来第二次企业蓬勃发展期,荣一倾心创办东洋汽船股份公司,7月公司成立,荣一就任监察人。此外,在1月荣一成为日本精糖股份公司顾问;2月就任东京银行集会所委员长;6月被从王子制纸股份公司分离出的东京印刷股份公司聘请作为顾问,同时荣一还被东京人造肥料股份公司聘为董事会主席；9月就任汽车制造合资公司监察人等。荣一接二连三地担任起之前参与过的公司及新设公司的重要职务。

就在这一时期前后，从1894年至1899年荣一还作为发起人和创立委员、创立委员长参与策划磐成铁路、北越铁路、挂川铁路、西成铁路、函樽铁路、台湾铁路、岩越铁路、京阪铁路等各地方铁路公司的成立工作。虽然也有像挂川铁路这种遭受挫折的案例，但是荣一始终坚持与当地实业家合作，努力促成公司创建成功[29]。

注释：

1 《涩泽荣一传记资料》第4卷473页。

2 同上，第10卷85—91页。

3 同上，第29卷616—618页。

4 涩泽青渊纪念财团龙门社编[1985],《涩泽荣一事业一览年谱》(国书刊行会)31页，34—35页，54页，59页，74页。该书是将《涩泽荣一传记资料》第58卷的内容更改题目后复制的内容。

5 龙门社编[1900],《青渊先生六十年史》第2卷(同社)229—232页。日本炼瓦股份公司社史编辑委员会[1990],《日本炼瓦100年史》(同社)8—14页。

6 "涩泽荣一书信致金井元治、韮塚直次郎明治二十年11月5日"。《涩泽荣一传记资料》第11卷523页。

7 "涩泽荣一书信致韮塚直次郎明治二十年4月6日"。同上,522—523页。

8 同上,第11卷526页。

9 上述"涩泽荣一书信致韮塚直次郎明治二十年4月6日"。

10 上述"涩泽荣一书信致金井元治、韮塚直次郎明治二十年11月5日"。

11 上述《青渊先生六十年史》第2卷232—233页。

12 《涩泽荣一传记资料》第12卷159—167页。

13 同上,153页,159页。

14 同上。

15 同上,153—154页。

16 同上,167页。

17 同上,166—168页。

18 同上,第23卷7页。

19 同上,第12卷173页。

20 同上,168页,171—172页。

21 同上,169页,173页,178页。

22 同上,第11卷549页,553页。

23 王子制纸股份公司"社事要录"第1卷(公益财团法人纸的博物馆藏书)。

24 同上。

25 《涩泽荣一传记资料》第11卷100页。西原雄次郎编[1939],《藤山雷太传》(藤山爱一郎)187—188页。竹越与三郎编[1936],《大川平三郎君传》(大川平三郎君传记编纂会)181—182页。藤山雷太在王子制纸入社就职的记载同样取自该书。

26 上述"社事要录"第1卷。

27 《涩泽荣一传记资料》第11卷101页。上述《藤山雷太传》188—189页。
28 公益财团法人纸的博物馆藏书"日志（从明治三十一年1月至同年12月）"三（王子制纸有限公司）。"明治三十一年以后董事会议记录"第2号（王子制纸有限公司）也收藏于此馆。参照《涩泽荣一传记资料》第11卷93页。
29 上述《涩泽荣一事业年谱》36页，37页，39页。

VI 以促进实业界的发展为己任

第一银行改组

1897年（明治三十年）3月29日，货币法得以公布（同年10月1日开始实施），金本位货币制度开始实施。金本位币制度早在1871年写入新币条例（后名称改为货币条例），但是由于发行了1日元银币等原因，实质上变成了金银复本位制。1878年5月，货币条例修订后正式采用金银复本位制度。1881年，由于松方通货紧缩政策，纸币政策开始调整。日本银行成立之后开始兑换本位币，兑换制度确立。根据条例规定兑换券只能兑换银币，所以，虽然在形式上是金银复本位制，但实质上却是银本位货币制。1891年前后，全球银币价格下跌、物价上涨、外币兑换市场不景气，日本经济受到国际银价波动的影响，贸易发展受阻。

1893年10月，货币制度调查会成立，荣一担任委员。他从现实出发坚决反对放弃银本位制，并提出使用银本位制向金本位制国家出口会十分有利，同时还可以抵御外来商品进口的冲击，所以没有理由放弃银本位制[1]。

此外，当时日本的支柱产业纺织业的出口市场是同样银本位制的中国，因此在经济界，很多人反对将银本位制转换成金本位制。但是在1895年的甲午中日战争中，日本获得胜利，并得到了两亿两白银"赔偿金"，约37260万日元，由此黄金储备变为可能。1896年，松方正义内阁再次强力推进金本位制，最终在1897年实施。日本由此基本确立了近代资本主义制度，并且能够与欧美等世界先进国家相抗衡。

这个时期，荣一作为行长领导的第一国立银行改为普通银行。日本银行开业后的第二年，《国立银行条例》再次修改，规定国立银行自开业日起，经营期限为20年。第一国立银行由于经营期满，改为普通银行（商业银行、存款银行）。在经营期满前，回收该银行发行的银行纸币工作结束，于1896年9月25日结束国立银行工作。9月26日，改为第一银行股份公司，扬帆起航，继续开展银行业务[2]。

1876年，银行内部组织改革开始，三井公司在董事中的势力减弱，但是其所持股份比例一直很高。一直到明治二十年下半年度，三井持有的股份仍然占整体的45%~50%[3]。董事中，从三井派过来的只有三井八次郎。荣一行长下属的董事，大多是第一国立银行派系的人[4]。后来三井所持股份持续减少，也包含着三井银行理事上川彦次郎的经营策略，第一银行改为普通银行后的1896年12月末，三井持股比例为21%，1897年6月末减少为17%，1899年时三井已将股份全部出手[5]。

第一银行刚改为普通银行时，荣一继续担任行长。银行成立的第二个月，1896年10月17日，荣一在飞鸟山的涩泽别墅中招待了内阁大臣、银行家、各公司董事等人，还举行了游园会。会上荣一发表演讲，回顾了银行创办之初的情景，并将第一国立银行比作"梅花"，讲述了第一国立银行作为先驱，致力于经营银行的历程[6]。

第一银行改组之后，第一步就是聘用帝国大学和高等商业学校的毕业生。荣一在第一国立银行创业期曾公费派种田诚一出国留学，学习美国的银行业务。自那以后，一直没有再派人出国学习。改组后的1897年4月，为调查银行业务，派西园寺龟次郎到欧美各国学习一年[7]。当时日本正好从银本位制转换为金本位制，在国际社会中的经济地位也发生了巨大变化，所以荣一可能是想了解欧美各国的银行业务才派出西园寺龟次郎。

被封为男爵

从第一国立银行时期开始,作为行长的荣一在整个银行业中担负了指导教官的角色。每次财政上发生重大问题时,政府会先与第一国立银行商量,荣一便会为此事奔走,在银行界进行相关指导[8]。不仅在银行界,荣一在其他业界也不遗余力地指导工作,此事有目共睹。

1900年(明治三十三年)5月9日,荣一被授予男爵爵位。5月至6月,第一银行、东京商业会议所、浅野总一郎、深川区名誉职务者中的自愿参加者、埼玉县自愿参加者、京滨实业家自愿参加者等与荣一有关的公司、团体及个人相继为荣一召开庆祝会。5月18日,东京商业会议所主办庆祝会,称赞荣一"自维新以来,身处我国工商业领头羊之位,在多项事业的经营工作方面,直接或间接贡献力量,(此处有删减)为工商业发展做出伟大贡献,此乃本会议所之荣"[9]。

荣一对此并没有推辞,他认为自己奠定了日本实业界的基础,"我虽辞官进入银行业,但我的志向并不止于银行业,因此我参与到多项事业的工作中,终于收到今日之成果。伴随社会发展,工商业也大有进步,工商业从业者的社会地位显著提高。我虽不才,但不得不说我在其中做出了极大的努力。由此可见,我辞官之时内心暗自期盼的也未必就是妄想或者无稽之谈"[10]。

5月28日,在东京银行集会所,由东京银行集会所、东京交换所、东京兴信所、银行俱乐部4个团体联合庆祝荣一受封爵位。荣一与其子笃二、武之助、正雄、秀雄共同参加庆祝会。

在多达200人的与会者面前,荣一向众人表达谢意:"我只是秉承发展实业的初衷,明确银行的社会责任,如此发展30年,可以说是获得了极大的成果。今日各位银行家能聚集此处便是有力的证明,大家都是实业公司的掌舵人,学识渊博且经验丰富,你们能欢聚于此正是我所期待的,对此我已非常满足。"最后,荣一还就自己受封男爵,受到众人称赞一事讲道"首先,这是各位银行家的荣誉",强调自己虽然受封,但这更是一路支持银行业发展的"各位银行家"的荣誉[11]。

在实业界中,自1896年从岩崎久弥开始,岩崎弥之助、三井八郎右卫门等人相继受封男爵。后来荣一也受封爵位,印证了实业界社会地位的提升以及官尊民卑的观念得以扭转。伴随着日本银行制度,股份制公司制度的发展,日本近代资本主义从某种程度上已经得到确立。这意味着民间力量也开始在社会上获得认可。

不过在东京商业会议所主办的男爵受封庆祝会上,荣一在答词中讲道:"如果换个角度来看待工商业界的前景,虽说从业者的社会地位有所提高，但与政界相比仍相差甚远。即便是现在，某些伯爵甚至还会抨击我们商业会议所的决议，如果不加以解释都不能公之于世。地位如此低下，实乃我国工商业界之悲哀。我等应韬光养晦，厚积薄发，努力提高工商业者之社会地位。[12]"此外荣一特别强调了日本官尊民卑风气盛行，今后必须要努力提高工商业者的社会地位。

这个时期的荣一，还格外关心社会问题。

没有成为财政部大臣的荣一

以第一国立银行为首的国立银行，既拥有发行纸币的权限，也具备普通商业银行的功能，还同时兼营事业金融业务。在日本银行创办之际，松方正义决定将银行与事业金融业务剥离开来，设立长期处理金融业务的专业银行，并将日本银行作为商业银行金融机构的中央机构，将"兴业银行"作为殖产兴业金融的中央机构[13]。在第二次松方内阁时期，推进"兴业银行"创立项目，1896年（明治二十九年）4月，日本公布劝业银行法，该项目开始实施。劝业银行法公布后，为了能够促进农工业发展，国家积极准备建设长期低利息的日本劝业银行。

并且同以往一样，邀请荣一参与各个领域的财政经济政策的设定。第一银行改组后不久，1896年12月，荣一被内阁任命为日本劝业银行创立委员[14]。从12月开始至第二年，前后共举行8次创立委员会议，荣一出席并发表了意见。当时讨论最为激烈的是关于贷款限额的问题。一种意见是在原本规定的已缴资本金额5%的基础上，要更加严格控制限额。另一种意见是应该解除限额控制，双方争执不下。荣一根据他在第一国立银行的经验，支持严格控制一方，由此原本限额5%的规定获得采纳。1897年6月，日本劝业银行设立，8月开始营业[15]。

此外，应政府要求，在银行业占有主导地位的第一银行行长荣一，还参与了多家银行的创立工作。例如，1899年9月开业的台湾银行；1890年4月，为了发展农工业，以长期低息金融为目的开设的北海道拓殖银行；1892年4月，为了成立担保有价证券的长期金融机构而开设的日本兴业银行等[16]。

1901年5月10日，荣一从兜町住宅搬到飞鸟山住宅（现东京都北区西原）长期居住[17]。距离第一国立银行总行比较近的兜町住宅改为涩泽事务所，之后一直发挥作用。

同年5月16日，明治天皇下旨，命令井上馨组织内阁。当时井上馨请求延期并拜访了西园寺公望，经过一番商讨，井上馨表示，如果能够组成理想内阁将会领命。井上希望自明治初年开始与其交往密切的荣一能够担任大藏大臣（译者注：财政部大臣；大藏省，日本自明治维新开始一直到2001年的财

1900 年初的荣一

政部,后分为财务省与金融厅)[18]。在荣一的日记里写道,那天上午我去拜访井上位于麻布的宅邸,与井上"谈了很多关于组织内阁的事"[19]。

此时,荣一与井上对就任财政部大臣一事进行了交涉。5月18日上午8点,荣一再次拜访井上府邸,"再次与井上交谈组织内阁一事"。离开井上府邸后,前往第一银行,与银行经理佐佐木勇之助和董事日下义熊进行商讨。佐佐木认为荣一现在不应参加内阁,如果荣一入阁,第一银行将会陷入"迷惘",

并对荣一劝说一番。当天夜里佐佐木来到井上府邸，向井上陈情说如果荣一入阁，将会产生"诸多不便"。次日上午8点，佐佐木又来到荣一府邸，向荣一汇报前一天晚上拜访井上的事[20]。

上午10点荣一从王子火车站出发，在上野火车站下车，去兜町的涩泽事务所上班。在事务所里，荣一从园田孝吉和日下义熊那里听了他们与井上的谈话，下午1点又赶往井上府邸。当时芳川显正也在，他劝说荣一入阁。荣一无法推辞井上和芳川的劝说，答应会重新考虑[21]。5月22日，荣一通过书面形式向山县、伊藤和井上拒绝了入阁的邀请[22]。次日井上馨放弃组织内阁，并向临时首相西园寺公望做了汇报，拜托西园寺公望上奏此事，通知元老（译者注：第二次世界大战前，在日本辅佐天皇，参与内阁上奏荐举等国家重要事务的重臣）[23]。当天，在元老会议上，桂太郎被推荐为继任首相，6月2日，桂太郎内阁成立。

井上馨内阁就此流产。后来井上为没有继续组织内阁还庆祝了一番，并邀请荣一对他说："若组织内阁行事失败，将晚节不保，幸亏你没有答应我，而我也就此没有领命组织内阁，此乃幸事。"[24] 对于这件事，荣一在晚年的时候回忆说"真的是很为难"[25]。

经济持续不景气

第一银行决定将早年第一国立银行时期的兜町总行的办公楼推翻重盖,于1898年(明治三十一年)9月开始动工。施工时荣一坚持以坚稳牢固为着眼点,极力避免富丽堂皇的装饰。在经理佐佐木勇之助的指导下,由辰野金吾担任设计进行施工,于1902年3月底落成。4月3日,从上午9点开始,以蜂须贺侯爵、锅岛侯爵、三井男爵、大仓喜八郎、浅野总一郎等人为首,有上千人陆续来到新落成的办公楼庆祝竣工。

在当日上午8点,第一银行还举行了身穿西装、站姿挺拔的荣一铜像揭幕式。此铜像是1899年,荣一迎来60岁诞辰之时,由第一银行全体职员委托长沼守敬铸造而成,恰逢新楼竣工便一同伫立此处[26]。可是在一片祥和的庆祝仪式背后,第一银行面临的日本的金融状况令人担忧。前年的经济危机使金融市场低迷,资金流断裂。在这种背景下,荣一于1902年5月前往欧美各国考察经济情况[27]。

1902年7月,行长荣一缺席第一银行召开的第12期股东定期例会。会上指出目前全国经济不景气,第一银行需确保储备资本,稳步开展业务。第一银行在存款借贷及其他业务方面盈利有所增加,再次向人们证实了其实力。当时该银行的营业报告指出,在金融业发展缓慢的背景下,外汇银价下跌,甚至出现暂停向中国出口的现象,但是生丝却极为畅销,"总体来说发展较为顺利"。而且上一季的日本进出口贸易总额虽然显示逆差,但第一银行却流入660万日元本位币。第一银行的主要业务是生丝贸易,前景可观[28]。

1902年10月,荣一回到日本,根据自己在欧美各国考察经济状况总结的经验,对第一银行的业务工作及整个经济界指导工作。但是当时日本经济并没有完全好转,八国联军侵华战争后,俄国开始在中国东北地区驻兵,1902年清政府与俄国签订《交收东三省条约》。次年4月,俄国不但没有按照约定从东北退兵,反而向清政府提出新的要求,并开始涉足鸭绿江的林业,企图继续支配东三省。在这一背景下,参谋本部有人提出应对俄宣战,虽然日本与俄国多次交涉,但双方始终未能达成一致意见。

俄国问题僵持不下,日本经济停滞不前,金融发展缓慢,利息持续下跌。在极为严峻的社会背景下,第一银行坚持推进资本运作,虽然有所收益,但是日本整体经济并未有所好转[29]。

对日俄问题的态度

1902年(明治三十五年)10月17日上午10点,荣一在兜町的涩泽事务所上班，参谋本部次长儿玉源太郎因紧急事务突然来访。由于日俄问题悬而未决，有人叫嚣应该对俄开战。荣一的立场是反对战争，平时并无深交的儿玉源太郎对荣一说"涩泽先生，您好像特别反对战争，可像您这种人如果提倡和平反而会促进战争爆发，莫不如主张战争，或许还不会爆发战争呢。[30]"

荣一说道："我身在实业界，为了发展实业鞠躬尽瘁。从我的经验来看，我国无法从战争中增强国力。不仅如此，我国人民是何等喜欢哗众取宠，又是何等自高自傲，缺乏脚踏实地保存实力的作风。（此处有删减）这些先暂且不论，民众之间不断有人喊着'要打仗！要打仗！'可是，我们不该人云亦云。况且即便是赢了这场战争，也只会助长我们国民的缺点，全世界的人都会以为日本是好战的国家，我认为这种印象绝对不利于我国今后的发展。作为军人，也许您很自然地会急于战争，我的意见恰好相反。但我相信您一定会处理好个人意见与舆论之间的关系。[31]"

荣一又补充说："我一向不了解军事上的细节，可我觉得国家经常发动战争，扩大版图，增强国力的做法是错误的，所以我反对战争。[32]""我们也许能够与俄国和解，当然什么时候能和解，我并非专业人士，所以我也不知道。（此处有删减）

您能告诉我俄国的要求是什么吗？[33]"

对此，儿玉次官明确表示日俄问题的秘密情报"只告诉您一个人"，遂将详细情况说与荣一[34]。儿玉次官说，"如果现在日本示弱提倡和平解决问题，（此处有删减）俄国就会变本加厉企图吞并朝鲜。"可是"你若加入主战派，此时日本不能避免卷入战争，也可带动经济界主战氛围，这样一来或许反倒可以避免战争。[35]"

荣一听了这番话改变了想法，"我也十分理解，战争是迫不得已的"。儿玉次官进而说道："既然如此，您是否可以向银行界的相关人士呼吁要做好迎战的心理准备？我们唯有态度坚决，举国上下同仇敌忾，（此处有删减）或者俄国退让一步，才有可能不战而和。无论是和平解决问题还是通过战争解决问题，我们日本全国都应团结一致，主张战争。"

尽管当时日本经济状况开始有所好转，可惧怕日俄开战的恐惧心理不断蔓延，日本整体的经济并不乐观。不仅是荣一，普通的实业家也反对战争。可事已至此，荣一也转变态度觉得战争在所难免。他在东京银行集会所等地进行演讲，发表自己的主战论，并向政府提出建议[36]。

荣一还拜访了日本邮船的近藤廉平，协商日俄战争时将日本邮船的船只用于运输，并向相关部门发送书函，他非常积极地支持主战派的言论。晚年的荣一回忆道:"我本是和平论者,却主张战争。(此处有删减)之所以如此,那是因为我曾怠慢过儿玉次官,为了弥补这份无礼只好顺其主战之意,加之国家确实别无选择,所以才成为主战派。[37]"

患重病后的疗养时期

1903年(明治三十六年)对抗俄国言论高涨,11月20日夜晚,荣一感觉"有点感冒",次日本该出席日本银行的货币制度会议,但他通过电话告知无法参加。荣一去了一趟兜町的涩泽事务所之后,返回飞鸟山的宅邸便卧床不起。请大夫到家里看病后,被诊断为流感并发哮喘,体温从38℃升到39℃[38]。22日病情未见好转,夜间哮喘症状加重,24日晚上,左耳开始有疼痛感,被诊断为中耳炎。大夫叮嘱他禁止会客谈话,贺古医生为主治医生,多名护士轮流看护。一直到29日,荣一几乎不能看书写字。12月1日,进行鼓膜切开手术,次日疼痛减轻,体温下降,身体状况好转。

为了安全起见,医生禁止荣一做会对脑髓产生刺激的事务,比如工作谈话和看报纸等,拒绝一切访客。荣一除了与家人和身边亲近的人进行一些工作以外的杂谈,还会稍微读些和歌和汉诗来解闷,只求专心静养[39]。

1904年1月，荣一仍在飞鸟山宅邸静养，直到18日身体状况明显好转，预计一周以内可以进行室内活动。但之前由于得了直肠黏膜炎，腹泻不止尚未痊愈。26日，左耳失聪症状有所缓解，但仍有耳鸣。虽然还有一些眩晕和头疼等症状，但在2月29日荣一身体"基本恢复"[40]。

这期间，虽然医生禁止荣一谈论时事、会见客人，但是2月日俄战争爆发后荣一如坐针毡。他召集了第一银行的董事，劝说他们应该尽力购买军事公债，积极为国家做贡献[41]。

荣一只要人在东京，自然就会考虑当下时局和社会动态。于是主治医师贺古劝说荣一离开东京，到国府津疗养。荣一谢绝一切会客，连劳心费神的书籍都不看，终日读一些古书雅文、在海边散步或者习字[42]。

1904年4月24日，荣一从国府津回到飞鸟山的宅邸，虽然继续静养，但在27日夜里突发高烧，30日转为肺炎。高烧一直不退，从38℃烧到39.4℃，当时的主治医师高木兼宽，本以为会退烧，没想到又发生反复现象。5月14、15日左右，又引发支气管炎，咳痰增多[43]。6月上旬，病情开始稳定，荣一有时会坐在座垫上眺望院子里的景色。6月9日，明治天皇送给荣一一份点心作为慰问。那天荣一从被窝中站起来，叫人拿来礼服，拜谢天皇，感动不已[44]。

后来荣一身体逐渐恢复，从7月上旬开始，可以进行室内运动、到院子里散步，及接待来客。8月11日，荣一从飞鸟山的宅邸转移到箱根的芦之汤和松坂屋的别墅，继续疗养至9月3日。虽然9月10日夜里出现头晕症状，但是数日后症状便消除。9月27日，荣一向宫内大臣及总理大臣等人致谢，并于当天开始回归本职工作[45]。

日俄战争时期及战后的荣一

在荣一静养的这段时间，日俄问题日益尖锐，金融环境严峻，物流停滞不畅，除了军需物资和生活必需品以外，其他商品价格一落千丈。1904年（明治三十七年）2月日俄开战，同年6月，130余家银行临时歇业。大阪的各家银行甚至出现了挤兑风潮。

在战争初期金融界就有预感会遭受重创，于是大家都有一定的警戒心理。可是由于募集外债，本位币流入市场促进通货膨胀，国内金融市场反而发展顺利，国内的债券募集与增税等工作进展也很顺利[46]。

1904年9月，长期抱病的荣一虽然回归社会，但仍然需要休养。于是逐一辞掉了他参与的80余项事业中将近一半的工作。其中特别值得注意的是，1905年2月，荣一辞掉了自东京商法会议所时期就开始任职的东京商业会议所的会长职务。人们都以为他会终生任职,所以倍感惊讶。虽然该所挽留荣一留任,但荣一想尽量"辞掉与政治有瓜葛的公职以及其他类似职务,用更多的时间来专心发展工商业",所以坚持辞职[47]。

1905年9月,日俄签署了《朴次茅斯条约》,双方讲和之后,荣一在杂志上积极地发表关于战后经营的言论。1906年年初,荣一以"今后的财政经济政策"为题,在《实业之日本》杂志上发表言论。

"帝国在日俄战争中提高了地位,获得了荣誉",但是"我们必须肩负起发展实业的责任,使之名副其实"。国家的财政收支与1896年甲午战争后相比,扩大了近3倍,均超过了4亿日元。虽说战争是这种财政变化的主要因素,但是影响确实过于剧烈。因此需要"协调并促进财政与经济发展之间的关系"。1906年度的政府预算方案中已经几乎没有"应着眼于以军事为主的实业建设"等描述,而是"将经费用在需要发展实业的地方""虽靠武力扬我国威,但在和平斗争时期,却屡战屡败"等描述。在实业方面,虽然国内的交通枢纽铺设了铁路,但是在东北和北陆等交通要塞却被中断。而且很多小型的铁路公司之间缺少合作,铁路资源未能统一,导致交通运输不便、物流受阻。个人公司很难承担衔接多家小型铁路公司的工作，唯有政府出面推进此项事业或者通过铁路国有化等方法，统筹铁路资源。完善公共设施是国家的职责，如果不努力建设公共设施而专注于军事建设，那么将无法维持和增加财政收入。在日俄战争中，举国上下团结一致，银行家和实业家参与购买国库债券等，是双方约定好的。可是战后，预算方案却由政府独自判断，并没有听取实业家的意见。要发展实业，就应该听取实业家的意见，如果桂内阁（译者注：日本第一次桂内阁，陆军大将桂太郎被任命为第11任内阁总理大臣，时间为1901年6月至1906年1月）政权更迭，后继内阁应改变财政计划，拨款发展实业，这样才能增强国力。

在战后经营方面，若想取得业绩，第一步应该缩减经费。近几年进出口贸易额不断增加，但贸易逆差也在不断增加。目前需扩大出口，维持贸易均衡。为此应该利用关税控制进口，并对国内商品发展予以奖励。如铁、砂糖、石油等重要进口商品的市场需求在增加，可这些商品的国内生产能力却跟不上，因此进口额才会不断上涨。所以需要在国内发展并扩大生产，使国产商品能够与国外进口商品相抗衡。出口总额占比最大的生丝贸易，如果提高运输效率，降低物流成本，出口将会进一步增加。外资不断流入我国，"初见成功的曙光，我们倍感喜悦",但是我国实业前途堪忧。"趁着容易取得资本供给的时候计划不必要的业务,当外国资本注入时,侥幸获得收益"这样的情况并不多,如果投资失败,将会长期影响我国对外信用。

根据我目前的企业经验,"有利可图"的事业都很难成功,稍微有些风险的项目十有八九会失败。状态好时,不但要开展确实可行的事业,还应顺势开展一些稍微有些风险的事业。虽然国外资本进入我国很容易,"实业家需要有戒心",但我们不能否定外国资本,而是应该"在确实有预见性,实际可靠的事业上暂时利用外国资本开展事业"。至于中国东北和朝鲜的业务,我没有进行过详细的调查,只是觉得原东清铁路接通了中国东北和朝鲜,这可以与连接中国北京的主干线统一规划。还可以发展海上交通加强建设[48]。

上述内容是日俄战争后荣一在经营方面提出的意见,包括:确保财政与经济之间的均衡性,不能偏倚军事费用,缩减经费助力经济发展,维持进出口贸易均衡。荣一指出为了实现上述目标,应加强建设与完善公共设施,推进铁路国有化的建设,统一规划梳理铁路网络,继续欢迎外资注入。

1906年经济发展缓慢,利息下降物价高涨,企业净利润增加,进而股价暴涨。加之铁路开始国有化,将近5亿日元的资本流入社会,掀起了一场创业热潮[49]。日俄战争后日本经济景气，纺织、砂糖、肥料等生产规模扩大，不断有企业诞生或重组。

荣一重病后辞去多数职务，于是开始重新整理剩余的关联企业。可荣一受到邀请，又参与了一些企业的指导工作或担当顾问。1905年4月至1907年3月，荣一共参与55家公司的工作[50]。1906年，荣一还担任了大日本麦酒股份公司董事、南满洲铁道股份公司创立委员长、京阪电气铁道股份公司创立委员长（后成为顾问）、名古屋电力股份公司顾问、韩国拓殖股份公司顾问、东海仓库股份公司顾问、明治制糖股份公司顾问等[51]。

解决大日本制糖公司的问题

1906年（明治三十九年）下半年度，荣一参与建设的南满洲铁道股份公司成立，因发展极为顺利，掀起了一场投机热潮。可是在1907年1月，发生经济危机股价暴跌，反而引起恐慌。银行看到有价证券暴跌便提高警戒，开始控制贷款重点收债[52]。东京以外的1府18县共40家银行发生了挤兑风潮，东京以外的1府8县共26家银行停止付款，临时歇业[53]。

在这种状态下，1906年11月，位于大阪的与荣一交往甚密的日本精糖股份公司和位于东京的日本精制糖股份公司合并，成立大日本制糖公司，荣一受邀就任董事[54]。荣一与大藏大臣阪谷芳郎、农商务大臣松冈康毅商议，最后推荐农务局长酒匀常明担任社长[55]。酒匀常明是农学博士，就任后向荣一汇报了经营状况。当时该公司虽然规模较大，但是缺乏周转资金，只能将从股东那里收上来的股票缴纳给大藏省暂为保管，以此作为纳税担保并抽走公司的注册资本金。

对此，荣一指出，抽走验资后的资本金有很多弊端，劝其整改并要求公司内部进行调整。可是除酒匀以外，公司的董事中并没有与荣一关系亲密的人，所以荣一的意见很难落实到实际的经营中[56]。在这种背景下，日本本土的制糖业与受到优惠政策保护的中国台湾粗糖相比，在竞争中处于劣势，加之经济危机，砂糖销路每况愈下[57]。

这个时期，荣一领导的第一银行，在股票高涨时持谨慎态度，选择安全可靠的方法；当金融阻塞流通不畅时，脚踏实地发展业务，推进商业贸易发展，并适当放宽票据贴现商品以及发放有价证券的条件。在这种经营方针的指导下，1907年1月股市暴跌，荣一认为从整体来看，"只不过是一时的风波，对于国力发展并未造成影响"。基于这一判断，第一银行努力发展进出口业务，增加各项业务总额。因此虽然日本遭受了经济危机的打击，可是第一银行却发展顺利而且业绩可观[58]。

第一银行与其他银行经常以"鳗会"的名义聚在一起,讨论挽救经济界的方法。荣一作为第一银行的行长,也会出席聚会,并与大家讨论国库债券偿还等问题。1908年4月,政府开始偿还国库债券[59],可是由于经济危机持续蔓延,1909年上半年度结束后,经济状况并未见好转。不过在贸易方面,与去年同期相比,进口额降低,出口额上升明显,总体情况还能说得过去[60]。

在这种状况下,1909年1月,酒匀常明辞去社长职务,当时多位董事也一同辞职。4月11日,矶村、秋山等大日本制糖公司上一届董事,因和政界之间的瓜葛而被检举。这次检举涉及政界,因此成为名噪一时的贪污案件。

此案发生时,荣一也受到世人的质疑。由于荣一涉足的企业非常多,社会上有些人抨击他滥用个人信用,妄自参与多家营利企业,甚至还有人"劝告荣一对日糖事件应引咎辞职,从此告别实业界"。

5月,就在大日本制糖公司刚刚任命藤山雷太为社长,准备重整旗鼓时,荣一在《实业之世界》[61]中,针对这些质疑和抨击做出回应。他以"我的公司理想及日糖责任问题"为题,讲了很多。

荣一诉说自己"坚决不会引退,(此处有删减)如果因为世人都在创办公司时遇到挫折就退出放弃，那么国家前途也将无法想象"，并强烈主张支撑自己经营公司的理念。

文中首先以"生意无秘密"为小标题，指出公司创业必须要有像"法治国家的国务大臣肩负国民的期望来处理国政一样的觉悟"，此时"生意就应该像政治一样，没有任何秘密，光明磊落"。例如银行业务，向谁借了多少钱，对方以何种形式抵押担保等，这种事情也许从道义上来讲必须保守秘密，再比如商品是多少钱进货，又加了多少价销售，这些事情都没有谈的必要。可是除此之外"坚决不会撒谎并且无中生有，我认为真正的生意首先可以肯定的就是没有秘密"。

荣一在"面对公司及股东，董事的觉悟"这一部分指出，董事是从股东中被推选出来经营公司的，所以一定要清楚自己肩上的重担是来自那些既有名誉又有财力的人的委托，因此公司董事及重要人物必须时刻提醒自己，公司里的财产是他人之物。"一旦自己失信于股东，必须马上离开公司，必须要有这种觉悟"，"最重要的是，公司董事必须时刻区分公与私的关系"。

在"我经营公司的理想是救世济民"这一部分，荣一写道"我在经营公司的过程中，无论何时都坚持秉持正义。即便企业极其微小或者收益甚微，我也始终坚持正义。我的夙愿就是能经商，虽然我个人能力有限，但我会遵照孔子思想也就是《论语》中的道理，将其作为行为准则。根据这一准则，与其说公司是为个人创造利益的地方，不如说多数是创造社会效益的地方。这些创造社会效益的公司，一定会发展壮大。"

荣一还在"秋毫之末也应公私分明"部分指出，"将国家视为自己家的做法，不是真正的法治国家行政者应有的行为，这是有反王道的做法。自明治六年我开始投身于商业，从未忘过这一道理。在第一银行，本人受到大家信赖，虽掌握实权，也是持有股份最多的人，可是我尽力做到即便明天我辞去第一银行行长一职，也不会对该银行产生较大影响。也就是说，我从未将第一银行一分一厘的财产视为我涩泽家的财产。我将两者严格区分，也从未利用个人职务之便，为自己谋求利益。不仅如此，有时我还会用我个人的财产支持第一银行的工作，希望能够稳固第一银行的基本财产。如果世人能够像我说的这样，将多数公司用于发展社会公益和财富，我相信在今后发展的道路上一定不会有很大的偏差和失误"。

大日本制糖公司涉及政界的贪污大案，而荣一仅仅是因为担任了这家工厂的顾问，而受到了世人的批判。上述文章的内容，其实也有对此进行解释说明的意思。通过这篇文章，荣一回顾自己的过去，重新审视自己的社会立场，并向世人重申自己的理想。

从多数企业中引退

1909年（明治四十二年）6月6日上午10点，荣一在兜町的涩泽事务所邀请到与其关系密切的21名其他董事，其中包括东京瓦斯股份公司、东京人造肥料股份公司、东京石川岛造船所、东京制钢股份公司、东京帽子股份公司、盘城煤矿股份公司、日本炼瓦制造股份公司、帝国酒店、帝国剧场股份公司、日韩瓦斯股份公司、大日本麦酒股份公司、品川白炼瓦股份公司、木曾兴业股份公司、中央制纸股份公司、二十银行股份公司、东京毛织物股份公司、京釜铁道股份公司清算事务所等。

荣一向众人说明，自1904年大病痊愈以后，曾辞去部分其他公司职务，可是日俄战争后企业蓬勃发展，不知不觉地又接受了众多邀请，工作量也比之前成倍增加异常繁忙。虽说这是应时势之需，但这并不是自己的本意。他多年来的愿望就是能够回归自己的老本行，专心经营银行，无奈一直没有机会。今年正值自己的70岁生日，进入古稀之年，加之实业界也正在不断发展进步，各家公司都有人才能够胜任工作，在经营方面已毫无担心之处。马上就要来到上半年的决算期，荣一表示希望利用这个机会回归本行，除了第一银行及其附属公司东京储蓄银行以外，其余所有公司的职务都将辞退[62]。

当日荣一向自己参与的62家公司及15家社会公共实业团

体发出了辞职信,并附上文字说明"由于年事已高,故想减少相关工作,除第一银行及东京储蓄银行以外,本次将辞退所有职务"[63]。

此前在1909年(明治四十二年)5月,荣一曾针对因大日本制糖问题被人要求引退一事做出回应,称自己"坚决不会引退"。可是现在却辞掉了除第一银行和东京储蓄银行以外所有相关企事业单位的职务。但是由于大日本制糖公司刚起步,所以荣一辞掉顾问后不久,还未到7月便再次收到邀请,于是再次担任该公司顾问,帮助公司重建[64]。

注释:

1 岛田昌和[2011],《涩泽荣一社会企业家的先驱》(岩波书店)133—134页。

2 《涩泽荣一传记资料》第4卷538—541页。第一银行80年史编纂室编[1957],《第一银行史》上卷(同室)588页。

3 山口和雄[1987],"明治时期的第一银行与三井",《三井文库论文集》第21号(财团法人三井文库)237—239页。

4 同上,233—234页。

5 同上,242—244页。

6 《涩泽荣一传记资料》第4卷538页、541—543页。

7 上述《第一银行史》上卷611页。

8 《涩泽荣一传记资料》第4卷530页。

9 同上，第29卷273页。

10 同上，274页。

11 同上，第6卷497—499页。

12 同上，第29卷274页。

13 上述《第一银行史》上卷562页。

14 《涩泽荣一传记资料》第5卷222—223页。

15 同上，223—230页。

16 同上，231—263页。

17 同上，第29卷619页。

18 井上馨候传记编纂会[1934],《世外井上公传》第4卷（内外书籍）783—784页。

19 《涩泽荣一传记资料》别卷1,194—195页中收录的"日记（一）"。

20 同上。

21 同上。

22 同上。

23 上述《世外井上公传》第4卷786—787页。

24 同上，792页。

25 《涩泽荣一传记资料》第27卷592页。

26 龙门社编[1902],"第一银行新筑披露会景况",《龙门杂志》第167号（龙门社）33—34页。

27 《涩泽荣一传记资料》第4卷619页。

28 同上，615—616页。

29 同上，618页、620—621页。

30 同上，第28卷474页。

31 同上，475页。

32 同上，474页。

33 同上，475—476页。

34 同上，473页。

35 同上，474页。

36 同上，476页。

37 同上，474页。

38 上述"日记（一）"，《涩泽荣一传记资料》别卷1，332页。上述《龙门杂志》第187号37页中刊登的文章（1903年12月25日发行）。

39 上述《龙门杂志》第187号37—38页。

40 《涩泽荣一传记资料》第29卷138页。

41 土屋乔雄[1989]，《涩泽荣一》（吉川弘文馆）24页。

42 《龙门杂志》第191号55页刊登的文章（1904年4月25日发行）。

43 同上，第192号45—46页。

44 《涩泽荣一传记资料》第29卷151页。

45 同上，152—153页。

46 同上，第4卷634页。

47 同上，第42卷343页。

48 同上，第23卷666—672页。

49 同上，第4卷665—666页。

50 上述《涩泽荣一》244—245页。见城悌治[2008]，《涩泽荣一"道德"与经济之间》（日本经济评论社）92页。

51 涩泽荣一纪念财团编[2012]，《涩泽荣一事典》（东京堂出版）155页。

52 《涩泽荣一传记资料》第4卷666—669页。

53 同上，647页。

54 《龙门杂志》第222号44页刊登的文章(1906年11月25日发行)。
55 《涩泽荣一传记资料》第11卷285—291页。
56 同上,307页。
57 同上,307—308页。
58 同上,第4卷652—653页。
59 同上,第7卷210—218页。上述《涩泽荣一》245页。
60 《涩泽荣一传记资料》第4卷661—662页。
61 同上,第11卷333—335页。
62 上述《龙门杂志》第253号47—48页。
63 同上,48—50页。上述《涩泽荣一"道德"与经济之间》98—109页中认为,此时荣一之所以从实业界引退,主要理由倾向于进入"古稀"之年。但是大日本制糖问题即日糖问题打击太大,另一方面荣一要参与《德川庆喜公传》的编纂工作,也是荣一辞职的理由。
64 涩泽荣一[1909],"我本次辞职的60家公司的命运",《实业之世界》第6卷第7号(实业之世界社)12页。

VII 完全引退后的人生

年逾古稀的荣一

自明治初年开始,到1909年(明治四十二年)从实业界引退,荣一以银行为主,参与了多家企业及经济团体的创立和发展工作,不遗余力地推动实业界的发展。同时他还积极地参与福利、教育等社会公共事业及民间外交活动[1]。1909年8月,荣一作为赴美实业团团长,带领东京、大阪、京都、横滨、神户、名古屋商业会议所的重要成员赴美考察。他们历经3个月,辗转于美国各地,与美国经济界进行交流[2]。之后,荣一还参与了中央慈善协会、日俄协会、维新史料编纂会、济生会、国际和平意会(日本支部)等团体的工作。同年,荣一从实业界引退,并从此开始更广泛地参与民间外交和社会公共事业活动[3]。

迎来古稀之年的荣一收到了实业家福岛甲子三赠给他的一幅贺寿《介眉帖》,上面是多位名人志士的字画。其中有一幅画是油画家小山正太郎的作品,画中有红色刀鞘的刀、高筒礼帽、算盘和《论语》。

荣一说这幅画"里面的内容太有趣了",其中"红色刀鞘的刀表示我曾经学习击剑时深入体会武士道的精神,高筒礼帽表示我在世人面前注重自己的绅士形象,而《论语》和算盘则表示我经商以《论语》为基本指导思想,坚信《论语》的教导。后来这幅画上又加了一句话——'遵照《论语》经商,手执算盘宣道,非常人非常事,非常之功劳'。"[4]

看到小山正太郎所画的这幅画,"三岛中洲将荣一的'经济道德论'冠以'论语算盘'论的头衔"。从实业界一线引退,迎来古稀之年的荣一开始积极提倡自己的"论语算盘"论[5],同时他还强烈主张道德与经济的一致性[6]。

喜寿时从实业界完全引退

1916年(大正五年)7月,荣一虚岁77岁,迎来喜寿。他在第一银行的例行总会上辞掉行长职务,同时也辞掉了东京储蓄银行董事长、东京银行集会所会长职务。同年10月6日,荣一邀请朝野上下很多人,在帝国酒店召开"退休宴"[7]。

宴会上,荣一向各位来宾致辞,将自己比作"松开纤绳的船,被放飞的鸟",第一次感受到自由,他指出"虽说是完全退出,但这只是不直接参与经济界的经营活动而已。我虽年迈,但只要我还在世,即便已不是我的职责所在,只要我知道的事情,就一定会直抒胸臆,与各位商谈,以此度过余生"。"我希望不仅仅在物质层面上,在精神层面上也能够贡献自己的绵薄之力"。其理由是,"不应将精神和物质完全分离开,当然,也分不开。(此处有删减)今日的实业界在物质上有很大的飞跃,可是如果谈其精神层面,恐怕并没有跟上。如果物质层面一直发展,而精神未能跟上,那么二者之间将会产生裂隙"。荣一向来宾提出,应该注重精神与物质的共同发展,并表示自己今后也会为此贡献力量[8]。

后来荣一真的就像自己在退休宴上讲的那样,既在经济方面接受大家的咨询,也努力发展相对落后的"精神层面",使之能够赶得上日益发展的"物质层面"[9]。

荣一从实业界完全引退后不久,1916 年 9 月《论语与算盘》在东亚堂书房出版。此书选取和整理了荣一曾经在《龙门杂志》上发表过的论述,以及他所提倡的处事法则等[10]。书的开头是这样写的,"我时常在想,如果需要完成一项事业,没有极大的利益驱使,肯定是不会有所进展的。可是我们国民善于空想,虚荣心强,这样很难促进真理的发现。因此,我希望尽量不要让政治界和军事界继续壮大,而是让实业界越来越有实力。换而言之,就是尽量增加物质,如果物质不丰富,国家则无法富强。那么能够形成财富的根源到底是什么呢？就是仁义道德。只有正义的财富才能永远存续。为此,看似风马牛不相及的《论语》和算盘,我将其放到一起,并认为这才是我们当今迫切需要考虑的事"。荣一直截了当地讲述了自己的"道德经济合一论"[11],并结合自身的经历,在各种场合积极地宣扬此论点。

伞寿之年

1919 年（大正八年）,荣一虚岁 80 岁,迎来了伞寿之年,但他仍然精力充沛,继续参与各项活动。第一次世界大战之后,1920 年成立国际联盟,为了推广国联精神,在世界各国设立了国联协会,同年 4 月,荣一担任国联协会会长[12]。

该协会主要通过相关调查与研究、召开演讲会、与国内外团体进行交流等方式普及国联精神。在 1928 年 11 月 11 日的和平（停战）纪念日,荣一在东京中央广播电台发表演说："如果希望国家真正的繁荣昌盛,那么政治和经济就必须与道德统一。""进行国际合作,结合国际精神,坚决不能只顾自己国家的利益。不顾其他国家利益的做法是不道德的,如果不能共存共生,那么国家将无法在国际社会上立足"[13]。

1920 年,荣一担任日华实业协会会长,第二年,因视察华盛顿军缩会议第四次赴美。1923 年 9 月 1 日发生关东大地震,荣一亲自担任救援协调会的副会长，负责赈灾事宜。同时，还组建民间救助团体（大震灾善后会）援助遇难者家属，并积极参与救援活动[14]。

1924年，荣一担任了东京女学馆馆长、日法会馆理事长。1926年（昭和元年），荣一又担任了日本太平洋问题调查会评议员会会长、日本放送协会（译者注：简称NHK）顾问。1927年，荣一还担任了日本国际儿童亲善会会长，致力于日美之间的人偶交换事业等，并参与了诸多其他社会公共事业和民间外交事业[15]。

此外，荣一还处理了大量来自经济界的咨询。例如1923年大日本人造肥料、关东酸槽、日本化学肥料三家公司的合并项目[16]；再如1926年，日本邮船与东洋汽船合并之际，"双方以适应国家发展、谋求业界整体利益为出发点合并"，在这个过程中，荣一"作为第三方，以局外人的视角和广阔的见识予以仲裁和调停"[17]。荣一还在1927年担任了日本航空输送公司创立筹备调查委员会会长等职务。

荣一的晚年及终老

1929年（昭和四年）4月以救济贫困为目标的救护法尚未实施，11月救护法实施促进委员会得以成立，由来自全国

晚年的荣一（1926年5月26日）

的委员（后来的民生委员）组成。1930年，该委员会成立了救护法实施促进同盟会，为了推进救护法的实施，他们开展了各项运动。但此事并未获得当局的明确答复，于是该委员会向荣一求助，并于1930年11月8日一同拜访了位于飞鸟山的涩泽宅邸，请求与荣一见面。据荣一之子涩泽秀雄说，当时已经91岁的荣一因感冒卧床，老年人得了感冒如同青壮年得了大病一样，家人都很担心。所以无论是家人还是主治医师，都不同意荣一会客，而荣一却无论如何都要与这些来访者见面。

荣一带病会客，一边让来客落座，一边向各位委员所做的努力表示感谢。这些委员希望荣一能够帮助协调，让他们与这次问题的关键人物——财政大臣井上准之助见面，并恳求荣一："为了挽救挣扎在饥饿死亡线上的数万同胞，请务必让我们与井上大藏大臣见一面，使救护法在今年能够实施。"荣一双眼噙满了泪水，虽然断断续续，却铿锵有力地回答道："这也算是我所做的最后一件奉公之事，若有能帮上忙的地方，我一定会尽力。（此处有删减）我认为这是我的义务，你们此次来访的目的我已经很清楚了。如果我能够为救护法而倒下，那也是死得其所。"

当天荣一置家人和医生的劝阻于不顾，带病坐车去拜访内务大臣安达谦藏。他对家人说："多亏大夫才让我这老朽得以疗养，正因如此，我才应该在这种时候发挥作用。如果我因此而倒下，（此处有删减）而那些不幸的人们却能够获救，这不正是我所期望的吗？"据说荣一还通过电话申请，要与财务大臣井上见面[18]。

这之后，荣一自1931年春开始就一直在飞鸟山的宅邸中休养，同年8月上旬做了X光检查，确诊为直肠狭窄。这一年的7—8月期间，中华民国暴发洪水，有1000万人因饥饿濒临死亡。此事传到日本以后，为了从全国募集善款，8月24

中华民国洪灾同情会募捐广播演讲留念（1931年9月6日于飞鸟山宅邸）

日成立了中华民国洪灾同情会，荣一担任会长。为了能够进一步唤起国民的同情心，中央广播局将广播播放设备搬到飞鸟山的涩泽家里，9月6日下午6点半开始播放。91岁的荣一拖着病体站在麦克风面前，向世人呼吁要同情邻国遭受的灾害。无论是出于人情还是人道主义，还是从两国之间的关系来看，荣一认为都是义不容辞的事情，他还告诉人们，当年发生关东大震灾时，日本接受了中华民国大量的救援资助，因此这次日本也需要募集捐款[19]。

同年9月14日，第一批慰问船离开港口驶向中华民国上海，计划是在21日将大米、白面、棉被、药品等救援物资和救济金一同交接，可就在18日爆发了"九一八事变"，这些救援物资被拒收，荣一等人的一番好意并未被接受[20]。

紧接着在10月上旬，荣一腹部膨胀并伴随腹痛，出现肠梗阻症状。由于过于疼痛，10月14日荣一在家里进行了手术。术后恢复较好，但在10月末开始低烧，荣一几乎没有食欲[21]。

涩泽家族一直没有将荣一的状况公布于众，可荣一是日本的"公众人物"，若一直守口如瓶，涩泽家未免显得缺乏社会义务，于是在10月31日将荣一的状况公布于世[22]。消息在晚报和电台上被公开后，到飞鸟山宅邸探病的客人开始增多。第二天，荣一开始出现支气管肺炎症状，其后虽然没有食欲，但是意识仍旧清醒，身体状况尚可[23]。

11月8日，卧病在床的荣一听说乡诚之助、佐佐木勇之助、石井健吾等财经界有头有脸的人物来探病，他仿佛忘记自身的病痛，叫来长子涩泽笃二，让他向来客传达自己心里一直挂念的事[24]。荣一对笃二讲道："我作为帝国的臣民，同时也作为东京市民，虽有不尽如人意之处，但多年克己奉公。我延寿至此，本想多尽一分力量，可不幸有病在身，而且基本上治不好了。我死后财经界还需仰仗各位。即便我与你们相隔两世，但我亡灵仍在,我将会祈祷财经界兴旺昌隆以及各位身体安康,并会保佑你们。我虽死去,但请大家不要将我视为路人,我涩泽的一片热忱之心将永远与大家同在。你将我的这些话都传给客人,并告诉客人我先走一步,可这并非我本意,是病魔在作祟啊。[25]"

11月9日,荣一突然气息微弱,临终之前还不忘思考日后之事。两日后,即11月11日凌晨1点50分,在飞鸟山宅邸的小洋楼里,一生舍己为公,91岁高龄的荣一先生驾鹤西去[26]。

注释:

1 荣一在古稀之年以前所涉及的社会公共事业和民间外交相关工作,其代表内容如下。由于宽政改革而导入7分公积金制度,所以城镇缩减经费积攒下来的资金交由东京会议所管理。1874年,荣一负责管理东京会议所的公积金。当时,荣一还负责管理专门负责救济贫困者的养育院。后期,荣一继续担任事务长及院长职务,一直参与养育院的运营和发展工作,并开展各项工作。此外,在教育事业方面,1875年东京会议所邀请荣一管理森有礼的补习班——商法讲习所(后成为一桥大学),自此荣一为维持和发展商法讲习所,多方奔走,推动了商业高等教育的发展。此外,荣一还参与了女子教育工作,为创办(1886年)女子教育奖励会(后成为东京女学馆)而殚精竭虑。支持创办（1901年）日本女子大学校（后成为日本女子大学）。荣一还积极参与民间外交活动。1879年为了欢迎尤利西斯·格兰特将军（美国第18任总统），荣一积极参与欢迎会等筹备工作，并在自己飞鸟山的宅邸招待很多外宾增进交流。

2 涩泽史料馆编[2009],《涩泽荣一，走向美国——一百年前的民间经济外交》（同馆）。

3 涩泽青渊纪念财团龙门社编[1985],《涩泽荣一事业一览年谱》（国书刊行会）140—141页、144页、155—156页、266页。

4 《涩泽荣一传记资料》别卷7, 74页。

5 见城悌治[2008],《涩泽荣一"道德"与经济之间》（日本经济评论社）194—195页。

6 井上润[2008],《〈论语与算盘〉的出版经过》, 东京商工会议所创立130周年纪念《论语与算盘》复刻版附录"解题"。该书由涩泽荣一纪念财团与东京商工会议所新宿支部《论语与算盘》初版（大正五年）复刻版刊行委员会共同出版。

7 《龙门杂志》第342号（龙门社）72页。

8 上述《龙门杂志》第344号21、28页。

9 早在1912年，荣一就曾担任归一协会的创立干事。归一协会的宗旨是"为奠定一国文明之根基，应对道德、教育、文学、宗教等精神领域的问题脚踏实地地、切切实实地进行研究"并且应该"接纳国外思想，包容、同化之"。应该将明治维新以后的"开国进取"之成果在"精神领域"中也发扬光大（上述《涩泽荣一传记资料》第46卷430页、414页）。1920年，荣一在龙门社春季总会上进行演讲，他回顾归一协会的创办历程，诠释了归一协会的创办宗旨。"如果思考人类的未来，耶稣也好，孔子也好，释迦牟尼也好，一切都会消失。可世间万物之所以会存在，都依赖于同一个信念。（此处有删减）如果追求真正的世界和平并将希望寄托于此，应该不会有错，（此处有删减）我们希望能够统一宗教，提倡归一论"（上述《龙门杂志》第559号5—6页）。荣一从实业界完全引退后，继续参与归一协会活动，与此同时还参与了儒教、神道、佛教、基督教等教派的诸多团体活动。涉及的团体数目在荣一完全引退的那段时间明显增加（上述《涩泽荣一事业一览年谱》12—13页）。在归一协会，荣一曾设想要"将宗教统一"，可面对众多教派的成立事项，他仍旧贯彻自己奉公的理念，不论教派，都不遗余力地提供支持。

10 涩泽荣一纪念财团编[2012],《涩泽荣一事典》（东京堂出版）161页。
11 涩泽荣一口述，梶山彬编[1916],《论语与算盘》（东亚堂书房）2—3页。参照上述《论语与算盘》出版的复刻版。
12 上述《龙门杂志》第384号60页。
13 涩泽荣一[1928],"寿典仪式恰逢停战纪念日"，上述《龙门杂志》第482号105页。涩泽史料馆常设展示室中涩泽荣一本人声音展示内容。
14 涩泽史料馆编[2010],《涩泽荣一与关东大地震——点亮复兴的星星之火》（同馆）。
15 上述《涩泽荣一事业一览年谱》。
16 岛田昌和[2007],《涩泽荣一企业活动研究》（日本经济评论社）109—110页。
17 同上，110页。日本邮船与东洋汽船合并时，荣一的参与情况在103—109页有记载。
18 《涩泽荣一传记资料》第30卷638—639页。涩泽秀雄[1998],《涩泽荣一》增补版（涩泽清渊纪念财团龙门社）111—112页。
19 《涩泽荣一传记资料》第40卷76—78页。
20 同上，105页。

21 同上,第57卷721页。
22 同上,719页。
23 同上,723—728页。
24 同上,728—729页。
25 同上,783页。此时,涩泽笃二将荣一所说的话都做了记录。1931年12月1日由日本经济联盟会、日本工业俱乐部、日华实业协会、东京银行集会所、东京商工会议所共同举办的涩泽荣一追悼会上,乡诚之助朗读了荣一谈话的内容。
26 同上,730—736页。

第二部 论述与考察

铭刻历史的企业家的价值
合本主义、财经界首领、道德经济合一论

[凡例]

一、当引用各章内容末尾处出现的文献时，一般会用括号进行标记。为方便读者，引用内容中生涩难懂或难以理解的地方将会改为现代日语进行表述，原则上采用常用汉字（一部分是正规汉字）标记，如果是片假名标记则会改为平假名，旧式假名则会改为现代假名。难以理解之处会标注读音假名。

二、第Ⅲ章"补充小节"中有关"关联企业及经营者对荣一的评价"的内容中，在遵守前项准则的基础上，以不改动原文意思为基本前提，删掉了没有必要的假名，根据需要进行换行处理，并增加了标点符号。

I 生于动荡年代

涩泽荣一生活的时代

早期近代的江户时期

"人人都生活在时代背景下,没有人能脱离时代背景。有的人生活在当下,但会继承上个时代人们遗留下来的风格,接着就会被时代淘汰,最终淹没于时代的荒流中。也有的人,浮游在时代之上,碌碌无为,最终成为时代中的一粒尘埃。当然,还有极少数人,会超越时代,与其说是活在时代背景下,不如说是他们创造了时代。才学多寡、品性善恶暂且不论,仅仅是每个人迥然不同的风格,也会使他们一生的经历铭刻在时代的丰碑上。[1]"

这是作家幸田露伴在《涩泽荣一传》开头所写的内容,其含义是告诉我们,在评价人物时应充分考虑其时代背景。人们的行为举止和思想等一切活动都会打上历史的烙印。他们明显地受到时代的制约，甚至还会与时代抗争。而这两者，无论是哪一个都会打上时代的烙印。

那么荣一生活的时代又是什么样的呢？在第一部中曾详细讲述涩泽荣一的出身、其家乡历史，以及荣一青少年时期的故事。本节将会扩大视野，着重说明荣一出生时的天保年间一直到明治维新时期，日本整体的社会状况。

谈到江户时期，也许会给很多读者一种阴暗的印象。农民过着勉强糊口度日、"半死不活"的生活，"间苗""弃老"等行为屡见不鲜。由于锁国政策，人们难以接触海外文明，经济发展与科学技术相对于西方国家来说较为滞后。虽然城市有所发展，但是这种经济繁荣只属于一部分特权豪商等，应该还有很多人认为"江户时期"等同于"停滞的社会"或"零成长的社会"。可是，近几年，这种历史观念逐渐发生变化。很多人将江户时期视为是日本"近代"的准备期，即"早期近代"时期[2]。

江户时期的经济发展

让我们先来举几个例子了解一下[3]。在江户时期的250多年间，人口至少增长了2倍，甚至是3倍，由于不断地开垦田地，耕地面积也增加了1.6倍左右，土地生产效率有所提高，农业生产额大幅增加。由于生产率提高,农民可以利用闲暇时间在家里或者城镇工厂里参与棉纺、制丝、纺布等副业。为此,在江户后期,社会整体的非农化进程得到了极大的发展。同时,人们的平均寿命也得以增长,由 17 世纪的 20~30 岁刚出头到 18 世纪的 35 岁左右,进而 19 世纪时平均寿命由 35~40 岁发展到 40 岁左右,此数据一直到明治中期都没有变化。这说明在江户时期,人们的生活水平实质上是在向前发展。

从江户时期的人口构成来看,农民占 86%,但是江户后期的"农民""庄稼人"未必都是专门从事农业工作的人,只能说是这些人居住在农村。此外,这个时期虽然农民受到土地束缚,不能随意移居和弃农,但是这一规定并不十分严苛。涩泽荣一就在 20 多岁时到江户游学数月,而且还曾因销售蓼蓝去过武州本庄、秩父、上州伊势崎以及信州佐久和上田等地。

江户时期培育出的文化、知识遗产更加重要。幕府末期寺子屋(译者注:寺院开办的以庶民子弟为对象的教育机构,也称作"寺小屋")已经在全国有 1.5 万多所学校,庶民子弟就学率,男童为 43%,女童也上升到 10%[4]。荣一好学,自 5 岁起就跟随通晓俳句连歌、知书达理的父亲市郎右卫门学习读书。六七岁时,跟随有一定汉学造诣的表哥尾高惇忠学习四书五经,一学便是 7 年。荣一还通读《国史略》《日本外史》《文明史略》

等书籍。很难想象当时普通的农村孩子会接受如此高等的教育，但是在富裕的农民子弟中也许就没那么稀奇了。在平民的教育投资方面，从国家的角度来看，也是成果显著。由于平民识字率等教育指标有所提高，所以对明治后期的外来文明、制度等接受程度也会高一些。

并且江户时期存在士农工商的身份制度，在士与农工商之间的上下关系中，农工商属于同一层级的身份地位，因此三者之间的职业变化相对自由。当然也有农民或者村民等，通过购买士族身份、认干亲结缘或者成为武家的用人、公职人员等方式成为武士。荣一虽身为富农之子，但能成为幕臣，并在武家社会中成大器，这虽然让人觉得不可思议，但在身份制度较为松缓的幕府末期，荣一的情况也并非个例。

江户时期，城里的大商人会将经营工作委托给总管，尽量分离所有权和经营权，甚至后来出现了能够记录复式账本的会计方式。此外，包住制度、年功序列制等家族劳务管理模式和人才培养体系得到发展，这些都成为近代企业经营的重要原型。为了推动远距离交易和大规模交易的发展，经济体系也得到了高度发展。例如大阪堂岛米会所，以汇兑体系、钱币兑换为主要业务，其构筑的货款结算体系被称为全世界最早的有组织的期货市场。

仅从上面几个例子便可看出，江户时期绝不是停滞不前的社会。可以说正是江户时期，孕育了近代国家经济发展的潜力。尽管如此，江户时期的经济却没有按照我们所预想的那样"持续"发展成为日本近代经济。在幕府末期、维新时期，日本与欧美列强接触，发现自己与列强之间在经济实力、技术实力、军事实力等方面的差距不可同日而语。日本经济也就是在这时出现了"断裂"。但是，在这种未曾有过的经济社会动荡期，日本并没有像其他亚洲国家深陷破灭危机。帮助日本勉强步入近代社会的，也许正是江户时期的社会所培育出的"转换能力"。

幕府末期、维新时期的日本经济

　　1853年（嘉永六年）美国的东印度舰队司令培里乘船来到浦贺冲，第二年签订了日美友好条约，德川幕府的锁国政策至此画上句号。接着从1858年（安政五年）开始，以美国为首，日本与五国签署了友好通商条例，开展贸易活动。

　　在与欧美各国的接触过程中，日本的政治、社会、经济等方方面面都受到了巨大的影响。首先，友好条约也好，通商条约也罢，都存在单方最惠国条款，也是使日本丧失治外法权、关税主权等的不平等条约，给之后的日本带来了极大的负担。

与此同时,"修订条约"便成为国家和国民的课题,这对推动日本的西式近代化政策的发展,起到了一定的积极作用。其次,幕府在条约交涉过程中曾寻求朝廷的批准并征求诸位大臣的意见,由此可见幕府的统治能力正在减弱,逐步走向瓦解。再次,对外及对内的军事经费、开港场地经费、外交经费等各种经费支出越发庞大,财政方面的问题也在推动幕府走向瓦解。

在经济方面,由于货币制度混乱物价暴涨。从当时的国际金银比价可以看出,日本出现了金低银高的大幅差价现象。因此,开港后大量的金币从日本流出。为了缓解这一矛盾,1860年(万延元年)在日本开始重新铸造货币,以求能够与国际金银比价的平均价持平。可是由于重新铸造货币,通货膨胀相比之前增加了约3倍,物价明显上涨。1860年至1867年间,大阪的批发物价也增长了3倍。

在极度通货膨胀的过程中,劳动者的货币工资却增长缓慢,所以从实质上来讲,人们的工资在降低。相反,雇用大量劳动者的企业主,却在坐享膨胀的利润,并且将这部分利润再次进行投资从而扩大企业规模。另外,通过大名贷款(译者注:江户时期,以各藩大名为对象而进行的融资活动)等形式积累金融资产的大型城市钱庄,由于通货膨胀而导致金融资产大幅缩水。在幕府维新期间,大阪等地多数汇兑钱庄之所以倒闭,就是因为通货膨胀而导致的资产缩水。相反，借款人却由于通货膨胀而成为获益方。主要依靠货币购买生活用品的贫农、城市贫民和下级武士阶级也受到了很大的打击。这些都成为幕府末期社会动荡的不稳定因素，因此暴动、农民起义、革命运动等时有发生。

开港后，贸易活动开始兴起，对很多商品的价格造成巨大影响，决定了产业结构变化的方向。例如棉织品和棉纱方面，由于流入了大量机械生产的廉价产品，市场价格大幅降低，为此日本蒙受了经济损失。特别是棉纱，原有的手工纺织业受到了毁灭性的打击，自明治中期以后，棉纱生产便由农户的副业转型为使用进口设备，由大规模纺织工厂生产的形式。同时，日本国内的棉花产量急速衰退。而在当时欧洲的生丝生产已经陷入极度萎靡的状态，相对价格迅速上涨，因此日本大量出口生丝。

贸易活动开始兴起，还对流通结构产生了巨大影响。大阪、江户等自古以来发展形成的全国市场成为辅助市场，横滨、神户等开港城市成为物流中心，在这里一群专门与外国商人交易的新兴商人开始登上历史舞台。荣一有个在横滨从事生丝批发生意的堂兄弟叫作涩泽喜作，他便是新兴商人中的一员。

在这种时代背景下，很多自江户时期发达起来的富商开始没落，新兴商人开始抬头。将1849年（嘉永二年）的富豪排行榜"大日本富豪录"与半个世纪后的1902年（明治三十五年）的"日本全国5万元以上资本家一览"相对比，前者所记载的231户富豪中，只有20户在后者榜上有名，由此可见，那个时期确实是资本家荣枯盛衰变动较大的时代[5]。

涩泽荣一的出身

涩泽荣一的出身——边缘状态

涩泽荣一的出身也是他的众多特点之一。首先，我们必须要关注的是涩泽家虽然是农民，但是除了农业和养蚕之外，他们家还生产、销售蓼蓝，并且还经营了当铺。他家不仅是富农，甚至还是被命令必须缴纳高额赋税的财主，是被赐姓允许带刀的显赫家族。

其次，涩泽荣一虽是士族阶级上层农民家中的长子，但他作为一名农村少年竟然能长时间接受高等教育，这一点很重要。加之荣一还受到当时颇有名望的汉学家、精通水户学的表哥尾高惇忠的影响，因此对社会和国家政治越发关心，并且后来发展到尊王攘夷思想一派。除此之外，荣一还曾到江户学习过剑术和汉学，所以说他也算是度过了幸福且充实的少年时期。

荣一16岁时，家里曾被藩上命令需要缴纳赋税。当时他代替父亲前去晋见掌事官员，却在阵屋中被长官训斥。由此，荣一深感不公，并对身份制度感到愤怒。之所以会这样，是因为荣一生在一个半士半农的家庭，而他自身又学识渊博，因此才会对此有所觉悟。如果是下层农民，自然会认为与武士之间的身份差别绝对无法逾越，也许就不会有这种感触吧。

荣一准备袭击外国人生活区的计划受挫之后，为了避人耳目，他启程赶往京都。并通过在一桥家做事的知己平冈元四郎的介绍，成为一桥家的家臣。1866年（庆应二年），一桥庆喜荣升为15代将军，荣一也随之升为幕臣。荣一在成为一桥家的幕臣之后，在藩属领地内的播州地区开拓了年贡米和木棉的销售市场，并通过加强藩币管理等一系列财政改革，以及在军队招募方面的才能，深得庆喜信赖。入仕两年后，荣一成为该藩的勘定组头，俸禄为257石（1石相当于150千克）加7人份扶持米，可谓是青云直上。

一个有尊王攘夷思想倾向，甚至准备投身于倒幕运动的男人，怎么就轻易地成为一桥家的家臣，甚至升为幕臣了？为何平冈元四郎和一桥家会将荣一这些平民提拔为士族身份？在研究荣一的学者中，很多人围绕这一课题进行研究。鹿岛茂写道"说不清荣一到底是聪明还是愚笨，是顽固还是灵活，是理想主义者还是现实主义者，是坚守原则还是见风使舵。特别是从高崎城袭击计划受挫到一桥家为官的这段时期，可以这么评价荣一[6]"。山本七平在《涩泽荣一近代的创造》中，用两章的篇幅讲述荣一为何成为武士，以及平冈为何要提携荣一的经过[7]。

虽然有很多不解之处，但是下述条件是完全具备的。首先，如前所述，武士与农民之间的壁垒并非坚不可摧，农民荣升为士族绝不是稀有之事，这是幕府末期的社会状态。其次，平冈元四郎属于开国派，荣一属于攘夷派，二人之间虽然在意识形态上存在差异，但相互之间关系亲密。平冈对荣一的潜力给予高度评价，而荣一也非常信赖平冈。再则，荣一等人必须救出袭击事件中在江户被捕的尾高长七郎，但当时荣一自己也处于被幕府追捕的境遇，处境困难。

另外，有趣的是荣一虽然说"并不是为了做官才到一桥家而来的[8]"，可他被平冈劝说答应入仕后，却提出要"进言一番再上任[9]"，也就是说要拜见一桥庆喜，提出"倒幕意见"后才能上任[10]。也许荣一是为了证明入仕做官并非"变节"，而是为了达到目的的一种"手段"而已。换一个角度，不难看出虽说是富农，但也只是一介农民之子竟有勇气可以向幕府的掌权者陈述自己的计谋，而且当时的社会竟容许此等事情发生。

之后，荣一成为幕臣，并作为随行人员，与被派遣出席世博会的代表使节,德川庆喜的弟弟德川昭武一同前往巴黎。从1867年正月(农历)开始,历时两年,他们游历了法国、英国、德国、荷兰、比利时等国家。对于荣一来说,在这些正在发展的资本主义国家中的所见所闻,无疑都让他惊叹不已。荣一给曾经向他灌输过尊王攘夷思想的尾高惇忠写过这样一封信。"西洋的文明开化比先前所闻更令人惊奇,我认为深入了解外国,学其所长、为我所用,才是正道。这种想法也许与早些年有所不同,但想要有独立的思想非常困难。因此我想听听老师的意见。[11]" 通过此次旅行,荣一完全脱离了尊王攘夷论,他的眼界变得更开阔,并开始纵观世界局面。

1868年(明治元年)11月,幕府瓦解,荣一收到王政复古(译者注:日本江户时代后期,废除江户幕府,政权归还天皇的一次政变)的命令火速回国。1869年,荣一在大藏大辅大隈重信的劝说下,走马上任民部省租税正一职。1871年,大隈重信成为参议大臣,井上馨接替大隈重信的职务。正如荣一在书中所记载的那样,"井上馨为人极为机敏,见识高明,气质磊落,和我志趣相投,进而井上侯爵与我成为肝胆相照之交[12]"。与井上馨相识,对荣一后来的发展道路产生了很大的影响。荣一与井上联手进行货币、金融、财政制度等调查研究及改革,例如税制改革、统一度量衡标准、废止禄制、整顿藩币等。但是,

1873年荣一提出财政整顿方案，因政府需要节约预算而未能通过，于是荣一与井上一起辞去大藏省职务，双双下野。从此，荣一以实业家的身份继续开展活动。

企业家的出身争论——边缘人的假设

如前所述，荣一出生于富裕的农民家庭，先由草莽之士转变为武士，后赴欧体验，维新后成为政府官员。从他离开家乡投身于倒幕运动，到辞去大藏省职务，发生这些巨大变化，前后仅仅十年时间。这个时期的荣一，很明显属于江户时期士农工商的身份制度未能束缚的那一部分人，他是处于各阶层之间重合部分的边缘人。

那么，明治时期的近代工业企业家都是从什么样的阶层中诞生的呢？关于这个问题，学术界从很久以前就一直存在争论，并有武士主流论、商人主流论、武士与商人均等论等。此处为避免陷入争论，单从笔者的结论来讲武士与商人均等论，或者说是限界阶层论最为妥当。近代工业企业家中，上级武士与传统的城市商人占比较少，大地主几乎为零，与此同时小作坊等贫穷阶层也几乎没有。当时的企业家大多出自没有被武士、商人、农民这些阶级限制住的"边缘人"群体。实际上，除了荣一还有岩崎弥太郎、三野村利左卫门、安田善次郎、藤田传三郎等人,他们都具有不属于士农商任何一个单一阶层的复杂身份背景。

这种人物大量地登上历史舞台,正说明在幕府末期的社会身份与阶层的流动性在增大。在经营史学家约翰内斯·赫西梅里埃(Johannes Hirschmeier)和由井常彦的书中写道:"在幕府末期,有些人虽然是武士身份,但事实上他们都是从事工商业或者农业的下级武士和乡绅。有些人虽然是农民和商人身份,但是他们出生的阶层赋予了他们武士的教养和品行,实际上他们生活在阶层界限的边缘地带。还有些人,对世袭的身份制度视而不见,他们的价值观是尊重能力与业绩,这些人也在向边缘地带发展。在身份制社会当中,发展缓慢且并不出众的农村的社会流动性,以及那些生存在界限边缘地带的人们和他们的价值观,正是发展他们成为企业家先驱的社会基础。[13]"

极力主张创新型企业家在经济发展过程中具有重大作用的经济学家约瑟夫·彼特指出,这些创新型企业家经常会从社会已有的文化或者传统习惯中"脱离"出来。美国经济学家霍塞利茨(B.F.Hoselitz)等人则关注从少数派、异教徒、异端派中经常会出现创新型企业家的这一现象并提出假设:越是处于社会边缘地带的人越是容易抵抗现有的社会秩序和价值观,这才是创新的源泉[14]。

如果这些边缘人是明治时期企业家的主流，那么其价值体系、思想、行为模式等就不能单纯说是来源于武士或者商人，正确的理解应该是他们的行为举止来源于武士和商人等各种因素相互融合的结合体。在思考本书的主人公涩泽荣一的企业家精神境界时，我们必须得留意这一点。

注释：

1　幸田露伴[1939],《涩泽荣一传》(涩泽青渊翁纪念会)1—2页。
2　宫本又郎编著[2012],《改定新版日本经济史》(放送大学教育振兴会)29—45页。
3　速水融·宫本又郎编著[1988],"概说"《日本经济史1 经济社会的成立17—18世纪》(岩波书店)1—84页。宫本又郎等[2007],《日本经营史(新版)》第一章(有斐阁)。
4　R. P. Dore著、松居弘道译[1970],《江户时代的教育》(岩波书店)235页。
5　宫本又郎[1999],《日本的近代11 企业家的挑战》(中央公论新社)52—53页。
6　鹿岛茂[2011],《涩泽荣一1 算盘篇》(文艺春秋)74页。
7　山本七平[2009],《涩泽荣一近代的创造》(祥传社)233—277页。
8　涩泽荣一述[1984],《雨夜谭》(岩波书店)60页。
9　同上，63页。
10　同上，65—66页。

11 涩泽秀雄 [1941],《攘夷论者赴欧》(双雅房) 172 页,但,改为现代日语。
12 涩泽荣一述,小贯修一郎编著,高桥重治编纂 [1927],《青渊回顾录》上卷(青渊回顾录刊行会) 359 页。
13 约翰内斯·赫西梅里埃(Johannes Hirschmeier)、由井常彦 [1977],《日本的经营发展近代化与企业经营》(东洋经济新报社) 130—131 页。
14 霍塞利茨(B. F. Hoselitz)的论说来源于濑冈诚 [1980],《企业者史学序说》(实教出版) 132—136 页。

II 展露商业才华

涩泽家的经济活动

涩泽家的财富来源

我们先来推测一下涩泽荣一出身的家庭究竟有多富裕。1856年（安政三年）冈部藩命令涩泽家上缴赋税500两。加上之前上缴的赋税，仅是荣一知道的就有2000余两。如果用血洗岛邻近的八王子当时的米价（1石价格约1.5两）来换算的话[1]，500两大约能买333石大米，2000两大约能买1333石（1石相当于150千克）大米。

7年后，1863年（文久三年），荣一计划袭击高崎城，当时他调集用于购买武器的蓼蓝货款约为200两。他将此事告知父亲后，不但获得了父亲的同意，还额外拿到了100两的资助[2]。当时的米价1石涨到了2.4两左右，所以200两约为83石米，300两约为125石大米。在江户时期，富裕阶层平均每人一年消耗的大米约为1石，荣一使用的这些钱，如果换算成大米，可以说是无法想象的巨额投入。

涩泽家何以致富呢？血洗岛是以旱田为主的农村地区。江户时期，农业基本以种植水稻为主，很多村落的年贡也是用大米缴纳，也被称作"大米经济"，但血洗岛却是采用现金缴纳年贡。正因如此，血洗岛的货币经济的发展先于其他村落[3]。此外，正如我们在本书第一部中所介绍的，血洗岛村利根川的水运和中山道的陆运都很便捷，而且距离江户也只有19里地（大约75公里），交通非常便利。这里不仅是物资的集散地，还是各种信息和文化涌入交汇的地方。

在这片得天独厚的土地上，涩泽家主要的致富手段就是制造和销售蓼蓝。在血洗岛村周边的农村，盛行种植一种叫作"武州兰"的蓝叶，涩泽家收购这些蓝叶加工成蓼蓝，然后销往信州和上州的一些染坊。这份生意从涩泽"中家"也就是荣一的父亲市郎右卫门那一代开始做起。贸易规模方面，仅在信州这种小县城就有50多家染坊与涩泽家有生意往来。平均每家染坊一年的营业额约100两，如此推算涩泽家一年营业额也有5000多两。据涩泽史料馆的馆长井上润推测，如果再加上其他地区的营业额，涩泽家一年的营业额或许能超过10000两[4]。利润方面，一驮（约36贯=135千克）为20两，一驮的利润为 3—5 两，也就是说利润占比为 15%—25%（涩泽史料馆副馆长桑原功一提供此算法）。如此算来。仅仅是蓼蓝产业，涩泽家一年就会有 1500—2500 两的利润。

江户时期的一级豪商三井家，其相当于总部的"大元方"在 1860 年（万延元年）的利润大约有 142 贯白银[5]，如果用金币进行换算（江户的银货市场为 1 两金 =72.4 文白银），约有 1961 两。与三井齐名同样也是江户时期的豪商的鸿池善右卫门，根据其每年的决算账本"算用账"上的数据，1853 年（嘉永六年）的利润为 612 贯白银[6]，如果换算成金币（1 两金 =65.1 文白银），约有 9400 多两。涩泽"中家"的蓼蓝贸易利润虽然不及鸿池善右卫门家那么高，但是完全可以胜过三井家。冈部藩之所以要求涩泽家上缴 500 两的赋税，那也应该是比较了解涩泽家的情况。

涩泽家的蓝商贸易在经济学和经营学方面也具有重要意义。首先，涩泽的父亲市郎右卫门是个擅长鉴定蓝叶和制造蓼蓝的人。本书第一部分中曾经介绍过，荣一受到家父熏陶，少年时期曾独立收购蓝叶，他展示出的鉴别蓝叶品质的才华可谓不世之材。荣一到了晚年还时常自豪地谈起这件趣事，从这一点就可以判断，能够鉴定蓝叶品质正是涩泽家的竞争优势。

其次，在江户以及周边的经济圈，"阿波兰"是具备全国性品牌效应的高级产品，并且具有一定的竞争优势。涩泽家避开这个市场，转战武州西部、上州、信州等面向大众的市场，逐渐扩大市场份额。

第三，涩泽家为了避免与同族各家产生竞争，互相之间对客户的地域进行了划分。"中家"主要负责信州地区的客户，并逐渐向上州伊势崎以及附近的本庄扩大市场。

从经营战略论的角度来说，他们采用了SWOT分析法。这是一种能够对自己的"强项"（strengths）、"弱项"（weaknesses）、环境因素中的"机会"（opportunities）以及"威胁"（threats）分别进行分析的方法。其中"机会"是可为己所用的正面因素，"威胁"是会给自己造成负面影响的因素。

根据SWOT分析法，涩泽家的蓼蓝生意可以说是恰到好处。涩泽家的"强项"（S）是拥有鉴定出更好的蓝叶，并制造出深受染坊喜欢的蓼蓝的能力。但是由于在品质方面仍然无法超越"阿波兰"，所以涩泽家的蓼蓝缺乏品牌特性，则是它的"弱项"（W）。

在环境因素方面，利根川的水运和中山道的陆运条件极为便利，如此一来向武州本庄、秩夫、上州伊势崎、信州佐久、上田等染布需求不断高涨的地区发展，扩大市场就有了"机会"

(O)。而且这些地区都是"阿波兰"的商业垄断很难覆盖到的地区。

此外,血洗岛所属的冈部领周边,有很多分散交错的小藩、幕领、私领村等。这些领地并没有像阿波兰的产地德岛藩那样征收蓼蓝的专卖税和生产税,也不征收蓼蓝的出售税。因此可以直接与其他的藩或者领地中的村镇交易,自由开展贸易,这对涩泽家来说也是一种"机会"(O)。

另一方面,涩泽同族中其他的家族也开始进行蓼蓝贸易,涩泽同族之间存在竞争"威胁"(T)。另外,虽然距离江户比较近,但是涩泽家的蓼蓝却很难进入阿波兰已经占据的江户市场,这也是一种"威胁"(T)。

涩泽家仔细分析了自己的强项、弱项和外部环境因素,准确地选定了客户群体,并按照此基准生产与之匹配的产品。从经营战略论的角度来看,这些做法恰到好处。

幕府末期的经济变动与涩泽家

关于涩泽家的财富积累过程还有一点必须要说明,就是幕府末期的经济变动。前文提到,开港后,自1860年开始,日本出现极度通货膨胀现象。这一点对涩泽家又产生了怎样的影响呢?正如前文所述,在血洗岛年贡是以现金的形式缴纳。农民手里的土地是按照石数,也就是大米的数量来表示价值,年贡则是按照石数的比例计算。例如"五公五民",就是指土地价值为10石,需要缴纳的赋税为5石。"现金缴税"指的是将这5石按照大米的价格进行换算,以货币的形式支付。这个时期的换算率叫作"石代值段"(译者注:也就是1石的价格)。如果"石代值段"中的1石等于1两,那么年贡就是5两。"石代值段"在通货膨胀时保持不变,或者延迟变更换算率,这一点对缴纳年贡的农民有利。例如,如果1石米价即便涨到2两,"石代值段"有时也会持续保持在1两的换算率。

此外,对于耕地的价格评估很少重复进行,这一点基本上也是对农民有利的。由于农民努力生产以及技术进步,生产力有所提高,在石数没有发生变化的情况下,那么农民实质缴纳的年贡负担便在逐渐减轻。这并不是血洗岛的特例,在江户后期的农村地区,这是普遍现象。

加之开港后海外贸易的发展,也带来一定的影响。开港后由于欧洲爆发蚕的传染病等因素,日本的生丝和蚕种开始大量出口,而且其价格的上升率远远高出其他的物价。山本七平明确指出,涩泽家的"东家"在这时因出口蚕种获得了巨额利润。这也是该家族积累财产的重要来源[7]。荣一家是"中家",关于"中家"的状况尚不清楚,但是不难想象,同样进行养蚕业的"中家"应该也会从中得利。

由于幕府末期的通货膨胀以及开通海外贸易,涩泽家获得的利益就好比"天上掉馅饼",也许并不能说明这是涩泽家努力经营的成果。但是,他们能够敏锐地觉察到外部环境的变化,采取果断措施,从这一点来看,应该可以说他们是优秀的企业家。幕府末期社会发生了巨大变化,既锻炼了涩泽家判断经济形势的能力,也造就了他们的商业才能。而荣一正是置身于这种环境中,度过了他拥有万千思绪的青少年时期。

少年时期的荣一初露商业才华的逸事不止一二。在第一部第Ⅰ章中曾介绍过,年仅13岁的荣一就拥有能够独当一面的蓝叶鉴定能力,震惊了村民。后来他对蓝农进行等级排列,激发蓝农的名誉感和竞争心理,构筑了对能够种植出优质蓝叶的蓝农施以物质奖励的机制。比起制定价格和销售技巧,荣一更关注品质和改良产品,由此可以看出荣一的经商天赋。

在一桥家成为家臣后,作为财政改革的一环,荣一积极推进硝石、年贡米以及棉花的销售改革。这些一桥领地内播州的特产,在流通的过程中,一桥家都会积极参与。通过一系列的改革,省去了中间商的环节,不仅为一桥家也为生产者创造了可观的利润。荣一推行这些改革时,入仕做官还不到2年。尽管没有本地通的介绍,但是仍然能够敏锐地发觉本地的特产是什么，其流通渠道是什么，存在问题是什么等各种关键因素，他的洞察力和敢于改革的果断不禁令人叹服。鹿岛茂对荣一的这种才华评价道"当遇到某些事情时，他能拨开所有的障碍物，直奔主题，这种归纳能力是一种超乎想象的天赋。[8]"

欧洲生活时期，涩泽荣一的社会经济观结出硕果

法国经济结构

虽然成为幕臣，但是曾经身份低下的荣一之所以能够作为随行人员，与幕府使节德川昭武一同出席巴黎世界博览会，那是因为他曾在一桥家发挥了自己理财和处理事务的能力，得到了认可。在地道的武士队伍中，荣一的职务是"财务官陆军附属调配官员"，即身兼会计、秘书、总务数职，换句话说，如同现在旅行团中的"陪团领队"。但是在欧洲的那段时期，荣一的存在价值已经远远超过这些。他对于社会经济敏锐的洞察力和观察力，赴欧期间也发挥得淋漓尽致。荣一对法国经济中的纸币、公债证券、银行以及合本公司格外感兴趣。后来，荣一对这些内容作了如下记录。

通过对（法国）经济领域的观察，我发现有两三点非常重要的地方与日本不同。首先，是纸币的流通。纸币随时都可以

换成金银币,并有相应的制度,且于纯度有统一的规定。正是有了极为严格的规定,所以不会像日本幕府那般,在元禄、元文、天保年间不断改铸货币,降低纯度,却使用同样的称法,以此来蒙蔽世人。在法国总是以相同的重量、相同的纯度进行兑换。这样资金流通就会非常顺畅,即便不曾全面学习这方面的理论知识,我也可以通过现实状况来了解这些情况。这些业务都是通过一个叫作"银行"的机构来办理。银行可以为他人办理存款,贷款和汇兑。除此之外,还可以处理一些公债证书的业务。公债证书就是国家打出的借条,且可以流通。法国还有根据合本法构建的铁路公司,同样也会出具可以流通的借用证明。借用证明的原始意义,按照日本的习惯,应该是极为机密的东西。诸如此类,我在法国的一年多时间里,接触了很多新鲜事物。[9]

上面所说的事物中,说兑换纸币是好的事物未必正确,但是"银行""公债证书""合本法"是欧洲资本主义的重要部分。荣一能够迅速看透这一点不愧是天资卓越。特别是在日本,借用证明"按照日本的习惯,应该是极为机密的东西",也就是说借用证明不会在日本市场上流通,而在法国却可以"流通",这简直就是天壤之别。可见,荣一对于法国的出资人与实际使用资金的人通过银行、公社债、股票连接在一起这件事感到非常佩服。

在使节团赴欧时,德川庆喜进行大政奉还,由幕府发给使节团的资金出现断流现象。荣一身为财务官,如何凑出使节团的旅居费用也是件令人非常头疼的事。荣一先用手头的资金购买了法国公债,又购买了大约2万日元的能够赢利的铁路股份,在他们要回国时,得到了500日元的利息和分红等资本收益金。荣一后来回忆说"自己感受到原来这个时期的经济应该这么做[10]"。这并不是说只要买卖公债和股票就能挣钱的意思,而是告诉我们,通过公债和股票这种体系可以汇聚个人手里的"死钱",这样就可以形成巨额资本。

1873年(明治六年),第一国立银行刚成立时,荣一所写的股东招募广告中,非常巧妙地展露了法国经济知识。"原本银行就像一条大河,具有无限的潜力。那些还没有会聚到银行中的资金就像积攒在水渠中的水,又或是断了线的水珠一样。这些零散的资金有的隐藏在富商土豪的钱箱里,有的被揣在做日工的男人或者老妈子的身上。这些钱不会帮助他人,也不能使国家富强起来。就算能形成水流,一旦受到堤坝和小土包的阻碍,便无法发挥作用。但是我们创建银行,加强统筹管理资金的流动,汇集个人手里积攒的资金形成巨额资本,用于繁兴贸易发展、扩充物资生产、促进工业发展,甚至可以发展学术、修缮道路,有益于国家建设发展。[11]"

"合本组织"

关于合本的组织形式，荣一这样写道"在法国生活的大约2年的时间里，包括期间巡访英国、比利时、荷兰、瑞士等国家时，我感受最深的就是商业正在以合本组织的形式发展，以及官民之间在接触时颇为亲密这两件事。从整体来看，我觉得是合本组织使工商业得到了发展，如此一来工商业者的身份地位自然也就会上升，官民之间的距离就会变得更亲近了。[12]""一个人富裕起来，不能使国家也变得富裕、强盛。特别是目前整体工商业者的社会地位低下，势单力薄。如果想改变这种状态，我认为除了让大家都富裕起来之外，别无他法。想要让大家都富裕起来，那合本法就是最好的办法。[13]"

荣一之所以能够发挥其敏锐的洞察力，要归功于他随德川昭武使节团赴法那段期间，负责照顾他们的菲莱·埃拉尔。埃拉尔由幕府末期的驻日法国公使欧·罗奇推荐，同时也是日本驻法名誉领事、银行家和律师。他与法国外务省以及大型银行法国兴业银行关系密切[14]。荣一在使节团中担任财务官和秘书，所以他在实际的工作中从埃拉尔那里得到很多建议并学到各种知识。本书曾在第一部第I章介绍过，荣一与埃拉尔等"法国实业界的人接触之后，虽然在理论上不太懂得这些事物，但是至少能接触到实物并有所了解。例如银行是如何运作的，合本公司的经营方式等,会在整体上有一个模糊的概念。[15]"另外,荣一在巴黎由于办理汇款收支等业务实际接触银行的机会也很多[16]。而且,他在巡访欧洲各国时,曾在多个国家的银行办理过汇款业务[17]。

如此一来,荣一不但在理论上,在实际体验方面也能够理解合本法与银行的一般功能。但值得我们注意的是,银行也好合本组织也罢,这些对荣一来说并不是简单的经济组织形式。而是如前文所述"合本组织使工商业得到了发展,工商业者的身份地位随之上升,官民之间的距离也变得更亲近了"。"工商业者的社会地位低下,想改变这种状态"合本组织是提高日本工商业者的社会地位的一种方法。

同样,在第一部第Ⅰ章中曾介绍过,荣一在赴欧的途中看到了苏伊士运河的施工现场,他对这项巨大的工程不仅感到吃惊,而且还深刻地体会到法国的公司不仅仅是为了一社一国的利益,更是谋求全世界的利益而开凿这条运河,并对此钦佩不已。

从1876年11月开始,除了一直照顾使节团的埃拉尔之外,他们还迎来了负责照顾他们的新官员——拿破仑三世的骑兵上校莫西·维莱特。但是令荣一震惊的是银行家埃拉尔与身为"官差大人"的维莱特谈话时,几乎没有身份上的等级差别,处于一种平等对话的状态。荣一觉得,在法国没有身份差别,全体国民都是平等的,官员们也没有什么官威。他希望将这种人人平等的风气引进到日本,"特别是打破官尊民卑的现象,自己很想努力尝试一把"[18]。

还有一个广为人知的小插曲,他们被允许觐见比利时国王利奥波德二世时,国王曾向他们推销本国生产的钢铁。荣一觉得堂堂一国之君都会谈及生意之事,他们的确是太会做买卖了,而且国王的态度很"平民化",这让荣一非常佩服[19]。他还认为与武士不闻经商事,且蔑视商人的日本相比,比利时国王已经做出了表率,在这种国家国民自然不可能对商业态度冷淡。

总而言之,荣一想打破官尊民卑的社会风气,欧洲的合本组织正是实现这一理想的手段。合本组织中只要有钱便可以持有股份,这与身份地位和国籍都没有关系,任何人都可以做到。身份地位高的人只持有1股,而身份地位低的人持有2股,那么后者在公司的权利就会更大,这从经济学上讲也是合理的。合本组织形式是一种能够将富人的资金和穷人的能力有效结合并利用的组织形式。通过这种形式还可以抹去人们认为金钱污秽的印象,正确看待追求正当利润的商业活动。

也许与前面内容有所重复,但是荣一确实没有认为合本组织只是简单地以资本结合为核心的经济组织形式,他认为这是一种可以掀起社会变革浪潮的组织形式。橘川武郎与帕特里克·弗里顿森合著的《全球资本主义中的涩泽荣一——合本资本主义与道德》（东洋经济新报社，2014年）是日、法、英、美四国的8名经营史学家对涩泽荣一共同研究的成果。其中将"合本主义"定义为"以追求公益为使命及目的，构筑最合适的人才与资本的结合方式，以此来促进事业发展的构想"。可以说，这个定义较为准确地表达了荣一的想法。

林林总总的"社会观"

前文所述的涩泽荣一的合本公司观念对现今社会具有什么意义呢？"对于公司是什么＝公司观"，经营学专家加护野忠男与吉村典久则表示世界上存在多种不同的观点[20]。首先是公司道具观或者说是公司手段观。这种观点认为公司是某一方拥有的或者是某一方为达到目的而采取的手段。在这种观点中，占主导地位的是"公司道具观"，即公司是股东所拥有，其财富该如何分配应该由股东意愿来决定。在公司道具观中，还细分为服务于员工的员工道具观，服务于经营者的经营者道具观，以及包含所有这些复杂利益关系的多元化道具观。

除此之外，还有被称为公司制度观或者独立制度观的看法。这种观点认为，公司本身就是一种具有存在意义的社会制度，而并不是股东、经营者、从业人员以及其他利益相关者的工具，因为"公司并不是属于哪一个人的"。

纵观世界，在美国和英国，道具观占优势，以德国为主的欧洲各国认为公司是劳资双方共同的道具，即多元化道具观或者公司道具观更加根深蒂固。两位专家还指出，在日本公司法的构建基础是股东道具观，但是事实上大型企业中的绝大多数经营者支持的是公司制度观或者是多元化道具观。

公司的目标会根据不同的公司观而发生变化。在公司制度观中，公司并不是属于哪一个人的，而是公有物，所以"好的经营"就是能够实现"公司的成长与存续"的经营。如果能够实现"好的经营"，无论是对股东，从业人员，还是经营者来说都是有利的。

荣一并不认为合本公司是为了追求出资者利益的经济组织，而是认为这是一种为了实现公益并且打破官尊民卑现象的社会组织形式。可以说他的这种公司观与加护野忠男和吉村典久的公司制度观是相通的。对此，当今的日本大型企业的经营者们应该也会有所共鸣。

圣西门主义

我还想谈论一下涩泽荣一之所以能够产生这种想法的社会

思想背景。法国经营学专家鹿岛茂指出,通过仔细追寻埃拉尔与荣一之间相遇相知的过程,我们发现荣一在思想方面有可能受到信奉圣西门主义的埃拉尔影响。另外,法国的经济史专家帕特里克·弗里顿森也曾做过推测,虽然荣一在其著作中没有提及圣西门主义,但是由于他在赴法期间曾与多名圣西门主义者见面,其思想也许会间接受到影响,在此基础上又融合了日本儒教思想,最后形成了荣一独特的思想[21]。

那么,圣西门主义究竟是什么?克劳德·昂利·圣西门(1760—1825年)是法国的社会主义改革者,也是社会主义倡导者之一,同时他还被称为实业主义社会思想家。

鹿岛茂指出,圣西门思想可以理解为以下内容:圣西门认为社会由贵族、资本家、实业者三个阶级构成。贵族和资本家是没有在现实中从事创造财富工作的寄生阶级,而实业者却是为了满足社会各阶层的物质需求或者喜好进行物质生产并贡献出来的阶级。也就是说,从事工商业工作的人都是实业者,这其中包含了雇用方(经营者)和被雇用方(员工)[22]。

因法国大革命,社会的支配权由贵族阶级转向资产阶级,但是在社会上占主体地位的实业者仍处于被支配地位。所以,必须通过和平手段创造出一个能让实业者占支配地位的社会。但是,这并不等于让实业者掌握政治权力,只是让那些关心公共经费支出的节约问题,并擅长理财的实业者负责公共财产的管理工作[23]。

圣西门被评价为空想社会主义者,他与马克思主义或共产主义的不同之处是后者为了防止贫富之间的对立,认为必须消灭富裕阶级,而前者则认为应该通过消灭贫困阶级来屏除社会上存在两个阶级的现象[24]。

将圣西门思想在工业社会中付诸实践被称作是第二次圣西门主义,是由他的一部分徒弟实现的,其鼎盛时期就是拿破仑三世的第二帝政(1852—1870年)时期,在1867年至1868年荣一的所见所闻,正好就是第二次圣西门主义。

在第二帝政时期创办的大型企业,几乎都是出自第二次圣西门主义者之手。对于他们的经济发展战略,鹿岛茂指出"股份公司""银行""铁路"是他们的"三大神器"。银行(动产信用公司)以股份公司的形式汇集资本,通过发行公司债,吸收民间闲散资金,对铁路、汽船、运河等交通行业进行股份投资,或者以长期贷款的形式对资金进行有效利用[25]。此外,第二次圣西门主义者还推动了自来水、煤气等大型城市基础设施的发展进程,可谓是立下汗马功劳[26]。也就是说,这些人发现经济发展的关键,就是将金钱和物品的细流汇聚发展壮大为洪流,让其顺利流淌。

在本章的开头曾谈过，荣一认为法国经济结构与日本不同，其特征是"纸币、公债证券、银行以及合本公司"，他对此非常感兴趣。虽然荣一本人并未觉察，但是这些无疑都证实他抓住了圣西门主义的要领。所以，荣一自那以后参与了多起企业的创办及经营活动。这些相关企业刚好体现了将"股份公司、银行、铁路"视为经济发展根基的想法。

注释：

1　山崎隆[1983]，《近世物价史研究》（塙书房）381页。
2　涩泽荣一口述·小贯修一郎编著·高桥重治编纂[1927]，《青渊回顾录》上卷（青渊回顾录刊行会）60页。
3　井上润[2012]，《涩泽荣一——近代日本社会的创造者》（山川出版社）3页。
4　同上，8页。
5　财团法人三井文库编[1980]，《三井事业史》本篇第一卷（同财团）657页。
6　安冈重明[1970]，《财阀形成史研究》（minerva书房）36—38页。
7　山本七平[2009]，《涩泽荣一近代的创造》（祥传社）64—80页。
8　鹿岛茂[2011]，《涩泽荣一 1 算盘篇》（文艺春秋）149页。
9　涩泽荣一[1984]，"维新后经济界的发展"涩泽荣一口述[1984]，《雨夜谭》（岩波书店）217—218页。
10　上述《青渊回顾录》上卷175—176页。

11 "国立银行股东募方布告（明治五年）"涩泽史料馆编 [2015]，《舍我为公——涩泽荣一与银行业》（同财团）。但本书将其内容改为现代日语。木村昌人 [2014]，"国际社会中涩泽荣一的商业道德观"橘川武郎、帕特里克·弗里顿森编著《全球资本主义中的涩泽荣一——合本资本主义与道德》（东洋经济新报社）162 页。

12 涩泽荣一 [1931]，"偶然的转换与目的达成"《龙门杂志》第 510 号（龙门社）6 页。

13 涩泽荣一 [1909]，"青渊先生的训言"上述《龙门杂志》第 249 号 5—6 页。

14 帕特里克·弗里顿森 [2014]，"官民的关系与境界"上述《全球资本主义中的涩泽荣一》72 页。

15 上述《雨夜谭》231—232 页。

16 龙门社编 [1955—1965]，《涩泽荣一传记资料》，第一卷（涩泽荣一传记资料刊行会）617 页。

17 同上，558 页。

18 上述《龙门杂志》第 485 号 87—89 页中所收录文章内容（1929 年 2 月）。上述《涩泽荣一传记资料》第 1 卷 604—605 页。

19 上述《青渊回顾录》上卷 183—184 页。

20 加护野忠男·砂川伸幸·吉村典久 [2010]，《企业管理经营学》（有斐阁）15—18 页。

21 上述帕特里克·弗里顿森论文 [2014]，72—73 页。

22 上述《涩泽荣一 1 算盘篇》279—280 页。

23 同上，281 页。

24 同上，153 页。

25 同上，211—222 页。

26 上述帕特里克·弗里顿森论文 [2014]，75 页。

Ⅲ 提倡并实行"合资主义"

序 节

针对涩泽荣一的企业家活动的三种观点

众所周知,荣一一生中参与的活动范围极其广泛。他不仅是企业的创办者和经营者,还作为财经界的首领、思想家、教育家、民间外交家以及公益活动家参与各种活动。本章只以荣一的企业家活动为中心进行说明,并将其活动核心分为三部分。

首先是"合本主义",本节的重点是荣一为什么会在那个时代倡导新的商业模式,并付诸实践,而这又有什么历史意义。

其次是作为"财经界的首领"所发挥的作用。荣一不是只局限于创办企业、参与经营,还花费大量心血创造和协调企业之间以及企业家之间的关系网,并积极为政府和民间企业牵线搭桥。本节主要论述为什么社会需要这样的"财经界首领"。

最后荣一不是只局限于企业家活动,他还提倡"道德经济合一论",作为经营理念新政的拥护者,在财经界发挥着指导作用。我们为什么需要这种指导理念,其影响又是什么?本节将会对此进行进一步探讨。

本章在探讨的过程中不是一味地就上述三点称赞荣一的行为和思想,而是将从辩证的视角来进行评判。通过这种形式,不仅可以理清荣一的行为和思想在历史潮流中的意义,还可以证明其对今日的影响及意义。这三个部分并非是孤立的内容,而是具有相关性的,将会在"结语"中进行论述。

提倡并实行"合本主义"

股份公司制度的发展[1]

合本组织特别是股份公司制度是荣一在欧洲时学到的最为重要的成果之一。对他来说,股份公司制度是日本经济近代化不可或缺的制度。明治维新以后不仅是荣一,当时很多有识之士以及明治政府也都持相同观点。经济学专家加藤祐一以及神田孝平最早在明治初年就分别著有《交易心得草》(1868年)和《泰西商会法则》(1869年),大藏省也于1871年(明治四年)发行《会社办》(福地源一郎译)与《立会略则》(涩泽荣一著)

等创办公司的相关指导书。以此来普及人们对公司制度的认识,并积极参与公司创办等实际工作。

江户时期,近江商人之间基于乡土关系,成立了合本企业,三井家族和鸿池家族则在同族内部创办了合本企业,但是这两种形式都远远没达到能够在社会上广泛融资的水准。并且这种形式只是合名企业或者是合资企业,并未成为所有出资人都承担有限责任的股份制公司。

尽管如此,明治维新以后,股份公司制度得到迅速发展。从明治初年开始,以西洋公司制度为模板创办的合本企业有通商公司和汇兑公司。1873年,还以美国的国家银行制度为范本制定条例,并成立了国立银行。国立银行明确规定有限责任制度,承认股份的买卖与转让,并制定董事会和股东大会的相关规定,这是日本最早的真正意义上的股份公司。在第一国立银行的创办过程中,荣一发挥了主导作用,在第一部中已介绍过。银行设立条例于1876年修订,创办条件有所放宽,自此国立银行开始蓬勃发展,截至1879年,数量已达到153家。此段时间正是日本最初的企业开办热潮,在这样大环境的刺激下,加上西南战争后通货膨胀所形成的创办公司热潮,才使"公司"成为文明开化的一个象征。

在明治十几年,别说是股份公司,连公司、企业都称不上的组织占绝大多数。后来真正意义上的股份公司开始出现，例如东京股份交易所（1878年）、东京海上保险（1879年）、大阪纺织（1882年）、日本铁道（1883年）、大阪水泥·大阪商船（1884年）就是那个时期创办的企业。这些企业的成功提升了人们对公司制度的信赖感，为普及股份公司制度提供了非常有效的实证效果。1882年，日本银行成立，1885年，随着日本银行兑换券的发行，通货价值开始稳定，在松方通货紧缩结束之后，1887年（明治二十年）前后，日本迎来了企业蓬勃发展期。

在铁路、纺织、银行、保险、电灯等领域逐渐开始出现有实力的股份公司。1887年，政府将"资本金以股份的形式分割"与"组合公司"区分开来，前者相当于股份公司，后者相当于合名公司。从这一点来看，股份公司制度已经被官方认可。1889年，股份公司占公司总数的比例高达54%。在东京和大阪两处股份交易所，其交易的主要内容由传统的国债和股票交易，依次向银行、保险股票、铁路股票、海运股票、纺织股票方向发展。在明治二十年前后，股份公司的组织形式已经在社会中稳定发展。

但是，这些公司并不是依据统一的公司法创建的，相关的商法直到 1893 年才开始实施。制定商法后,日本的公司制度具备了法律基础,其发展过程如表 1 所示,在 1896 年股份公司占公司总数的 56.2%,占公司已缴付资本金总额的 89.9%。即便是合本企业历史悠久的英国,直到 19 世纪末期,也没有出现实施全体员工有限责任制的法律,股票也没有获得如此广泛的认可。从这一点来看,在日本商法实施 3 年后,股份制公司的形式就能占据主导地位,实在是令人瞩目。

表 1 公司形态分类数量与已缴付资本金

	公司数量				已缴付资本金			
	公司总数	占比(%)			合计(百万日元)	占比(%)		
		合名公司	合资公司	股份公司		合名公司	合资公司	股份公司
1896	4596	7.5	36.3	56.2	397	3.1	6.9	89.9
1900	8588	9.1	41.4	49.5	779	4.9	5.8	89.3
1905	9006	14.2	39.0	46.8	975	6.2	5.8	88.0
1910	12308	20.3	38.9	40.8	1481	9.5	6.5	84.0
1915	17149	17.8	40.2	41.8	2167	8.4	5.9	85.7
1920	29917	15.7	30.0	54.2	8238	7.0	4.6	88.4
1925	34345	15.1	33.6	51.1	11160	8.0	6.6	85.3
1930	51910	16.4	46.2	37.4	19663	8.5	6.5	85.0
1935	84146	19.5	52.8	27.7	22352	7.8	6.9	85.3
1939	85122	17.9	43.0	39.0	34025	5.5	4.0	90.5

【来源】1915 年以前的数据来自农商务省《农商务统计表》历年版本,1920 年以后的数据来自商工省《公司统计表》的历年版本。

股份公司制度的急速发展，成为日本近代经济发展过程中最为明显的特征之一，那么这是如何实现的？股份公司的迅速普及给公司的管理模式和经营管理带来了什么影响？一直倡导"合本主义"的荣一在其中又发挥了怎样的作用？

静冈商法会议所与"立会略则"

首先，我们来看一下荣一实施合本主义构想的出发点——归国后立刻组建的静冈商法会所和与大藏省官吏共同编著的《立会略则》。

此处预先声明，荣一本人使用的是"合本法"或是"合本组织"这种说法，而"合本主义"是其身边人或者上流社会中相传的一种称法。由于"合本主义"不但可以代表"合本法"与"合本组织"，还可以表达出其背后或者内在的思想内容，所以本书采用"合本主义"的说法。

第一部中提到过，1868年（明治元年），荣一从巴黎回国后在静冈藩走马上任，随即抓住了实施"合本法"的机遇。经荣一提议，第二年商法会所在静冈成立。商法会所主要依靠政府贷款与当地民间资本，处理商社与银行业务，荣一作为所长指挥整体工作。后来他又被明治新政府起用，离开了静冈。虽然这次"合本法"尝试时间短暂，但也算是荣一对自己在巴黎的所见所闻进行测试的真实案例。

荣一在大藏省上任后,便开始编著创办股份公司的指导手册《立会略则》(大藏省)[2]。荣一在这本书中表明了他对合本主义的认识。

书中第一要义便是强调"私权"。"通商之路不靠政府之威强行推广,也不可以法约束。为官者若从商,即便量微,必将会出现强推或约束等弊端。由此官员不应从商。""从商不应偏激处理问题或固执己见,应齐心合力互通有无。""因此,从商务必要集思广益,商社不可不为之。""社乃我社,而非政府之社。为此,在获政府许可之际,只在主旨、条款及政府规定等处接触。公司与政府公私迥然,商业绝不可借政府之权威。""结成商社乃齐心合力成就事业之私权。"

总而言之,"商"即每个人基于"私权"而进行的思考与探讨,并促进货物流通的行为,政府不应介入。但仅靠个人进行商业活动还存在困难,所以人们应通力合作创立商社。说到底商社属于私权,因此在创办时政府不应采取官僚主义的态度,必须依法办事(只要不触犯政府制定的法律法规就应准许成立)。

荣一在强调"私权"的同时,还主张应尊重"公益"和"国益"。这是《立会略则》的第二要义。荣一提到,"商社乃志同道合之士,为谋求共同利益,维持生活而结成之组织,并尽可能促进货物流通。故结社之人应用心于全国之公益。""应该说从商的根本要义便是谋求日本全国的公益。""尽量团结一心,因私欲而参与不法活动受外国人羞辱时,那将不会是一个人的羞耻。"

荣一强调"私权"与"公益",乍一看貌似矛盾。但是在荣一看来却不是这样,他的理论是虽说商业行为不需要政府的介入,是基于私权的行为,但是私权并非是为了满足一己私欲,而是为了推动公益才被赋予的权利。这种理论可以说是荣一后期提倡的"道德经济合一论"的萌芽。

涩泽荣一参与的企业

后来,以第一国立银行为起点,荣一直接或间接参与了众多企业的创办与经营工作。据涩泽荣一纪念财团调查,其一生参与的企业与组织归纳于表2中。

从表2可以看出荣一所参与的企业主要有如下特征。(一)他参与了523家企业与经济组织以及18个社会团体的工作。(二)按行业进行划分,包括陆运海运、银行与保险、金融方面的组织等,即物流和资金流方面的公司比较多。此外,荣一与煤气与电力、交易所、经济组织、对外关系事业等具有公益性的基础建设部门关系密切。而且这些组织大多数是以股份公司的形式组建。正如前文指出的,荣一在赴欧那段时间已经认识到如果要发展日本近代经济,"股份公司、银行、铁路以及公益性"是非常重要的。他一直坚持这种信念,并在自己的企业家活动中进行具体的实践。

(三)荣一参与的企业中,比起江户时期的传统产业(例如日本酒、酱油、零售业等),铁路、银行、纺织、保险、造纸、制糖、水泥、制砖、电灯等由欧美传来的技术与知识形成的产业较多。荣一或参与这些企业的出资或作为经营伙伴,期间接触到的人群与江户时期以来的传统商人相比,新兴的资本家或者企业家较多。

在经营战略论中,以公司具有竞争优势的有形与无形的经营资源为基础,进行战略构想称为"资源基础理论"(resource based view)。以公司在行业内部以及外部环境处于何种地位为出发点,进行战略构想称为"战略定位"(positioning approach)。按照这个理论,若对一个国家的产业发展战略进行类推,与现存的传统产业相比,荣一更希望通过扶持从欧美移植到日本的产业,来实现日本经济的近代化。这种战略基于欧美发达经济带来的压力并赶上其经济发展进程的愿景,从这种重视外部环境的战略来看,荣一的战略属于后者。

表 2 涩泽荣一关联企业与团体（按行业划分）

相关企业与团体	数量	相关企业与团体	数量
陆运	63	经济团体	12
银行	58	食品·饮料	11
对外事业	43	钢铁	11
纤维	30	纸浆	8
农林水产	29	仓库	8
窑业	24	皮革	7
煤气·电力	22	酒店	6
金融机构	21	其他金融机构	5
保险	19	通信	3
化学	18	报纸·杂志	3
建设	17	航空	2
交易所	17	企业合计	523
运输设备	16		
矿业	16	社会福祉团体	7
海运	13	教育·学术团体	11

顺便说一下，"东有涩泽荣一，西有五代友厚"，人们经常把五代友厚与涩泽荣一作对比。五代友厚也曾去过欧洲，他提倡的是与涩泽荣一的"合本主义"较为相似的"商社合力"（多数人集资结社）。五代友厚致力于大阪附近的经济近代化发展[3]。与欧美的移植产业相比，他更侧重于大阪商业与金融的重建工作。五代友厚重视水运，重建堂岛米会所，努力恢复各位股东的职能，希望通过这些举措使大阪成为国际贸易港。此外，在金融方面，五代友厚并未参与以美国银行制度为范本，制定条

例并创办国立银行的过程，而是提出应该复兴大阪汇兑商的金融体系。在工业方面，五代友厚重视并希望振兴矿山、制蓝业、制铜业等自江户时期的传统产业。可见，五代友厚的整体构思以发展传统经济为基础，支持他的商人也以大阪的大型汇兑商以及批发商等群体为主。从这一点来看，五代友厚的战略是以资源基础理论作为出发点的。

荣一与五代在发展战略上的风格迥异，不仅是个人见解的差异，也反映出当时东京与大阪的经济状况存在的差异。也就是说，大阪的传统产业以及商人的势力较强，而在相对势力薄弱的东京，发展移植产业的构想较符合实际。虽然大阪经济实力有所衰退，但是仍然具有难以超越的资金实力，高水平的商业能力，以及大量富有才干的商人，因此五代站在传统的根基上来发展近代经济，其效果也是有目共睹的。

关于荣一一生直接管理、做股东、做顾问、提供帮助等企业与团体的总数，岛田昌和曾利用《日本全国公司董事录》进行过专项调查。如表3所示，荣一在1902年左右参与创办公司与运营工作等数量最多，并且虽然参与企业的总数比1907年少，但这也是荣一担任会长、社长、行长最多的一年。

那么荣一参与过的公司在日本经济社会中又处于什么位置呢？岛田曾在矿业、运输业、电力行业、煤气等行业中调查过

1919年非财阀系企业排名前50名（总资产额排名）中，荣一参与或持有股份的公司数量，其中前10名中有8家，前20名中12家，前30名中有17家，前50名中有23家。[4] 仅从这一事实，我们可以推断，荣一在当时的日本工业领域中有着举足轻重的地位。

表3　涩泽荣一公司职务表

	1895年	1902年	1907年
会长、社长、行长	10	15	9
董事	6	6	6
监察人	1	4	3
顾问	2	2	11
其他	0	1	2
合计	19	28	31

【来源】岛田昌和[2007]，《涩泽荣一企业活动研究》（日本经济评论社）第22页。

涩泽荣一的资金来源

荣一参与如此庞大数量的企业，资金来源如何确保？岛田通过《银行公司要录》和《日本全国公司董事录》等资料以及涩泽家的家庭收支记录和资产等史料进行了细致的研究[5]。荣一的投资情况及其资金来源基本可归纳为以下几点。

（1）在持有股份和担任董事这两者之间的关系中，如果荣一长期担任公司的会长、社长或者行长等最高管理职位，就能持有较高比例的股票，约为10%~30%。如果长期担任董事或监察人等职务，或者只是短时期内担任最高管理职位，其持有股份最多只有几个百分点，甚至在很多公司里，荣一并不属于大股东。总体来说，荣一持有的股票数量，只是控制在不影响其行使公司经营权的范畴之内而已。

（2）从时间来看，荣一所持股份呈下降的趋势。主要原因有两点，其一，由于资本增加使股票总数增加，荣一持有股票的比例随之下降；其二，荣一本人卖出很多股票。也就是说，不同时期，荣一手里的股票构成不同。

（3）上述第（2）条中，也可以有另一种理解方式。荣一也会不断购买新的公司股份，或者参与增资，但是这些资金是他将持有的其他公司股票卖出后获得的资本收入。

（4）涩泽家的收入大约有60%以上用来购买股票，而荣一在各大公司里的董事薪酬只占10%左右。由于初期投资的公司几乎都是高分红，所以这些收入成为荣一投资股票的资金来源。后期，荣一增加股票投资以及向外贷款的资金来源并不是分红，而是出售其他公司股票所得的收益。

如上所述，荣一接连不断地担任公司董事和持有股份。与其说他的占有欲和支配欲驱使他不断地扩大自己"企业帝国"的版图，不如说他对新企业的创立、经营和发展抱有浓厚的兴趣。他并不是那种将所有权和经营权都紧握在手的"个人经营型企业家",虽然荣一也会出资,但却是出于一个经营者的职责所在来热切关注企业的成长。

股份公司制度的发展与涩泽荣一

如上所述,荣一对股份公司制度在明治维新以后的快速发展发挥了巨大的作用。虽然他在赴欧期间注意到了"合本组织"的重要性,但要想实现这种飞跃发展,光凭荣一的主观意识是不够的。所以说,像荣一这种倡导者并没有存在的必然性,而是另有其他的客观因素。那么究竟为什么像荣一这样的人会在股份公司制度发展的进程中发挥巨大的作用呢?

美国的著名经济史学家亚历山大·格申克龙(Alexander Gerschenkron)认为,像日本这种起步晚的国家可以简单地借鉴、导入英、美、法等起步早的国家多年以来积累的技术和制度,所以发展的速度就会比这些起步早的国家快[6]。日本虽然与发达的西欧各国之间存在巨大的技术、经济差距,但是已经做好了向西方国家学习的准备。也就是说,在日本那些没有专业技术和企业经营知识的人,正在迎接一个有着潜在机会的创业浪潮。

但是与创业机会的规模相比,适合近代工业发展的资源(资本与创业者的业务能力）却很少。由于产生了对创业者职能和经营资源的过剩需求，企业家们为了有效利用资源，不得不相互合作。如此一来，为每个企业家争取外部经济资源的组织结构就具备了必然性。正如日本具有代表性的经营史学家中川敬一郎所指出的那样，在日本工业化初期，"具有一定组织性的创业者活动"有非常重要的意义[7]。

股份公司这种组织形式可以说是"具有一定组织性的创业者活动"的代表形式。像铁路、纺织、银行、保险、制糖、造纸、电灯等欧美移植产业，其创业过程需要大量的资本，加上这些产业都是新兴的陌生产业，具有很大的风险，必须有一定的心理准备。可是，个体资本的单独发展速度缓慢。近代工业需要一次性投入大量资金，除了组织行业内部大财阀，其余的企业只能依靠融资模式来谋求发展。

除此之外，在人力资源方面也存在问题。虽然有些创业者具备能够承担近代工业发展的业务能力，但是却缺乏资金。与此同时，很多自江户时期发展起来的旧式商人和富裕的华族士族阶层，虽然拥有资金，但是对新时代的知识却了解不多，面对移植产业类的新兴商业模式，他们没有勇气去尝试。而股份公司就可以有效地把所有者和经营者统一在组织中并保持相对独立。

荣一很早就发现这种现象并指出,阻碍日本明治时期经济发展的障碍共有三点。第一,高利息。西欧国家的贷款利率,高的情况下5%~6%/年,低的时候3%~4%/年。而日本低时也会达到7%~8%/年,高时会高达12%~13%/年。第二,资本不足。即便是集资成立合本公司,可日本整体都处于资金短缺的状态。例如,如果创办20万日元的公司,平均每人出资1万日元,最少得3年时间才能赢利,像这种可以长期投资的资本非常稀缺。第三,人才不足。日本缺少能够促进机械工业发展、具备理论知识和实践经验的人才,而培养这样的人才还需要时间[8]。

为此,在明治时期作为能够促进近代产业移植的组织形式,股份公司制度非常有效,当然其可行性还存在一定的问题。

股份公司的四大基本构成要素:(1)法人性质,与自然人不同,可以作为独立事业体持续存在;(2)合本制度(共同出资)及其维持方式;(3)所有权与经营权的分离;(4)所有出资者的有限责任制。

其中(1)中的法人性质和(4)有限责任制根据商法暂可解决。问题在于(2)和(3)。(2)的合本制度中,在江户时期,如果他人兴办企业,以最后获得利润分配为条件而进行出资的行为意识也就是"共同出资"的意识是合本制度的萌芽。但是,江户时期的共同企业主要以同族之间的结合或者地区内部的结合为主,并没有通过开放的资本市场进行运作,而且出资并没有以证券的形式进行客体化,因此也无法通过市场进行权利买卖。(3)中的所有权与经营权分离,在大型商户中,很多地方都是将经营工作委派给经理或者管家打理,受雇的经营者基本都是从幼年时期便在该商户中得到锻炼,对主人忠心耿耿,并且只有他们几乎被当作自家人,才会被提拔到这种地位,所以无论是在业务执行方面还是思想意识方面,都无法脱离商家的传统经营方针而自由发挥。

像这样,江户时期的共同企业经验成为近代股份公司制度成立的前提条件,但是二者之间还是存在必须打破的巨大壁垒。特别是(2)和(3)的问题,必须得到解决。

明治时期股份公司的特征

从理论上来看,在股份公司中,企业的经营内容和经营收益等信息会以市场为媒介公开给投资人,投资人在此基础上决定是否进行投资。但明治时期的日本却处于资本市场发展仍不完善但又急需引进股份公司制度的阶段,在这样的情况下,这种方法并不可行,只能充分依靠基于发起人的交情与信任的"非市场战略"来筹措资金,就像募捐时用的"布施簿"一样。

而且，在需要大额资本的近代产业移植中，筹措资金的对象并不像江户时代那样局限在亲族与地缘关系之间，而是延伸到了社会的各个阶层。当时持有资金能够大规模认购股票的只有贵族、地主和大商人。对于新产业的投资，他们大多持消极态度。让这些社会声望高的人参与到投资中，对于吸引其他小资本家也有重要意义。因此，"布施簿"的篇首就应当由这些有发展前途、信用度高的商人——商业领袖来书写。

明治时期能够参与到大规模股票认购的资本家结成了很多投资集团。例如，前田家、上杉家、蜂须贺家、毛利家等贵族集团不仅对荣一主导下成立的大阪纺织公司进行了大额股权投资，还参与了其他公司的股权投资。另外，大阪有藤田传三郎、松本重太郎、冈桥治助等人领导的投资集团，集团内的资本家通常会采取联合行动。他们既是当地的商业领袖，也是成立公司的牵头人，荣一则是超越这些地方巨头，引领全国的牵头人。对于资金需求量超过各个地方投资集团、规模较大的股份公司，必须有多个出资集团参与其中。在这样的情况下，牵头人必须拥有将多个出资集团凝聚在一起的能力以及保持出资集团平衡的能力，这给荣一这样的商界巨头提供了登场的契机。

根据当时的实际情况，1898年，63家纺织公司中有33家的股东达到300人以上，即便是最大的股东也很少有持股超过20%的,股权分散的倾向日益明显。但是,在大多数的纺织企业中,十大股东的持股比重会占到20%~50%。也就是说,当时的纺织公司以少数大股东的共同出资为核心并利用其社会信用、血缘关系和地缘关系从社会各个阶层广泛筹措股本。此外,大股东通常兼任多个纺织公司的股东,这种多边投资也是当时股份制公司的一大特征[9]。

铁路公司的情况也很相似,1898年,一家公司平均有735名股东(纺织公司平均有456名股东)。从1902年的数据中也能够看出股权分布的倾向,持股比例超过20%的最大股东数量极少,而且十大股东持股份额之大不容忽视。此外,据说在铁路公司中,尽管初期会有较多的个人股东,但逐渐会演变成颇具实力的投资人和团体投资人对多个企业进行分散投资的情况[10]。

在欧美国家,少数企业家结成的合作关系,事业在不断扩大的同时,出资者的数量也会逐渐增加,最终发展为股份公司。在成为股份有限公司之后,最初的合作伙伴会成为在企业经营中起到关键作用的资本家。与之相对,在明治时期的日本,股份制有限公司的发展已颇具规模。在这样的情形下,创始者若想一举成立个大规模公司,就必须从多个集团获得投资,并维持各个投资集团之间的利益平衡。因此,往往要求各个出资者平均分摊投资金额以便利益均分。

日本生命保险公司成立于1889年,当时除了创办主导人弘世助三郎、冈桥治助等人外,其他发起人均不允许持有50股以上的股票[11]。

就这样,明治时期股份有限公司的经营者鲜少有对特定企业经营内容有强烈兴趣的资本家,都带有一些"投机"的色彩。从资本家的角度来看,他们并没有积极参与经营特定企业的意向,只不过是期待从投资中得到稳定回报的"机会主义"资本家罢了。换句话说,比起企业的未来,他们更在意股价上涨带来的短期资产收益。因此,明治时期的资本家在投资活动中更倾向于对多家企业进行分散投资,而非将全部资产用于对特定企业。

这样的大股东虽然在公司成立后担任董事,但由于兼任多家公司的董事且非常务董事,所以对于特定的业务并没有兴趣,也没有掌握相关的专业知识。他们自然而然地将日常管理业务和经营方针的制定等都交由"经理"和"技师长"等管理层职员处理,这样管理层职员实际上发挥了最高管理阶层的职能。

大股东平均出资的混合式股东结构以及将经营权限下放至管理层职员手中——明治时期大型股份有限公司的这两大特征引发了公司管理方面的诸多问题。其一,不同投资集团的混杂导致股东之间纷争不断；其二，相较于公司的业务和未来的发展，多数股东更在意短期投资回报，这就造成位于最高管理岗位的管理层职员常常遭受股东非议。

无论是哪一种情况，都需要有人来调解股东之间或大股东、非常务董事以及雇佣经营者（管理层职员）之间的冲突与纠纷。通常扮演这个角色的就是前面提及的牵头人，荣一就是其中的代表。

尽管在江户时期的大商铺就已经有将所有权与经营权分离的做法，但通常是商铺从小培养的家仆被委以经营业务。相较之下，在明治时期日本近代产业移植中，企业还没有在内部培养出这样的人才。公司的创始人必须从公司外部找到掌握新知识和技术或具备经营能力的人，或者重新培养这类人。录用这类人才，在公司成立之后培养、监督他们，并在必要时保护他们免受股东的非议，也是牵头人的责任。

如上所述，在明治时期的日本进行近代产业移植时，股份公司制度是一种极具优势的企业形态。尽管江户时代合资企业的经验对明治时期之后股份公司制度的迅速发展有一定的贡献，但二者存在着巨大的差别。这是因为从社会上广泛筹措股本的机制（资本市场）尚未成熟，却又不得不选拔并培养适合的经营者和技术人员。于是，像荣一这样的商业领袖补全了市场和企业欠缺的部分。

商界领袖的作用不仅关系到股份公司制度的发展,还影响到公司的各个方面。在此,笔者想要强调的是,商界领袖与股份公司有着密不可分的关系。与其说荣一提倡"合本主义",不如说,二者相辅相成。

涩泽型企业 VS 财阀型企业

三井、三菱、住友等财团通常会在家族内部筹措必要的经营资金,因此采用股份公司制度相对较晚。在第二次世界大战前夕,财团总部即控股公司尚未作为股份公司或合资公司向市场公开,因此经营者免于遭受来自市场的压力。

相对这种在资本和人才方面都相对闭塞的财团模式,岛田昌和将荣一的公司命名为"大量资金和人才能够流通的市场型模式"[12]。荣一的公司以股份制形式从社会各个阶层筹集资金并培养人才。显而易见,这不同于财阀型,可见岛田指出这一点的远见卓识。

但是从经济学的角度来看,将涩泽的企业类型称为"市场型"究竟是否合适?市场经济体系是指以价格信息为信号,并通过千千万万的经济主体采取的使其自身经济利益最大化的行为,并以此决定社会资源分配的机制。换句话说,这一体系并不取决于特定人物的"指令"或政府的"计划",也不受社会"风俗习惯"的影响,而是依靠由千千万万的人和企业组成的市场即"看不见的手"进行调整的机制。这样看来,将依靠荣一这样"看得见的手"发展壮大的荣一自己的公司称为"市场型企业"似乎并不合适。

诸如商界领袖涩泽荣一这样"看得见的手"的运作,使得市场经济的发展初见端倪。正如岛田所说,开放型市场带来的经济发展之路就此展开。笔者认为这是荣一的企业家活动中最为重要的一点。

大阪纺织和涩泽荣一[13]

涩泽荣一和大阪纺织公司的创办计划

以上章节,从一般论的角度阐述股份公司制度的发展与涩泽荣一等商界巨头之间的关系。本小节将围绕具体的事例,向各位读者介绍大阪纺织公司的创办与经营,以及涩泽荣一在其中扮演的重要角色。

木棉是江户时代平民百姓制造服装的重要原材料,因此棉业占据着重要的地位。而到了幕末通商之后,廉价的外国棉制品涌入日本,对日本本土的棉业造成了冲击。为了控制棉制品的进口,日本政府于1878年(明治十一年)从英国购入纺织机,在爱知和广岛建立官营纺织厂,并向民众出售同类纺织机。结果,有"2000锤纺织"规模的纺织所如雨后春笋般出现在全国各地。然而,这些纺织所并未取得成功。

该现状促使荣一萌生了对纺织业的兴趣,此时他的"据点"第一国立银行,正在推行进出口相关的业务,荣一了解到日本正从印度等国家大量进口质优价廉的棉制品,而本土的棉制品却难以匹敌。他意识到必须想办法改变现状[14]。与此同时,荣一也发现了"2000锤纺织"的缺陷。"作为使用机器进行生产的纺织工厂,像'2000锤'这样小规模的企业将无法维持下去。企业家将设备借出去,技师们负责监督和指导企业家,可这些技师们并不十分了解纺织行业,终究不能担起推进行业发展的重任。想要对纺织有一个准确的了解,不能仅仅依靠到外国工厂的参观和翻阅相关书籍。即便对外国的纺织方法有一个大致的了解,如果不能根据日本当下的国情进行适当的改造直接照搬,也很难行得通。棉纱粗细有别,价格也存在高低差异,其间的竞争亦非常激烈。[15]"

此外,"听开办洋行的人说,在英国一个纺织工厂拥有50000个乃至100000个纺锤,好像没有哪家工厂机器数量在10000个以下。试运行的工厂暂且不说,'2000锤'作为以营利为目的的公司完全处于劣势,所以一定要建立大型工厂,但很显然为了实现这个目标需要巨额的资本,因此需要找到有实力的发起人"[16]。就这样在1880年左右,荣一更加坚定了自己的构想——建立一家拥有10000个纺锤的纺织公司。

技师——山边丈夫

为了给纺织公司筹资,荣一四处奔走,与此同时,他发现迄今为止纺织公司失败的原因就在于缺乏合适的技术人员和经营者,而解决问题的关键就在于找到能够胜任技术指导和企业运营的人物。综合各方面的考量,浮现在他脑海中的就是山边丈夫。

山边丈夫,生于1851年(嘉永四年)石见国津和野藩藩士家庭。1870年(明治三年)到东京学习英语,先后进入津和野藩出身的英国学者西周创办的私塾和育英社以及中村敬宇创办的同人社学习,均是其中的佼佼者。1873年,就读于大阪庆应义塾分校,并在育英社和庆应义塾任教。

1877年,津和野藩前任藩主的养子龟井兹明到英国留学,山边作为英语老师随行。其间山边也在伦敦大学学习了经济学和保险学。当时奔赴海外留学的学子大多表现出对政治、法律、军事、医疗的热忱,山边则怀着"舍华求实,去空论兴实学""国家的富强在于经济思想的普及"的想法而决心学习应用经济学，特别是保险学[17]。

将山边推荐给荣一的是当时就职于第一国立银行的津田束。津田原本是福井的藩士，1868年曾就读于德川家（静冈藩）创办的沼津军校。沼津军校是以法国为范本建立的士官学校，教师团队和学生都以幕府的家臣为主，西周担任第一任校长。而后西周又在东京开办了育英社，津田成为他的学生，并在此与山边相识。

荣一通过当时担任三井物产伦敦分店店长的笹濑元明，将一封信转交给身在伦敦的山边，信中说道希望山边能够活用在英国学到的纺织技术，协助他建立构想中的纺织公司。笹濑是荣一的侄子，曾做过静冈的藩士，毕业于沼津军校，曾先后就职于第一国立银行、三井物产[18]。荣一的才能之一就在于巧用人脉解决问题。此时，原幕府家臣的联络网和同族的亲人为荣一找到山边丈夫做出了贡献。

面对突如其来的提议，山边也曾犹豫，但既有恩师西周、同学津田束以及笹濑元明的委托，又有亲生父亲的附信，可谓是面面俱到。但是一旦应允，不仅要立刻转而学习机械工学、研究纺织理论，还要到工厂实习，想到这些，他搬到当时在世界纺织业处于领先地位的曼彻斯特，作为实习生进入位于北方城市布莱克本的工厂。山边支付1500日元的学费，每天到工厂学习。尽管这些学费出自荣一提供的研究费，但一年多的学费也是一笔不小的开支，按照现在的消费标准相当于820万日元。

山边的研究涉及了纺织的整个流程。打棉、纺织到成品的工序自不必说，甚至还包括棉花的采购、成品的销售、包装和运输等流程，他学习经营纺织公司的一切必要知识。1880年5月，作为第一个学习英国纺织业理论与实践知识的日本人，山边怀着满腔热忱回国。回国时通过三井物产，从英国著名纺织机械公司普拉特公司购买了纺织机。

资本周转与大阪计划合二为一

为筹措资金，涩泽荣一到东京日本桥附近，劝说那里的纺织商，受到了大家的普遍认可，他还取得大仓喜八郎和益田孝等权威企业家的认同。但是仅仅依靠这些，还远远不够。此时荣一注意到了华族资本。1867年（明治九年）以来，蜂须贺茂韶等28名华族想要接手政府向民众出售的东京—横滨的官办铁路，为建设铁路筹集了642000日元。但受限于当时的种种状况，转让难以实现，所以荣一劝说华族将这一笔迟迟没有进展的资金用来投资纺织公司[19]。

几乎在同一时期，松本重太郎、藤田传三郎以及与纺织相关的商人们开办纺织公司的趋势有所显现。荣一起初想以水力作为动力，可得知日本的河流很难提供稳定的水力，则改为使用蒸汽。荣一等人的计划和松本、藤田等人的计划相契合，他们决定在大阪设立工厂。近畿一带是棉花种植的中心地带，加之大阪本来就是棉制品流通的中心，在松本和藤田的努力之下，成功将西成郡三千轩家村的工厂用地长期租赁下来，这里靠近港口，便于煤炭和棉花的运输。此外松本、藤田等人也为吸引对新事业投资持消极态度的大阪商人出资做出了巨大的贡献。在工厂选址确定的同时，公司定名为大阪纺织公司。

起初，计划资本金为250000日元，但由于设备变更和进口机器的费用增加，最终达到280000日元。作为当时的大型企业，大阪纺织公司共有95名股东，其中有17名华族，所持股份达到38%；大阪一方共有56名出资人，出资额占31%；东京一方共有17名股东，认购股份达到29%；其他地区的股东共计5名，持有2%的股份。所持股份达到50股以上的大股东如表4所示。

华族之外的大股东大多是东京和大阪的新兴企业家。例如东京的涩泽、益田、大仓，大阪的松本、藤田、小室等。说到大阪，松本重太郎生于1844年（天保十五年）丹后国竹野郡间人(译者注:京都府内的地名)的农家。他年少时曾在京都、大阪天满的布庄做过学徒,1870年在大阪市内开办洋绸缎庄和杂货铺,在西南战争期间,通过贩卖军用毛毯、呢绒获得了一笔巨额的收入。1878年,成立第一百三十国立银行并出任行长。他以第一百三十国立银行为依托,大刀阔斧地参与到金融、铁道、酿造、制糖等业务中,在鼎盛时期的成就几乎可以与涩泽荣一匹敌。

表4 大阪纺织公司的大股东(持有50股以上,截至1883年6月)

	姓名	职业或籍贯	持股量
贵族	前田利嗣	加贺藩	180
	蜂须贺茂韶	德岛藩	162
	毛利元德	长州藩	150
	德川义礼	尾张藩	89
	龟井兹监	津和野藩	88
	伊达宗德	宇和岛藩	64
	伊达宗城	宇和岛藩	63
	松平赖聪	高松藩	54
	松平茂昭	福井藩	51
东京	涩泽荣一	第一国立银行行长	336
	益田孝	三井物产社长	85
	大仓喜八郎	大仓组商会会长	66
	西园寺公成	伊达宗城代理兼第一国立银行董事	63
	矢岛作郎	东京电灯社长	58
大阪	松本重太郎	第一百三十国立银行行长	64
	藤田传三郎	藤田组组长	59
	小室信夫	绉绸批发商兼蜂须贺茂韶代理	50
	林甚左卫门	鹿儿岛商人	50
	阿部元太郎	和服批发商	50
	住友吉左卫门	住友家户主	50

【来源】《大阪纺织公司第一次半季考核书》。

藤田传三郎在1841年（天保十二年）出生于长门的一个酿造之家。1869年（明治二年）到大阪经营制鞋产业。同年趁着西南战争向政府贩卖军靴、服装等物资致富。不久之后又开始着手工程承包业务。1880年以来，他在积极开展采矿业的同时，还参与建立大阪硫酸制造公司、太湖汽船公司以及阪堺铁路，并于1885年继五代友厚之后，成为大阪工商联合会会长，是当时在大阪发展势如破竹的企业家。

其他的股东则包括贩卖洋货、棉制品、和服、粮食的商人、货币交易商、银行从业者等。值得一提的是虽然当时保守的大阪商人对于新兴产业持消极态度，但大阪纺织从他们那里筹集到了大量资金。而关键人物是明治维新之后迅速崛起的新兴企业家们。住友家虽然出资了，却并没有占据主导地位。鸿池家则仅仅由分店的草间真太郎加入。大型的货币交易商，与荣一关系紧密的平濑家（千草屋）加入其中。而作为当时的大阪大合作业务常任会员的广冈家（加岛屋）、殿村家（米屋）、和田家（辰巳屋）等都没有参加。商人阶层则是以山口吉郎兵卫、芝川又平等开港通商后在贸易业务中致富的新兴企业家为中心的。荣一将新兴企业家而非旧商人作为出资伙伴的中心，由此可以看出他的意图。

大阪纺织公司的创业历程

1883年（明治十六年）3月，大阪纺织公司召开创业总会，选出第一届董事。藤田传三郎当选董事长，松本重太郎和熊谷辰太郎（第一国立银行大阪分行行长）当选董事，涩泽荣一、藤本文策、矢岛作郎担任顾问。山边丈夫担任项目工务经理，浦田清藏（原绉绸批发商总管）担任商务经理。同年7月，建筑面积达1303坪的三层大型工厂完工，部分投产。开始营业时已经是一个拥有133名男员工，160名女员工，合计293名员工的大型工厂。

次年6月15日，工厂举行开业仪式。荣一在日记中写道，在举行开业仪式的前一天，"上午8点抵达三轩家纺织公司与员工会面，全面熟悉工厂整体的设备运作流程，认真部署，熟悉业务内容。有一个全面的了解之后，商议明天开业仪式的相关事宜，下午2点到大阪分店对各项业务进行检查"[20]，并在15日"10点抵达纺织公司确定开幕仪式流程，11点之后，迎接内务大臣，邀请参会的诸位宾客前往工厂，作为开业仪式的一环，我们试运行了设备。仪式完毕后在工厂外临时搭建的小屋内设宴招待大家，发表贺词和演讲等，午后2点左右散场"[21]。

荣一认为在投产之前，有必要辅佐山边来培养从事技术指导的人才,他在1883年5月录用了大川英太郎、冈村胜正、佐佐木丰吉、门田显敏这4名纺织学徒。7月到第二年10月,他们分别被派遣到爱知纺织所、大阪桑原与涉谷纺织所、冈山玉岛纺织所等学习实操技能。大川是荣一的外甥,佐佐木是第一国立银行佐佐木勇之助的弟弟,冈村和山边是再从兄弟,门田和荣一是熟人。

山边在英国找到一本与纺织技术相关的书并译成日文。他们4人"不但把这本书抄写下来伏案苦读,在到各个纺织所参观学习时也带着这本书,还尝试将书中的理论运用到实践中"。"当然,这是一本不能拿给任何人看的秘籍。一开始他们在大平纺织所时还是一声不吭地参观学习,后来在桑原纺织的一年里,当他们掌握了大部分的纺织技术之后,情况却发生反转。他们明明是来参观学习的,反而把自己掌握的理论知识传授给对方,对方的所长和员工也都很惊讶,不免感慨他们到底是来学习的还是来教人的啊"。就这样,大平、桑原、玉岛和其他官营纺织所的纺织机维修小组实际体验了机器操作,还在此基础上参照自己在《纺织书》中学到的知识进行研究,当他们在明治十五年11月回到三轩家时已经成为日本一流的纺织技师[22]。

根据上面的描述,大阪纺织公司在创业时,荣一借鉴了纺织所既有的失败案例，不局限于资本和设备层面，更涉及技术和人才培养的层面，做出万全的准备。

大阪纺织公司的业绩

大阪纺织公司从创业开始就取得了惊人的成绩。成功的原因主要在于以下几点：①工厂规模庞大，持有设备数量达到既存纺织所5倍以上，且利用蒸汽动力；②实行两班交替工作制，可以昼夜不停工作；③摒弃不适合英国机器的短纤维国产棉，采用中国棉及印度棉；④避免与印度和英国的细纱进行直接竞争，集中生产既有棉制品中使用的粗纱等。

大阪纺织公司改革的脚步从未停歇。第一，明治二十年左右进军布匹纺织产业，并发展为当时公司的核心业务。1890年（明治二十三年）购入当时最先进的自动织布机——诺斯罗普，努力提高纺织部门的水平。

第二，尽管大阪纺织公司在1892年的火灾中损失了将近一半的设备，面临巨大的危机，但对公司来说，这正是一个可以引进世界上最新型的环锭细纱机以取代过去的走锭细纱机的良机。相较而言，一个是需要操作人员先行熟悉的走锭细纱机，另一个则是不了解机器操作的女工也能够轻松操作的环锭细纱机。此外环锭细纱机还很适合生产面向日本市场的粗纱，生产效率的提升非常显著。此后其他的日本纺织公司也竞相采用环锭细纱机，进而赶超了曾经的"老师"——执着于走锭细纱机的英国。

第三，自1890年向上海和朝鲜寄送货样开始，大阪纺织公司的棉纱出口业务就此展开。甲午战争之后出口量大幅增加，1898年大阪纺织公司生产的棉纱约有一半出口到中国和朝鲜等亚洲地区。1893年之后开始了棉布出口业务。大阪纺织公司与采取相同战略的三重纺织公司和金巾纺织公司展开了激烈的较量，并于1906年与三井物产合作，三家公司为了争夺朝鲜的出口市场建立了三荣合作社，为抢占中国东北地区的市场而建立了日本棉布出口合作社，确定通用商标，在与中国本土棉布、英国棉布及美国棉布的竞争中获得胜利。大阪纺织公司在此时（1906年）还吞并金巾纺织公司，1914年与三重纺织公司合并成立东洋纺织股份有限公司。另外，他们还设置员工宿舍，开始从外地招募女员工。促进了将中国棉、印度棉、美国棉等混合使用的混棉技术的发展，使得原棉成本降低成为现实，亦是重要的经营改革。

涩泽荣一与大阪纺织公司

涩泽荣一对大阪纺织公司的成立起到了关键性的作用，所以他在创业初期理所应当地成为首席股东。到1905年(明治三十八年),虽然他还处于首席股东的地位,但正如表5所示,他的持股比例与创业初期相比明显下降。正如前面的章节所提及的,荣一所持有的股份与是否持有该公司经营权试图进行管理等无关,大阪纺织公司亦如此。

表5 涩泽荣一在大阪纺织公司的持股数

年月	大阪纺织公司股票	持股比例(%)	备注
1882.4	272	10.9	
1883.12	336	12.0	
1886.6	612	10.2	
1889.12	600	5.0	
1893.6	1180	4.9	
1898.6	1000	4.2	
1901.6	1000	4.2	普通股
	333	4.2	优先股
1905.12	200	0.8	普通股
	533	6.7	优先股
	516	3.2	新股
1907.11	635	1.1	旧股
	516	3.2	新股
1909.11	1149	1.5	旧股
	383	1.5	新股

【来源】大阪纺织公司业绩考核报表。

在职位方面,荣一从创业时起到1909年因年近古稀而辞去多家公司职务,虽然他仍然担任公司顾问,但已卸任社长一职,甚至不再担任董事。

在管理上取代荣一发挥重要作用的人物是工务经理山边丈夫、第一任商务经理蒲田清藏以及第二任商务经理川邨利兵卫(来自批发棉花的秋马商店)。工务和商务两部门经理的工资高达每月50日元,比月薪30日元的社长和月薪20日元的董事都要高,这表明管理层的员工实质上已经发挥出企业最高经营者的职能。

然而荣一并非将公司事务全权交给山边和川邨等人,他也一直在参与大阪纺织公司在经营上的重要事务。可他究竟是如何持续参与的呢?即按如今的说法,企业管理(股东对企业经营进行严密的监督)对于荣一的大阪纺织公司而言究竟所谓何物?

第一个方法,根据直接或间接渠道取得的信息进行管理。在荣一的日记里记录了山边和蒲田等经营干部屡屡上京(指东京)的事情,以及一些书信往来,主要是商谈和指示每期的业绩报告、设备投资和资金筹措的相关事宜。

因为荣一在许多企业都身居要职,并且这些企业大都位于东京,所以他很少去大阪,但去大阪时,他会顺道去大阪纺织公司,给予一些经营方面的指示。正如他在日记中写道"抵达三轩家纺织公司,与山边丈夫、瀑村等人会面,询问了一些营业的情况,然后吩咐几点注意事项便离去"(1899年7月4日);"抵达三轩家纺织公司,大致看了一下工厂,之后与员工见面讨论工作中的得失"(1903年4月25日);"抵达大阪纺织公司的四贯岛工厂之后大致参观了一下,接着来到堺卯楼参加宴会,受到了各种诚挚的款待,最后与全体员工见面,演讲了日本纺织业的发展史以及本公司迄今为止的历史,并且告诫大家关于企业经营的一些注意事项"(1910年4月21日)[23]等。

第二个参与管理的方法,是将第一国立银行大阪分行的行长熊谷辰太郎和四日市分行的行长佐佐木清磨等人安插到大阪纺织公司,就任董事和经理。关于1903年佐佐木就任大阪纺织公司经理一事,一名当时的员工就其原委陈述如下。"涩泽在大纺和三重纺织公司权高位重,所以决算期佐佐木一定会去请示涩泽。考虑到必须设法重振大阪纺织,因此涩泽就委任第一银行的行长佐佐木作为经理,到大阪纺织公司任职。佐佐木经过调查发现公司的记账方式全都采用流水账的形式,他认为不妥,于是录用高学历人才进行记账改革。"[24]

第三个方法,在经营团队和经营决策方面,当发生紧急事件时,荣一发挥着重要的作用。如前文所言,大阪纺织公司刚起步时,虽然任命藤田传三郎为董事长,松本重太郎为董事,荣一、藤本文策和矢岛作郎为公司顾问,但是因他们身为大股东才担任此职,平时不会去公司,实际的管理业务全都交给工务经理山边和商务经理蒲田、川邨。1887年1月松本取代藤田就任董事长,并且董事的职位也稍有变动,但大股东代表担任决策人,干部职工负责企业经营管理的模式并没有改变。

总的来说,当时的股东们时时关注着负责投资的领导的动向,还总是给实际管理企业的工务和商务经理们施压。像大阪纺织公司这样,股东是由不同背景和关系构成的情况下,股东之间的利益冲突也常常凸显出来。尤其是经营状况变坏时,大股东们就开始坐立不安。比起问责社长或董事,他们更愿意去追究山边等企业经营者的责任,甚至社长和董事也逐渐站在股东立场。在当时的股东大会上,股东的出席率相对较高超过30%,股东们常常向山边等人的经营团队提出一些要求。山边曾指出:"许多投资者的关注点并没有放在企业长远的发展上,而是把目光放在当下的分红和股价上。既然如此,公司的经营者为了博得投资者的欢心,就不得不尽量满足他们的要求。"[25]考虑到这一点,山边在公司成立之后的几年时间里,都决定牺牲留存收益和折旧,以此来提高分红率与分红倾向。股东优惠政策使大阪纺织公司的股价高涨,企业的增资项目也顺利实施。从1884年到1889年,企业的资本金从28万日元增长到120万日元,股东人数也从95位增加到384位,可见山边成功地赢得了股东们的欢心。

然而在19世纪90年代后期,随着一些新企业相继发展,大阪纺织公司面临着激烈的竞争。在收益性、发展规模和市场份额等方面开始落后于其他公司,因此山边受到了大股东的抨击,特别是当时的社长松本重太郎心腹们的抨击。对此,涩泽荣一有过如下陈述。"大阪纺织公司也未能摆脱此厄运,企业已经走向穷途末路,山边为此忍耐得多么艰难啊!他有一天专程来东京拜访我,我在位于飞鸟山的宅邸中刚刚见到他,一向意志坚强的他竟然说想要辞去纺织公司的职务。虽然我早已从公司当时的经济状况中察觉到了纺织事业的惨状,多年来的努力可以说都化为泡影,最后我只能劝说他放弃这种想法,并对他鼓励了一番。"[26]

另外,山边手下的一位工程师岗村胜正也作了如下陈述。"明治三十年,战后(引者注:甲午战争)经济的繁荣景象初现颓势","大阪纺织公司亏损严重,当时的社长松本重太郎身边的董事们对山边在公司掌握的实权早有不满,因为这次他身为经营者使企业面临亏损,所以董事们都开始议论纷纷,欲让山边下台。在股东会议上山边遭受了各种中伤和抨击,万念俱灰的他也想一走了之,为此事他找我商量多次。他那时也说过想要去飞鸟山找涩泽先生申请辞职。"[27]

最终山边还是克服了这些困难，于1898年就任社长。因为明治时期的股份有限公司是受兼任董事的大股东所支配，而他们却将雇用来的企业经营者任命为董事，所以在这一点上具有划时代的意义。话虽如此，相当一部分的大股东继续出席股东大会，并就分红政策、增资政策、股价动向和股东在金钱方面承担的责任等问题，继续发表意见，所以山边等企业经营者们夹在股东和公司的利益中间左右为难，甚是苦恼。

然而，进入20世纪，股东人数因增资而有所增长，大股东相继更替，吹毛求疵的股东减少，沉默寡言的股东增多，所以股东大会中股东的出席率逐渐减少，被雇用经营者的势力相对增强。虽然大阪纺织公司在初期阶段决定牺牲折旧和留存收益来实现高分红率和分红倾向，但是为了投资自动织机等新型器械设备，公司转变财政政策，决定控制分红，提高留存收益，甚至积极地引进外部资金。股东的意见大都带有投机主义倾向，若是企业的经营团队受其意见制约很大的话，上述积极政策恐怕也不会被采纳了吧。

如此一来，虽然山边丈夫等雇用经营者逐步确立了领导地位，但有一点却不容忽视——始终在背后支撑着他们的涩泽荣一。创业初期，荣一的持股比例约占10%，到1909年也只有2.6%（新旧股合计），所以并不能说他拥有的这些股份就是其力量的源泉。他在创业时期展现出的组织能力和之后的协调能力,以及作为金融界领导人物的国际影响力才是根源所在。

1909年荣一到了古稀之年,辞去了他在诸多公司的董事职位。在这期间,他就曾管理过的公司写了一篇饶有深意的文章,名为《关于吾此番辞任的60家公司的命运观》。对于大阪纺织公司,他写道:"总的来说,山边属于稍有优柔寡断的人,所以即便我已辞去职务,事实上他还是不可避免地来找我商量事情,因而最后我也只是在名义上辞任而已。"[28] 可见荣一自始至终都十分关心大阪纺织公司的经营管理。

大阪纺织公司的历史意义

大阪纺织公司的成功成为一个转折点,此后日本纺织业取得了飞速发展。1891年(明治二十四年)日本国内棉纱的生产量已经高于进口量,到1897年,棉纱的出口量已超过进口量。在从西洋引进的近代产业中,纺织业最先独立,成为日本工业革命的主导产业。

而在经营史上被大书特书的则是取代江户时期以来当地的兑换商和批发商,并确立了商业霸权地位的涩泽荣一、藤田传三郎和松本重太郎等新兴实业家。另外,大阪纺织公司由东京和大阪这两大城市的投资者共同承担,是一家最早的大规模的合资企业。这种在全国范围内筹集社会资金的大型企业成功证明了"合本组织"（股份有限公司制度）的优越性，而从前继承家业的经营模式已经落伍。最终将开辟出像山边丈夫等技术人员和先进人士即企业的专业经营者，共同支配经济社会的新时代。

涩泽荣一与人才培养

涩泽荣一式的人才塑造

如前文所述，对于实行荣一的"合本主义"来说，最大的困难之一便是人才的稀缺。为此，荣一不仅需要从众人手中集资，还必须亲自去发掘、鉴定和培养适合企业经营、技术指导或是员工管理等的各类人才。

最具有代表性的例子就是前文介绍的大阪纺织公司经理山边丈夫和4位纺织专家，他们都是荣一从旧幕臣的人脉网和同族的关系中发掘并培养出来的。

荣一慧眼识人和召集人才的能力似乎早就有所展露，本书第一部分讲道，他曾在一桥家做官，不久便察觉到家臣的人手不足，在仅仅数月之内便从播州、摄津和和泉成功招募了数百名农民兵，将他们组编成军队。

同样在第一部分介绍过,即使是在第一国立银行创办之际,荣一也进行了全面的人才资源部署。就算被派遣过来的是三井组或小野组打杂的人员,他也能知人善任,培育出其中的有能之士作为身边得力的助手。例如永田甚七,因为是从三井组派遣过来的,所以不仅通晓以前的商业习惯,还具备近代的金融知识;还有出身石藩士族从三井组调到大藏省的熊谷辰太郎,曾学过英国银行家阿伦·夏特的西洋簿记法;此外还有佐佐木勇之助等人,佐佐木起初在幕府海军所学习,明治维新后加入小野组,最后被派遣到了第一国立银行。

在大阪纺织公司创立初期,熊谷原本是当时第一国立银行分行的行长,他凭借首席股东荣一的代理人身份就任大阪纺织公司的董事一职。之后他还负责总管关西地方第一国立银行的业务。佐佐木当年进入第一国立银行时,还只是一名年轻的员工,但却在同行中展现出了学习簿记的天赋,拥有着"非凡的理解能力",并引起了荣一的关注。后来他成为带领第一国立银行向前发展的领导者。

另外,一些旧幕府的官吏和荣一在静冈藩时代结识的知己们也进入银行工作,其中有一位叫铃木善助的人(以下内容信息来源于桑原氏),出身于骏河国静冈郊外的柚木村,幼年时成为"沿岸船商"的养子,曾做过韭山左卫门(译者注:日本律令制官名）江川太郎的童侍，在荣一创业时期，他全权处理经营事务，成为商法会所用品的承办商。后入赘到江户神田多町的一个做干货生意的商人家中，改姓铃木，负责涩泽的家务事，并于1873年（明治六年）进入第一国立银行。铃木一边要像秘书一样处理涩泽家中的事务，一边还要在银行负责经营相关的工作，比如制作业务说明文件，向商人推销存贷款业务等。虽然公务繁忙，但他却成功地与日本桥（译者注：位于东京都，是江户时代以来商业中心地）周边保守却有实力的商人们展开了交易，可以说贡献巨大。

荣一式的人才评定不关乎年龄与出身，并且将选拔出来的人才朝着第一国立银行未来领军人物的方向培养。

除了第一国立银行，在荣一参与管理的企业中，通过管制人事部门掌控公司是其主要手段。荣一在创立各家公司时，岛田昌和在管理人员指派上发挥了重要作用，后来当成立的公司发生纠纷时，他也在积极地挑选擅长事后处理的经营者。[29] 当时因为荣一需要同时处理诸多工作，必须有能够配合他，并替他分担一些事务的经营者，而荣一总能高明地选出合适的人才。与荣一共同出资并参与企业经营的有有浅野综一郎、大仓喜八郎、益田孝·克德兄弟、马越恭平、西园寺公成、日下义雄等人；通过监督日常的企业管理来协助荣一的人员有植村澄三郎、大川平三郎、梅浦精一等人；荣一亲自选拔和培养出来的年轻经营者有和须藤时一郎、土岐僙等第一国立银行元老级的经营者。

荣一谈到筹划一项事业时，最需要注意的有4点：1.这项事业是否有达成的可能性；2.不仅是为个人，也要看是否有利于国家；3.时机是否成熟；4."在事业成立之初，考虑是否有合适的经营者人选"十分重要。[30]"社会上的诸多事业都是先有人后成事，无论资本多么丰富，计划多么完美，若是得不到一个可以将事业经营下去的合适之才，资本和计划最终也会变得毫无意义。即使这里有一台结构精巧的机器，可它本身并不会启动，如果不加入人力、火力或者动力，再好的机器也起不到任何作用，在企业经营方面拥有一个合适的人才，就和机器拥有了动力是同一个道理。"[31]可见荣一准确地掌握了现代经济学和经营学所提倡的"企业家"的作用。

荣一也就公司董事的职责做过如下阐述。"当一家公司的董事是从股东当中选出来负责掌控公司的经营大局时，他会持有一种观念，认为无论是董事的名誉还是公司的资产，都是多数的股东嘱托给自己的，必须比看管自己的财产还要谨慎小心。董事也必须时时牢记公司的财产属于他人财产，这是因为若是有朝一日董事在经营公司方面受到多数股东质疑，无论如何他都必须离开这家公司。之所以这么说，是因为所有的董事想要保住地位、发挥职责必须参考多数股东的意愿,如果失去了多数股东的信任,那么应当果断辞职。董事在身负重托之时,应有明显的公私之分,能立刻区分公司的事务与自己的身份,必须确信没有分毫的私心,也没有任何秘密。公司董事肩负众多股东的期望于一身,我认为这是他们每时每刻都须领会的重要事项。"[32]

荣一认为公司属于股东,公司董事(经营者)是股东的代理人,即他似乎持有"股东主权论"的观点。可同时荣一又认为,在投资者当中有些人在公司成立之前获得过多的股份,他们会借公司成立之机将股份卖掉以肥私囊,这么一来便是"对事业本身没有诚意",也"完全没有一种站在国家角度投身事业的意识"。[33]具有投机主义倾向的股东们并不关注公司本身的事业,而只是关心股票价格,因此荣一也不站在他们的立场上。

在涩泽宅邸中寄居的学仆们成立的"学习会"就是龙门社的前身,1886年龙门社顺应时代转变了性质,到1909年荣一隐退实业界,该社一直都作为荣一身边年轻经营者的教育和启蒙机构。1909年以后,它又变成了向世人推广荣一的经济思想——《道德经济合一论》的学会。[34]不管怎么说,龙门社为荣一的企业和团体在人才培养方面做出了巨大贡献。

注释：

1 关于这一点详细内容参照宫本又郎（2010），《日本企业经营史研究》第 5 章（有斐阁），146—207 页。
2 《例会略则》引自明治文化研究会编著（1929），《明治文化全集》第 12 卷（日本评论社），112—148 页。
3 关于五代友厚主要参照宫本又郎（2015），《商都大阪的缔造者五代友厚》（NHK 出版）。
4 岛田昌和（2014），《涩泽荣一的合本主义——资本合作主义理论和实践——》（东洋经济新报社），5 页。
5 岛田昌和（2007），《涩泽荣一的企业活动研究》第 7—9 章（日本经济评论社）
6 亚历山大·格申克隆（2005），《后工业王国的发展史追逐型工业化发展论》（米内德书房）。
7 中川敬一郎（1967），"日本工业化过程中的'组织化企业家的活动'"，《经营史学》第 2 卷第 3 号，8—37 页。
8 龙门社编（1966—1971），《涩泽荣一传记资料》别卷第 5 号（同社）2—3 页收录"涩泽荣一讲演和谈话（一）"。木村昌人（2014），《全球化视角下的涩泽荣一之商业道德观》，《全球化资本主义发展中的涩泽荣一》，158—159 页。
9 杉山和熊（1976），"株式会社制度的发展"。小林正彬等编著，《学习日本经营史 1》（有斐阁），113—114 页。
10 同上，伊牟田敏充（1967），《明治时期株式会社分析序说》（法政大学出版局），44 页。
11 关于日本生命的创业期概况，参考日本生命保险相互会社编著

(1991),《日本生命百年史》上(同社)。

12 《涩泽荣一的企业活动研究》,371—390页。岛田博文(2014),27—29页。

13 以下如无特别标记均参考东洋纺织株式会社社史编辑室编(1986)《百年史东洋纺》第一章2"大阪纺和近代纺织业的繁荣(宫本又郎撰)"(同社)14—162页。

14 涩泽荣一口述,小贯修一郎编著,高桥重治编撰(1927),《青渊回顾录》上卷(青渊回顾录看行会),599—600页。

15 涩泽荣一(1911),"活跃于明治产业界政治界的品川弥二郎的发展史",《实业之世界》第8卷第1号。

16 涩泽荣一(1918),"山边君和纺织创业时代"。庄司乙吉、宇野宗吉编,《山边丈夫君小传》,附录(纺织杂志社),4页。

17 《山边丈夫君小传》,13—14页。

18 木山实(2009),《近代日本和三井物业》(米内德书房),188—190页。

19 《青渊回顾录》上卷,601—602页。

20 《涩泽荣一传记资料》别卷第1页、56页收录"涩泽荣一甲申京摄巡回日记"。

21 同上,53页收录"涩泽荣一西游日记"。

22 龙门社编(1955—1956),《涩泽荣一传记资料》第10卷(涩泽荣一传记资料刊行会)48页收录"冈村胜正氏谈话"。

23 《涩泽荣一传记资料》别卷第一"涩泽荣一日记",94页、304页、617页。

24 1949年的菱田逸次氏谈"东洋纺织社史资料18"。

25 山边丈夫(1889),"纺织业固有资本报废及消耗计算之我见"《联合纺织月报》第二号(大日本纺织联合会),1—2页。已改写成现代语。

26 《山边丈夫君小传》(附录),6—9页。

27 《涩泽荣一传记资料》第10卷50页收录"冈村胜正氏谈话"。

28 涩泽荣一(1909)"关于吾此番辞任的60家公司的命运观"《实业之世界》第6卷7号,11页。已改写成现代语。

29 《企业家涩泽荣一的活动研究》,143—170页。

30 涩泽荣一(2010),《涩泽白训》(角川学艺出版社),142页。

31 同上,146页。

32 同上,135页。

33 同上,147—148页。

34 《企业家涩泽荣一的活动研究》,171—190页。

IV 财经界的首领——涩泽荣一[1]

涩泽荣一在财经界的活动

众所周知,涩泽荣一在创办诸多公司的同时还参与了多个经济团体、证券交易所的创立和运营。主要有东京商法会议所(此前为东京商业会所,现在的东京工商业会议所)、商业会议所联合会(此前为日本商业会议所,现在的日本工商会议所)、日本工业俱乐部、日本经济联盟(现日本经济团体联合会)、东京株式证券交易所(现东京证券交易所)、东京银行集会所(现东京银行协会)和作为教育机构的东京商法讲习所(现一桥大学)等。

从早期的东京商法会议所(1878年成立)来看,这些机构是在幕府末期与欧洲列强签署不平等条约后,为了在经济界形成舆论才设立的。虽说大隈重信和伊藤博文对荣一等创办者给予奖励,但与此同时,继承了城镇居民救济机构江户町会所(1771年设立)的东京营缮会议所被解散,该机构是当初为了将工商业者团结在一起,考虑到"实业家互相联系在一起,有助于发展工商业,没有有实力的组织会让人心中不安"才设立的,荣一出任了第一代会长。此外荣一还涉猎政治、外交、教育、文化等多个领域,并作为经济界的代表人物发声,将政府的政策方针传达给企业与财团,成为政府和财经界的沟通媒介。他是日本少有的"财经界"领袖。

一般来讲,所谓"财经界"就是"大额资本为主的实业家、金融业者的经济社会即经济界"(广辞苑),或"从总资本的角度来看能够引领经济、社会的有力领导者的集团"(读卖新闻《财界》)。因此,"财经人物""财经界精英"指的不仅仅是其中的领导者,更是顶层管理团队的代名词。而荣一的典型特征是不仅与日本工业俱乐部、日本经济联盟中的"巨头公司""领军企业"有交集,还与代表多数中小企业利益的商会团体有着很深的渊源。

财经界首领存在的必要性

在荣一生活的时代,为什么需要像他这样的财经界领袖呢?现在回过头看,明治时期的很多新兴事业都是直接从国外引进管理制度和技术,正因为这一点,发明能力和丰富的企业管理专业知识并不是决胜的要点。有财富的人并不一定有事业欲，同时，有事业发展意图的企业往往都存在资金不足的问题。

正因如此，企业发展的首要问题就是拥有获取经济信息的能力。就算是在国外已经发展完备的事业，引入日本也是有风险的，这时信息的准确性就变得格外重要。

其二，需要具备掌握新知识、活用新技术，并且打造一个组织的才能。既有能从多方集合资本组建股份公司的能力，还要有经营能力，并且能够招募专业人才的能力。总的来说，收集信息和组建机构最为耗费成本。

其三，像这样的创办组织的发起人，不仅仅是在企业组建初期才需要注意的问题。如前所述，很多股份公司因股东之间协作等问题，常有意见相左的时候。另外，企业的大股东和技术总监、企业管理层之间因为利益产生矛盾也很常见。因此，必须有一位能够协调股东关系、股东和管理人员关系的人物存在。此外，实际上需要有人担任首席经营者选拔管理人员，并监督他们。这就是荣一在大阪纺织既不担任社长也不担任董事，而只做一名监察董事的原因。

诚如上一章所述，为了实现荣一的"合本主义"，需要有发起人和财经界领袖这样的人物。从这个角度看，"合本主义"与财经界领袖不可分割。正因如此，从事新事业的人必须消息灵通，拥有超群的归纳总结能力，并且有能够提供有效情报的政治家和外国人脉，在商务人士中有威望，还能够协商处理不同企业集团之间的利益冲突。

但是，这样的企业经营者是十分稀缺的资源。于是就出现了在同一时期，同一地域一人任职于多家企业的情况。京都的田中源太郎、名古屋的奥田正香、大阪的五代友厚，以及他们过世之后的后继者藤田传三郎、田中士兵卫、土居通夫三人均是如此。东京方面则是涩泽荣一横跨明治、大正和昭和三个时代，一直担任这样的工作。

实际上，他们在企业初创期负责信息收集和组织架构，直到企业步入正轨。因此，他们辗转于多家公司，经营范围也从一个领域到另一个领域，一定会触及互相没有联系的行业，财富也不是以一个行业为主积累起来的，最终没能形成三井、三菱那样的财阀。

大隈重信对荣一做出了历史性评价。"（荣一）可以说是个万能型人物，在十几家公司任职或担任顾问等重要职务。只要不是坏事，凡是拜托他的事情从未拒绝过。（此处有删减）现在日本的工商业界正处于过渡时期，这个时代非常需要像涩泽这样的人物。然而，涩泽的成功不可复制，今后如果有人想走涩泽的老路的话将会非常艰难。今后将是专业的人做专业的事的时代。不管是德国还是美国，都有这样的人物。但是，在英国却基本没有这样的人物存在。这是因为英国的事业秩序已经建立，发展基础已经稳固。对于处于事业发展初级阶段的日本来说，还是非常需要涩泽这样的人物的。[3]"

荣一作为财经界领袖，其后继者乡诚之助评价他："虽然杂志经常评论说谁是涩泽第二，但是恐怕今后不会再有像涩泽那样的领袖了。并不是说不会出现那样的人物，而是时代再不允许出现像涩泽那样在财经界一手遮天的人物了。另外还有一种说法是财经界初创期混沌未明的时势，造就了涩泽这样的英雄。[4]"

大隈重信所言时代需要荣一，这究竟是什么意思呢？就一般的抽象概念来讲，财经界和财经界的领袖需要有以下三项条件。

1. 经济界或者各个业界存在共同问题。

2. 作为个人或者企业本身难以解决，或者是解决起来需要耗费大量的人力、物力。

3. 市面上并没有成熟的解决方法和手段。

也就是说，综合来看所谓财经界和财经界领袖是指在市场和个别企业内部供给不足的前提下，为补充经营资源而登场的人物，他们作为市场和企业的媒介而存在。或者换个角度看，在市场十分发达或者企业的必要经营资源非常完备的时候，财经界和财经界的领袖的立足空间就变得很小了。

就荣一来说,当时资本市场刚刚起步,利用资本市场调动股票资本非常困难。股票资本中的大部分都是依靠荣一等财经界领军人物的信誉保证,在"非市场性因素"下才能够运行。同时,即便是对人才有刚性需求,企业也没有时间自行培养,这就需要仰仗荣一这样的财经界领袖的人脉来发掘有能之士来公司任职。也就是说,荣一对于公司而言不是"看不见的手"而是"看得见的手",来促进公司发展的。

注释:

1 第二次世界大战前,在日本的财经团体和财经人士的作用及其变迁参考如下文献。宫本又郎(2010),《日本企业经营史研究——人物、制度和战略》第16章(有斐阁),553—577页。宫本又郎(2013),"财经界、财经界人物为什么必不可少?"《企业家研究》第10号,24—31页。
2 涩泽荣一口述,小贯修一郎编著,高桥重治编撰(1927),《青渊回顾录》上卷(青渊回顾录刊行会),421页。
3 早稻田大学史编撰所编,木村毅监修(1969),《大隈重信丛书第一卷畅谈大隈重信——古今东西人物评论》早稻田大学出版部),194页。
4 涩泽荣一老先生颂德会编(1929),《畅谈震惊世界的国宝涩泽老先生》(实业之世界社),185页。

V 道德经济合一论

理想的新政拥护者

如前文引用，格申克龙所述，发展落后国家的经济发展特征之一就是多数个人企业家不为单纯的经济合理主义和利益所驱动，而很大程度上受到民族主义、社会主义等思想观念的影响[1]。

美国开发经济学者古斯塔·拉尼斯也曾说过，明治时期日本的近代企业家们展现出强烈的民族主义和国家观念，与信奉自我、计算合理性等个人主义的"西洋自我为中心的企业家"截然不同，他们是"以共同体利益为重的企业家[2]"，从这点上看，古斯塔·拉尼斯与格申克龙的学说基本一致。

因为受到先进国家的政治、经济压迫，后发展国家在谋求快速实现近代化经济发展的过程中，重要的是能够发觉自身与发达国家在文明和经济上的差距，以及是否能够让人们产生主动缩短这种差距的意识。但是，对于已经熟悉这个国家长期以来的社会经济传统习惯、体系、思考模式的人们来说，引进新的文明、技术、制度和组织就要与过去一刀两断，并会产生沉重的心理负担。

因此，在国民意识和行动模式的巨变中，领袖人物的出现对于为民众展现理想中的美好愿景有着重大意义。对经济界来说，领袖的要务在于尽早获取先进文明的信息，并意识到彼此之间的差距，还需要培养锐意革新的企业家，同时积极学习最先进的指导理念，了解其意识形态。也就是说财经界领袖发挥着经济思想和理想化"经销商"的作用[3]。

回顾以往的发展历程，涩泽荣一对近代日本经济发展的贡献首先是提倡并践行合本主义；其次是发挥财经界领袖的作用；与这些不相上下的第三点贡献就是其指导理念——"道德经济合一论"。皮特·F.多拉卡评价说，"融合思想家和行动派双方面的优点，他（荣一）有一种独特的魅力。一般而言，思想家不善实践，而行动派疏于思考。但涩泽不论是作为思想家还是行动派都是一流的。[4]"这些正是荣一给予后世日本企业和企业家的宝贵遗产。

同时，诚如第一部分所述，荣一开始提倡的"道德经济合一论"和"论语与算盘"是在他年近古稀，从实业界退居二线的1909年（明治四十二年）之后的事情。但这并不是他突发奇想,而是从小研习儒学,积累了丰富的实业经验之后的结果。因此,捕捉到"道德经济合一论""合本主义"和"财经界的领袖"这三者彼此间的关联,是需要耗费大量时间的。

"道德经济合一论"

"道德经济合一论"和"论语与算盘"作为涩泽荣一的思想精华,详细解释如下。

"公益亦是私利,私利能生公益。如私利不能带来公益,则不能算是真正的私利。(此处有删减)从事商业的人,不应曲解其深意,在公益之下谋求私利。这样一来,不仅是一家一户的繁荣与富裕,还能繁荣国家,促进社会和平。[5]"

"积累财富,荣耀发达难道与人间正道的仁义道德毫不相关吗?世间人们多对于二者的关系有所误解,有人认为仁义道德才是正道,追求荣华富贵则是与之背道而驰。但是我认为二者可并行,并对此深信不疑[6]。"

经济学者田中一弘曾对"道德经济合一论"进行了意味深长的解释[7]。田中释义说,如果仅认为"道德经济合一论"的重点是使道德和经济二者平衡,说明误解了其中的本质。不仅如此,道德和经济二者相辅相成,互不可少。也就是说两者之间"一致""不可分割"才是荣一的初衷。此外关于这个理论

的构成说明如下:

所谓"经济"是以民众衣食无忧,生活富裕为目标而获得的利益和财富。因此,经济活动并非贫贱,反而是道德高尚的行为。而商务活动中的"道德"是指"不撒谎"和"不把自己的利益放在首位"两点,不诚信的商业行为虽能带来一时的利益,但却不能持久。增加获利固然重要,但独享利益不能使全体社会变得富裕,尊重他人利益,并将其回馈社会才是符合经济发展规律的做法。也就是说,道德和经济不但是一致的,更是不可分割的。这就是荣一"道德经济合一论"的真谛。

公司职员的社会等级

为什么"道德经济合一论"能够成为财经界的指导理念?同时,"道德经济合一论"又会给社会带来怎样的冲击?

荣一生活的时代受到两种意见相左思潮的影响。一种是江户时代以来根深蒂固的"贱商观"与追求私利的批判论。另外一种是商业道德的沦丧和商业秩序的混乱。荣一遇到的最大的难题就是克服以上两种思潮的影响。换句话说,就是对持批判态度的前者展示出私利的重要意义和必要性,对中饱私囊的后者晓以大义,忠言劝谏。

首先,针对前者荣一的主张大幅修改了传统教义。在士农工商阶层森严的德川幕府时期,"贱商观念"根深蒂固。"商人从本质上来讲也是匠人,与农民不同并不需要拼命努力,就可以坐收渔翁之利"(狄生徂来《政谈》),"所谓町人只是从士族那里赚取金钱,为利益所驱动,并无实用"(林子平《上书》),"(商人)只知利益,不知信义,自私自利"(山鹿素行《山鹿语类》),诚如上文所述,在当时的时代信仰里,"仁义道德"和"生产殖利"二者不可并存。"金"与"钱"都是秽物,作为政治上的统治阶层——武士不求富贵,一心求义。因此,追求"私利"的商人社会地位低下。

如前所述,荣一在幕府末期旅欧期间,曾为西洋商人能与军人和政治家有平等的关系,比利时国王还推销本国钢铁、从事商业所震惊。"生产殖利""利用福利"不但不是卑劣行为,反而是立国之本。正因如此,商人的社会威信很高,有为之士投身实业情绪高涨。荣一由此深感改变贱商意识的重要作用。

1973年(明治六年),荣一辞官之际曾经有过以下言论。"政府的官吏可以平庸,商人却必须是贤才。商人聪慧,可保国家繁荣。日本自古尊崇武士,以在政府任职为无上荣光,以经商为耻,是为本末倒置。日本当下要务乃是去除世人轻贱商人之谬见,提高商人社会地位,引导贤才投身商界,推崇商业为社会上流。这就需要商人成为道德榜样,德义楷模。[8]"

在1889年东京高等商业学校（现一桥大学）的首届毕业典礼上，荣一做出如下演讲。"我国民众一向推崇文武兼备的名人……毕竟会有如此妄想是因商业地位过低的错误思想所致。不知道是谁说的商人是不上台面的行业，我作为商人的一分子，也许有些狂妄，但我认为商业兴国，工业强国。商工业者的实力可以说关系到了国家的根基。[9]"

荣一强调了追求"私利"不但不与"信义"相悖，反而是在为社会发展募集资金。因此，荣一把新时代的"实业"与传统社会的"农工商"的概念区分开来，并使这种意识逐级渗透到社会当中。

如下引文所言，福泽谕吉也屡次建议庆应义塾的学生毕业后投身实业。"在学成毕业之后，应树立投身实业的志向。""昔日学者以学问研究为目的，攻克难题，历经千难而体会到学问钻研的愉悦，今日之学问则应以方便民生为本，与生计无关的学问可以说是封建士族遗毒。（此处有删减）封建制度今已废弃，但士族无经济之风气依然留存在学生之间，成为今日之弊端。（此处有删减）应当顺应今日之时势，规劝学生学成即投身实业。[10]"

涩泽和福泽的言论在为近代产业提供人才方面效果显著。幕末维新时期，通过留学和读书觉察到日本与西洋诸国的差距，意识到变革的必要性，富有责任感的经营阶层纷纷投身实业。此外，在荣一的理念看来士族阶层和商人阶层投资前途未明的近代产业就是"大义"并会给予帮助。荣一的"道德经济合一论"，最主要的贡献就是提出了适应时代发展的意识变革。

商业道德

荣一也积极地应对了当时另一个风潮，即商业道德的沦丧和商业秩序的混乱。当时海外对日本的商业道德批判呼声甚高。英国的日本经济史研究学者加内德·汉达调查了19世纪后半期到20世纪前期的大量海外媒体和外交材料，认为日本商人的商业道德低于印度教徒和土耳其人，甚至低于当时的中国商人，是世界上最差的一级。这也是荣一对商业道德关心甚笃和着力改造的重要背景[11]。

"道德"本来是指"人类共同遵守的准则"，有"政治道德"和"学者道德"等种类。在荣一提倡商人恪守的"商业道德"释义中，"商工业者自身所欠缺的，是以往商人从未考虑到需要维护商人名义等道德尊严之事，所以才造成道德缺失[12]。"

也就是说，在明治维新之前不乏通过贿赂官员、投机、欺诈蒙骗获利的商人，道德低下、卑躬屈膝，自然社会地位低下[13]。为了国家富强，务必发展工商业。商人需要改变以往的状态,自我约束;不断提高商人阶层的道德品格。

荣一说道,"时至今日,商业不拘于仁义道德,为获得利益不择手段这种误解已然淡薄。以往的商人都没有考虑伦理,也不曾思考人生意义,在道德上基本上都是自暴自弃。甚至现如今还有人在持续这种自暴自弃的想法。利益不在伦理之中,利益面前可以无视伦理这种当时社会普遍存在的观念简直一无是处。然而,正是由于这种理念的存在,导致以往工商业界的职业道德裹足不前。这个行业的职业道德本不应如此。舍弃利益的道德并不是真正的德行,真正的财富、正当的盈利一定是道德品质高尚者才能获得。(此处有删减)工商业者只求一己私利,就差没出手抢夺。虽说追求私利是商人本色,但有违伦常终不是正道,早晚有毁灭的一天。[14]"

也就是说,荣一所说的道德不仅限于商业范畴,而是适用于所有人日常生活的"普适性准则"。他鼓励在道德范围之内,不违背基本原则的营利行为。

这里有些偏题,但荣一对明治维新之前的商人一概而论,都说成是依权附贵、奴颜婢膝、道德低下,未免过于武断。在江户时代也有员工过千的大阪堂岛米会所,与客户和合作伙伴之间采取票据、兑换、赊账等需要高度信任的金融行为。也就是说,在有长期合作关系的商人之间已经建立起一定的信任关系。如若不然,江户时代不可能会有那么发达的市场经济。也许涩泽对江户时期商人的评价原本就是为了强调他们与近代实业家不同的夸张说法而已。

此外,加内德·汉达在历数19世纪后期到20世纪前期日本商人的不道德、不正当商业行为时,其中多数是从事贸易行业的新兴日本商人。作为商人的个体在与外国人进行贸易时,很多时候都是"一锤子买卖"。在日本的贸易港口,外国人的不正当经商行为也记录在案。包括在日本腹地从事商业的外国商人,并没有感到日本商人全都不道德。

福泽谕吉也对日本商人进行如下点评。日本人中的不法经营行为只能一时获利,却会因此降低客户对日本商品的评价,导致整体失利,其自身也是名利双失。相对的,西方诸国的商人只要能够提供与样品丝毫无差的产品,就不会得到欺诈的恶名。这并不是说欧洲人做生意比较诚实,日本人不诚实的问题。"西洋人做生意眼光长远,如不以诚相待生意便不能长久,日后发展受限,反而容易堵塞获得利润的来源,所以绝对不会以不当手段获利,需要发自内心的诚恳,百分之一百的诚心。换句话说,日本商人贪小利,而西洋商人谋大利。[15]"福泽谕吉认为,做生意要诚恳才会获得长期利益,也就是说"有见识地获取私利"(enlightened self-interest)。

"公益与私利"

荣一肯定"私利",并不是说只要恪守商业道德就可以。还要有另外一项制约条件,即"能够带来公益的私利"。这才是"道德经济合一论"的关键所在。商业道德不仅是商业礼仪、商业手段,更要辨别"公益与私利"是在为谁服务。

"能够带来公益的私利"具体是指什么呢?荣一认为"只要是正当行业,公益也好私利也罢,二者毫不矛盾。生意人为了生计而从事各种行业,即是为国效力,只要不贬低商业,轻视商人就好。[16]"更进一步指出"针对行业特点,必须尽可能避免决策失误。根据该行业是否正当来区分公益和私利,从根源上避免决策性失误。例如,虽然某个行业发展前景良好,且并没有法律明文禁止,但却为道德伦理所不容。这样的行业必须明确区别对待,严格遵守公益与私利的统一原则。[17]"也就是说荣一的观点强调"只要经营内容是正当行业,公益与私利自然是统一的,毫不冲突。"他所认同的私利,是必须在不损害公益的前提下才可以进行的。

荣一这种把公益放在首位,把私利放在第二位的理念与西欧市民的主流道德观念相比,又有怎样的特殊性?

众所周知,马克斯·韦伯在《基督教义与资本主义精神》中指出,新教禁欲的观点、众人恪守本分信奉"天职"的教义教导民众要有勤劳克俭的生活态度。其直接结果就是对社会的合理性思考，同时带来了大量的财富积累。基于自身救赎的勤劳克己慢慢产生与之适应的产业资本主义。

同时，被称为经济学之父的亚当·斯密也有如下观点：如果每个人都拥有追求自己利益的自由，那么"看不见的手"将发挥主导作用，市场也能"秩序井然"，这个"秩序"终将带来"公共收益"。但是，作为"看不见的手"调节市场的前提，是需要商业活动的参与者能有良好的道德伦理基础和社会公德心。也就是说，需要有"不会违背正义"的道德观念[18]。亚当·斯密肯定了获取私利的合理性，但却不期待民众对公益的追求。说到底这也是就当时市场经济发展的结果而言。

为涩泽荣一自传《雨夜谭》作注的长幸男总结荣一和亚当·斯密思想上的差异——亚当·斯密等西方学者的"私利到公益"的"欧洲市民主流道德观念，与从公益到私利"的日本共同体式道德观念的区别，其不同显而易见[19]。

同时，田中一弘也总结说，"亚当·斯密的观点认为'公益服从于私利'，而荣一却刚好相反，认为'私利是服从于公益。'"

像这样公益优先的思想，为日后诸多日本经营者所接受。从这个意义来看，这一理念作为日本经济界最有影响的指导理念,一直发挥着重要作用。松下幸之助也一直强调企业的社会使命,这与荣一的"道德经济合一论"不谋而合。

"一提及企业利益,总有一部分人认为这样的利益攫取永无止境。然而,这种想法是错误的。当然,赢得利润是企业经营的至高目标。但是绝不允许见利忘义,为达目的不择手段。企业正当经营与为社会做贡献之间绝不矛盾。非但不矛盾,正是由于完成了使命,为社会做出贡献,企业才能获得相应的报酬,即企业的正当利润。[20]"

何谓"公益"?

在投身公益的事业上,认同追求私利的荣一的思想简单明了,虽通俗易懂却尚有难题未解决。那就是所谓"公益"其内涵究竟是什么?

荣一提倡"只要是正当行业,公益与私利即为统一","根据行业本身是否是正当行业,可以自行区分公益与私利"。这里面所说的"行业"是指"经营内容","正当"是指投身于公益事业,"不正"是指未投身于公益事业。

关于这一点,荣一认为:虽然米店和车夫的工作确实能够为国民提供方便,但却不是国家性的、社会性的事业。而"交通、通信、金融这类的少数直接关系到国家根本利益的事业则另当别论。而其他的事业,不管经营范畴多么广泛,企业家们也不能言过其实(冒称是国家企业——引用者注释)。也就是说除了真正关系到国计民生的企业外,其他企业是不允许冒用名头的。[21]"

原本就主张"国民利益、民众幸福等与事业本身关系不大,二者必须独立存在"。[22] 这并不是贬低与国民生活息息相关的日常生活消费的价值,而是"国家利益"与"民众利益"必须区分开。因此,荣一的观点认为"国家利益"企业应该先于"国民利益"企业优先发展。

对于致力于"可持续发展地球环境建设""提高人们健康水平"等事业内容,大多数人的意见都是一致的。但是也有些事业内容因人而异、因立场而异,对其价值判断的分歧较大,举几个例子。

1931年(昭和六年),在黄金禁令解除但黄金出口被再次禁止(金本位的恢复)的大背景下,可预见美元增值,日元贬值。当时三井银行抛出了大量日元,回购美元。针对这种情况,当时政府指责"三井银行购买美元获得暴利,同时也促使了本位货币的流出,这无疑是卖国行为",当时的新闻媒体也与政府保持一致立场。因此,三井成为众矢之的,成为次年的三井财阀团琢磨暗杀事件的导火索。

这一事件，在政府看来，为了避免"本位货币流出"的行为就是"公益（国家利益）"，三井银行则是谋求"私利"侵害"公益"。但是，如果从三井银行的角度来看，这些都是为了避免在英资金被冻结，减少日元贬值而进行的风险规避业务。对于一个吸纳了大众存款的银行来说，这样的业务也算是符合"公益"范畴的。在1934年（昭和九年），三井投资了3000万日元——这相当于三井合名公司大约2年收益——成立了社会公益团体"三井报恩会"。这也是为平复回购美元事件激起的民愤，解决"财阀批判"的策略之一。

在石油危机期间，对于石油价格大幅上涨的状况，政府希望各家大供应商能够控制石油价格上涨幅度。各家公司不断压缩公司收益，因为石油是民生必需品，遏制疯狂上涨的石油价格已经算是"公益"了。但是，像这样的石油危机时期，考虑到需要推行节省能源活动，为了削减需求，价格不宜过度低廉才是"公益"。

即便是现在众说纷纭的核动力问题，再启动或是废止，不管哪一项都是"公益"。坚持再启动的人们认为拥有多种电能来源，适应时代需要，最大化丰富能源的来源是"公益"。赞同废止派则认为核动力风险过大，废止了才是"公益"。

以上内容阐述了"公益"的两个方面。

此外,"公益"与"私利"的区别并不仅是这一点。正如电子计算机和电视的研发,虽然是始于追求私利的企业竞争,但其结果即是大幅降低了产品的生产成本,造福了公益。这并不是公益带来了私利,反而是从私利发展到了公益。

像这样的事业未必对于自身所带有的"公益"性有自觉。如果是政府、社会风潮将各个事业进行人为区分的话会如何?将很容易引起如下两个问题。

一方面,那些被认为有一定公益性质的事业,即便是进行私利营业行为也会狡辩成公益性行为。例如,从事与国家利益、社会公益相关联的事业时,多少会默许他们有一些损害公益的行为。引用此前荣一的言论就是"除了与国家社会相关联的事业外,不允许使用这样的名称"。主要就是批评有些企业家借国家性事业之名谋求私利的行为。

另一方面,当时社会风潮认为与公益无直接关系的私营行为是违背"正道"的。在第二次世界大战时期的经济统治政策下,纺织行业被强制重组,工厂被挪为军用。纺织行业无力反对国家政策,那是因为在经济管制的第二次世界大战时期,与号称国家利益事业的军事产业相比,纺织行业成了无足轻重的产业。而就三井银行回购美元这件事,当时的社会舆论绝不会认可这种纯商业性行为的正确性。

此外，纺织行业和三井银行这两件事看似完全相反，但从支持私利经营的亚当·斯密经济生成理论来看，二者不乏共同之处。正如经营历史研究家中川敬一郎早年间提出的那样[23]，信奉涩泽理论的企业经营者，往往标榜自己的经营是"国家事业"，而慢慢滋生出"企业不是追求私利的集团而是'公众'的事业，是优于市民存在"的观念。国家—企业—市民这种排列顺序把企业定位成服务于国家的组织，并未认为没有必要考虑企业与市民和地域的关联性。

涩泽的理念明确地提高了经营者的社会威信，确立了经济至上的价值观，可以说对经济发展起到重要的推进作用。但是就其他方面来讲，也正是这种把营利活动公益化，与国家利益相结合的特点，在面对战争中的极端民族主义时，呈现出毫无抵抗之力、完全臣服的状态。

如上所述，把"国家利益"和"公众利益"混为一谈，只不过因为这二者经常是统一的[24]。例如前述三井银行美元回购事件就是"国家利益"与"公众利益"冲突的一个实例。但是，在涩泽生活的时代，因为日本与西欧先进国家的鸿沟，富国强兵政策得到了广大国民的拥护，"国家利益"和"公众利益"大多数时候都是统一的。因此，涩泽的"公益优先"的思想，基本上不会遇到上文所阐述的矛盾状况。

但是，在价值观丰富多样的当今社会，国民对公众利益的理解各不相同。像冲绳的基地建设问题，很容易在"国家利益"和"公众利益"问题上产生分歧。因此，把二者统一起来并具有排他性时，非常容易产生上文所述的"滥用"。大部分涩泽研究者都认为其思想核心是"公益优先"，但却极少涉及"公众利益"的内涵研究。涩泽的"公益优先"思想，想要在当今社会发挥作用，必须要考虑到"公众利益"内涵的多样性以及如何与社会现状结合的具体问题。

注释：

1 亚历山大·格申克隆著，绘所秀纪等译（2005），《后发工业国的经济史增长型工业化论》（米内德书房）。

2 雷恩斯（G.Ranis）(1955)，"日本企业发展中的社会中心主义"，《企业历史中的发现》第8卷第2号，哈佛企业历史研究中心。

3 "新庄家"的"庄家"是扑克牌游戏中的分配者，"新庄家"指代重新洗牌的意思，318页。

4 NHK"明治"项目组编著（2005），《NHK特辑明治1 引导变革的人类力量》（日本放送协会），122页。

5 涩泽荣一（2010），《涩泽百训》（角川学艺出版）106页。原著是涩泽荣一（1912），《青渊百话》（同文馆）。

6 同上，172—173页。

7 田中一弘（2014），"道德经济统一论合本主义的优点"，橘川武郎，帕特里克·明福德编著，《全球化资本主义中的涩泽荣一》（东洋经济新报社），35—67页。

8 龙门社编（1900），《青渊先生六十年史》第1卷（同社），468—469页。

9 《东京日日新闻》第5219号（明治二十七年3月26日发表的演说笔记）。龙门社编（1955—1965），《涩泽荣一传记资料》第26卷（涩泽荣一传记资料刊行会），580页。

10 福泽谕吉（1991），《成学即身事业说，告学生诸氏》，《福泽谕吉论集》（岩波书店），229—234页。

11 加内德·汉达（2014），《用公正的手段获得财富——企业道德与涩泽荣一》，《全球化资本主义中的涩泽荣一》，117—153页。

12 上述《涩泽百训》，113—114页。

13 上述《涩泽百训》，107—111页。

14 上述《涩泽百训》，116—117页。

15 福泽谕吉（1995），《文明论之概略》（岩波书店），189—190页。

16 涩泽荣一的演讲"商工业的操守（1897年7月）"。龙门社编（1966—1971），《涩泽荣一传记资料》别卷第五（同社），27页。

17 《涩泽百训》，106页。

18 堂目卓生（2008），《阿达姆·史密斯》（中公新书）。

19 长幸男（1984），"解说"《雨夜谭》（岩波书店），330页。

20 松下幸之助（1978），《实践经营哲学》（PHP研究所），33页。

21 上述《涩泽百训》，163—164页。

22 上述《涩泽百训》，164页。

23 中川敬一郎（1981），《比较经营史序说》（东京大学出版会），156—159页。

24 本木武德阅读本章草稿后,讨论涩泽的"公益优先论"时,他给出区分"国家利益""公众利益""共同点"的建议。虽然现在还没能深入地研究,但这是一个非常重要的论点。

VI 结语

合本主义·财经界首领·道德经济合一论

本书的第二部分首先回顾了涩泽荣一生活时代的社会经济状况,以及他生于富农之家,年轻时由民间志士成为武士并游历欧洲的经历。阐述了这个时期荣一独特的社会经济观和经商才能形成的过程。

紧接着介绍了荣一作为企业家的核心活动:1.提倡并践行合本主义;2.作为财经界的领袖积极活动;3.作为社会道德的洗牌者,提出了给后世企业家带来巨大影响的"道德经济合一论"并赋予它跨越时代的意义。有鉴于此,总结如下:

(1)合本组织是荣一在游历欧洲时学习到的新制度。明治时期的日本现代产业在资本和人才方面不足,与先进经济之间有着不可估量的差距。这种企业组织模式即为首选。

(2)但是对荣一来说,那并非仅是资本的融合体,也是重塑工商业的社会地位,打破官尊民卑的手段,是将富裕者的财富和贫困者的能力最大化地结合的手段,是抹去了人们对金钱的鄙弃感,使之成为追求正当利润的手段,即带来社会变革的社会组织。"合本主义"就是囊括了以上各种意义的概念。

(3)合本组织,特别是股份制组织,在资本市场尚未成熟的日本,实施过程有相当大的困难。为了克服这样的难题,少数公司的承办者不得不凭借自己的人脉和信用,从多方面获得股份资金。这种如同寺庙收集香火钱的"集资式"方式属于"非市场调控的方法"。

(4)针对近代移植产业的精英型经营人才、技术指导者和管理者的培养,相关教育机构的不完备,企业内部培养缺失等问题,公司的承办者负责招募外国技师,寻找有才能的人,派遣员工赴海外留学等。在这一方面必须亲力亲为。

(5)如此成立的股份公司股东之间经常产生纠纷。同时,负责日常事务的管理人员、技师长与大股东之间矛盾不断。因此在公司成立后,承办者必须参与调停,不能影响到公司员工。

(6)为了能够把这样的作用推广到其他企业,必须拥有包括消息灵通人士、政治家在内的丰富人脉,以及在诸多经营者间拥有威望,且能够协调不同利益集团的能力。但是,拥有这样能力的企业家极其缺乏,所以这样的工作往往集中在个别几个人物身上。能力被认可的人多数会在商业会议所和日本工业俱乐部等经济团体担任要职,并作为"财经指导者(领袖)"活跃于商界,其中的代表人物就是涩泽荣一。

(7)作为财经界领袖,其能力的根源并非必须拥有财力、经营能力和技术能力,而是能够获得多数经营者的信任,并有坚定的指导理念。"道德经济合一论"遵循道德标准,承认获得私利的正当性,强调私利与公众利益的一致性。日本作为经济发展的后起之秀,近代产业人一方面要区别于旧时代的商人,另一方面还要大力推进经济近代化,这是极其必要的指导理念。

(8)所谓财经领袖型企业家就是在引导企业的经营步入正轨后便功成身退。因此,他们像承包商一样参与了很多公司的组建经营,之后再转移到其他公司。由于他们不是以某一个行业作为固定活力来源,因此很难形成三井和三菱那样的财阀集团。从这个意义上来讲,财经领袖型企业家,作为个体资本家也有其不合理的一面。然而,变革时期的社会往往需要这种不按常理出牌的企业领袖和其追随者的一些越轨行为。在明治时期的日本,像荣一这样的企业活动家是非常有益于社会发展的。

综上所述,"合本主义""财经界领袖""道德经济合一论"这三种观点三位一体,相辅相成。合本主义的实施需要财经界领袖的引导,推进需要道德经济合一论的理论支撑。反过来说道德经济合一论需要通过支持合本主义的财经界领袖在商业实践中的推广，才能被更多的经济人物了解和接受。荣一就是作为财经界领袖，倡导合本主义和道德经济合一论并付诸实践，成为那个时代所需求的杰出的商业英雄。

对于今天的现实意义

最后评述一下涩泽荣一作为企业家活动的几点现实意义。

前文再三提及"合本主义"是在市场尚未发达，部分企业内部资源调配困难的前提下，收集资本招募人才，制定推进事业发展的各项方针对策。此时，像荣一这样有强烈公共使命感的财经领袖发挥了决定性的作用。这样看来，对凡与明治时期的日本有相似之处的，目前正在急速发展的发展中国家来说都有非常重要的借鉴意义[1]。第二次世界大战之后，强势的政治家通过政府推行"开发独裁"，一时之间成果斐然。然而，考虑到人权等问题，旨在以民间主导的合本主义理念则更胜一筹。

那么，在经济相对成熟的当代日本又如何呢？涩泽型的企业家活动生存空间确实变得狭小，但这也是继荣一和他之后财经界领袖们多年来参与经济活动的结果之一。

在经济界和其他各个行业，当有共同问题存在的时候，人们就非常期待有经济团体和财经界、各行业的领袖出现。然而，今时不同往日。正如曾经的"总资本"这个概念，现在几乎已经失去了意义一样，国家经济界的共性问题减少，各行业中各企业间的利害关系多样化。例如，在今天的航空业界，寰宇一家和星空联盟这样的国际性企业间的合作对行业发展有着决定性作用，国家内部的航空公司之间的利害冲突日益加深。

这样看来，可以说荣一那样的财经界领袖型企业家的活动舞台变小了。虽然在第二次世界大战之后有宫岛清次郎、樱田武、石阪泰三、土光敏夫等为普通市民所周知的财经领袖，但在今天，他们几乎很少出现在媒体上，存在感变弱，优势已经荡然无存，这就是当代财经界领袖型企业家的现实写照。

但是，并不能说财经界领袖型企业家就完全没有存在的意义。其发挥作用的第一个方面在于创立新事业。现在，新事业的创立在日本未见起色，原因之一在于要有必需的风险投资、创业孵化器和创业催化器（给创业企业以少量的投资，获得一定的股权，在一定时间内给予知识和人力上的支援，在企业步入正轨后抛售股票获利的组织）。可以说彼时的荣一就发挥着这样的作用。到了第二次世界大战之后，据说松下幸之助、井植岁男等在面向年轻商人和学生的宴会上，还经常给予指导和建议，像这样的企业家还有很多，如当今的稻盛和夫等。

第二个方面是日本企业的共性问题并没有消失。资源开发、核能问题、灾后复建、教育问题、少子高龄化、国际商务纠纷、国防建设等市场和企业不能解决的问题并未减少。面对这些问题,如能从政治上进行政策立法,由财经界或其领袖发声的话可能效果会更好。众所周知,关东大地震之后,当时已83岁高龄的涩泽荣一作为财经界代表参与筹建帝都复兴院,甚至组织以东京商业会所为首的大地震后援会,为东京的重建和复兴做出了重要贡献。

第三个方面则是具有调节经济主体之间的利害关系、解决纷争的功能。荣一生活的时代,大多数企业都在国内,然而,在生产基地转向海外,跨国境的M&A和国际企业间的合作等日渐频繁的全球化经济视角下,日本经济调整机能所涉及的范围远远超出了荣一时代。

同时,企业经营规模复合化的趋势,也远远超出了荣一的时代。如艾佛烈·德·德索萨所述,调整企业内部经营者的物力、人力、财力的流通机能非常重要。荣一管理多个企业的智慧和方法也给现在大企业的首席执行官以启示。

此外,荣一所认可的"公益优先于私利",其"公益"所指内容为何,必须明确具体内涵。因为有"对西欧的兼收并容""富国强兵"等国民目标,所谓"公众利益"也与此保持一致。对此,价值观多样化的当今社会,什么是公益这个问题难以定性。然而,对于不同的"公众利益"也不能置之不理。现如今调和不同"公众利益"之间的矛盾这样棘手的问题不断增多。

以上说明了现在的商业领袖需要具有比荣一更高明的协调能力。

涩泽荣一作为企业家的活动对今天的现实意义相比以上三点,还在于其伦理道德性。当今的日本,乃至全世界都在关注的是荣一的"道德经济合一论"在面对频繁发生的企业丑闻,和暴露出赤裸裸的人性的金融资本主义时能够发挥的抑制作用。

理想中的资本主义市场经济需要具备以下两个特征。第一,确保每个人拥有公平公正的机会。第二,作为人们行动的基本原则,认可追求个人利益的正当性。但是,需要在"不侵犯正义",不损害他人利益的前提之下。为了维持以上两点特征,需要有一些保障措施和机构。

其保证方案有:1.依赖司法、国家权力和警察机构;2.依赖人们的习惯、人际交往规则和道德。

其中"1"很容易理解,但是所有的事情都依赖法律是很难实现的,而依靠暴力执行的话,就违背了民主主义,失去了个人自由。并且,仅是制定了法律,没有执行效果则毫无意义。在执行法律的过程中,审查和警察等也需要大量的经费支持。

对此,"2"这种方法虽然约束力较弱,但大多依赖人们自身的意识来维持机构组织的低廉的费用。用道德来约束经济行为对保障经济秩序也十分有利。可以说，荣一也赞同强调商业道德重要性的后者。

涩泽荣一认为商业道德是普天之下的人们都"应该遵守的道德"。在繁荣商业之前，首先应该明确经济发展所必需的前提条件。也就是说，如果不遵守"遵守约定""不欺不瞒"的准则，就会增加商业交易的成本。例如，我们买东西时，每次都对卖家和商品的信任程度测试。同时，卖家也要核实买家的支付手段和支付能力，这样就会提高双方的交易成本。商业不是"一次性的交易"，为了"不断进行交易"，双方的信用都非常重要。遵守商业道德伦理是市场经济下，降低交易成本不可或缺的必要条件。

当然，荣一也谈到了"如果事事都在考虑自己利益的同时考虑利益的可持续性，这个商业行为会变成什么样呢……"这里面所说的应该就是"真正的生财之路"吧[2]。荣一的商业道德观，从经济逻辑上讲完全解释得通。"一方面认可个人的成功"（a winner takes all），另一方面"做空对家的游戏"慢慢就没有合作对象，游戏也就没有办法进行下去。

在经济学上有个概念是"合成的谬误"。虽然每个人都在追求自身利益，但这样的商业行为集合起来，就会给所有人带来负面影响。例如，很多家庭都会为了提高储蓄率而减少消费，而宏观上需求衰退时，收入会降低，其结果反而导致家庭的存款减少。很多企业为了增加利润降低员工的工资，结果公司全体成员的购买力减弱，企业收益减少，盈利下降。

同样，商业上的不道德行为和得陇望蜀的利益追求是一样的。在给别人带来利益损失的同时，也会出其不意地给自己带来麻烦。从这个角度上讲，"不道德会损害经济"（相反"良好的商业道德会促进经济发展"）。即使在今天，荣一的"道德经济合一论"也毫不过时，也必将持续发挥作用，展现其独特的魅力。

注释：

1 橘川武郎也认为涩泽荣一的合本主义在今天的意义之一就是"给予今后经济发展愈加迅速的各个新兴国家以重要的启示。"橘川武郎（2014），"资本主义观的再建以及涩泽荣一的合本主义"。橘川武郎，帕特里克·明福德编著《全球化资本主义中的涩泽荣一》（东洋经济新报社），248页。
2 涩泽荣一（2008），《论语与算盘》（角川学艺出版），124页。

第三部　走近涩泽荣一的人物形象

"涩泽荣一"走过的路
江户后期至昭和初期的日本人形象

I 采访荣一的曾孙——涩泽雅英

涩泽荣一影响了同时代的很多人。在第一部和第二部中已经把他作为企业家的一面尽数描述,在第三部第一章中,将要讲一讲他作为涩泽家族成员的一面。因此采访了荣一的后代,现任公益财团法人涩泽荣一纪念财团理事长涩泽雅英先生(1925年出生于伦敦)。

雅英理事长作为荣一的继承者——涩泽敬三的长子,与岩崎弥太郎血脉相承,也著有关于荣一和敬三的著作。通过本次采访(收录时间为2015年11月21日)能了解到荣一的性格品行和成长轨迹,看到他为涩泽家族事业呕心沥血的家长形象。

"涩泽荣一"的成长环境

宫本 首先,想问一下"涩泽荣一"的成长环境。涩泽家族故乡的环境对荣一日后的行为有非常大的影响。关于这点您是如何认为的？

涩泽　那个地方面朝利根川，是江户时代北关东地区的交通要塞之一。据说当时有非常多尊王攘夷的志士、画家和文人往返于此。

宫本　那是不是有点像水户藩武士经常留宿深谷的意思呢？

涩泽　这一点还真是不太了解。单从荣一的行为来看，应该比较像水户倡导的尊王攘夷思想逐渐向地方传播的意思吧。

宫本　原来如此。

涩泽　荣一出身于农家。说起当时的农村经济活动，主要就是幕府和大名等武家政权把农民作为征收年贡的对象，每年征收大米。当时种植经济作物的税收要低一点，但当时生产贩卖染料作物和蚕丝的农户比较富裕。据说荣一家年收入近万两。

正因如此，荣一年轻时候就被叫到代官所，要求缴纳500两份子钱作为官家小姐的结婚费用。面对这样的巧取豪夺，荣一义愤填膺，不能否认这是他毕生坚持打破官尊民卑信念的出发点。我想这件不讲道理的事情也正说明了当时武士阶层与一般民众之间经济上的不平衡吧。

笔者采访时，微笑着回答问题的涩泽雅英理事长

宫本 是这样的。江户时代的（征收）税款大多是向城镇居民和农民索取借款的行为。一般来说利率低、期限长，按年支付还款，但慢慢地就变成了一种只借不还的强制性捐款行为。少年时期的荣一在经历了这样的事情之后自然心生不满，但能够把这种想法付诸行动是非常了不起的。

涩泽 是的。从那之后荣一便展现出经商的天赋。十五六岁负责染料的品质管理和定价时，其才能初现峥嵘。在关东一元和信州等回收商品欠款时也展现了非凡的能力。这些事迹在每本传记当中都有详细的描述。虽然他的父亲也是非常优秀的经营者,但是荣一青出于蓝,还拥有非常敏锐的经商判断力。在荣一的堂表兄妹中,尾高淳忠是非常出众的人才,在他的指导下荣一和很多亲属的孩子们一起学习了四书五经等中国的古代经典。至今还流传着荣一小时候一边走路一边埋头读书,最后掉到水沟里的逸事。

宫本 尾高也是农家出身吗?尾高淳忠应该不是职业的教师吧?

涩泽 对。尾高淳忠的妹妹千代后来嫁给了荣一。现在还有传闻说千代与19岁的荣一结婚后,迟迟不肯给身在京都的荣一回信的事情。据说是因为她自己觉得虽然凡事都做得不错,但字写得太丑,当时荣一还故意写信逗她说"你再不回信的话,我要出轨了哈"。这件事情是真的。

宫本 这已经是荣一逃到京都之后的事情了吧。

涩泽 是的。荣一结婚后曾经和同伴们一起参加过倒幕运动。没想到消息被泄露出去,为了躲避幕府的追捕,1863年(文久三年),荣一逃亡到了京都。因此后前途渺茫,一直是千代照顾家乡的父母和打理家中事情。在他与千代通信的数年间,至少有二十二封情感真挚的信函。这些书信现在还保存在涩泽史料馆中。

此外,尾高淳忠是位博学多才的饱学之士,据说他招募亲戚致力于教育，其妹千代也从中旁听，学到不少知识。继淳忠之后，尾高家人才辈出。东大法哲学教授尾高朝雄、社会学者邦雄、音乐家尚忠，还有他的长子，现在活跃在指挥界的忠明等，都是继承了其优良基因的家庭成员。这样的家族在江户幕府末期的北埼玉农家当中是非常出挑的存在。在研究明治后日本发展的知识背景时，也是不可或缺的重要内容。

宫本 荣一在袭击计划失败后，逃到京都大约是二十出头的时候吧？

涩泽 是的。在那之后，短短9年时间就在一桥家的经营中崭露头角，成为股肱之臣。后又参加了巴黎万国博览会，积累了非常宝贵的海外经验。回国后，为明治政府重金聘用，作为国家近代化蓝图（负责修正）的设计负责人，与新政府的得力干将们建立了深厚的友谊和信赖关系，一路积累了丰富而宝贵的经验。在此期间，荣一的个人成长也非常迅速，1873年（明治六年）创办了第一国立银行，从大藏省辞职之后又出任银行董事总监的职务。在当时的经济状况下，是非常少有的高价值人才。

宫本 但是，农民出身的荣一能在武士阶层众多的明治政府工作，他真的是非常了不起。可见名副其实的"维新时代"已经到来了。

涩泽 刚开始，仍属于农民阶层，且隶属于旧的幕府。荣一已经当"官"时，曾与第一任大审院长玉乃世履交谈后成为至交。此外还与伊藤博文、大隈重信、井上馨等成为肝胆相照的莫逆之交，他们都是荣一今后活跃在商界的重要人脉。

宫本 与玉乃的谈论内容记录在以荣一谈话笔记为基础的《青渊回顾录》上卷[1927年（第二版），青渊回顾录刊行会]中。荣一在官僚时代积极建设股票交易所时，起初玉乃是持反对态度的。在当时的日本社会来看，股票交易属于赌博性质。但像玉乃这样的年轻才俊逐渐认识到股票交易所设置的必要性，亲自向比自己年幼的荣一道歉承认自己认识浅薄，此后二位成为"莫逆之交"。为了打开日本通向近代发展的大门，需要不断更新人们的认识观念。对了，荣一和井上馨开始变得熟识起来是他在大藏省任职期间的事情吗？

涩泽 是的。在任（民部省）修订委员期间，荣一的工作表现非常优秀，得到了大家的信任。井上是个非常易怒的人，经常炮轰属下。因为荣一很少被他训斥，所以当时有个称号叫作"避雷针"（笑）。另外，我想是在制定国立银行条例和实践的过程中荣一与伊藤逐步建立起了信任关系，才开始走得亲近的。留下了这样光辉的业绩之后，荣一退出大藏省开始涉足当时的大型企业。例如，三井家就多次邀请荣一夫妇过府参加晚宴。

对于刚从琦玉农村出来没多久的千代来说,被日本为数不多的富豪招待,是一件非常紧张的事。穿上新定做的服装出席,言行举止都要得当。此外,还有一个和三菱的岩崎弥太郎有关的逸事:双方所提倡的垄断主义和合本主义本来是对立的。然而有一次,岩崎在东京向岛的高级日本料理店宴请荣一,双方展开辩论,荣一始终没有动摇。虽然我是他们的后代,但仔细想想还是觉得那个场面非常不可思议。

持续到战后的涩泽家的家族会议

宫本 荣一的言论曾被当作教义记录在诸多图书中,并被不断地出版和重印。例如,新版的《涩泽荣一训言集》(1986年,国书刊行会)当中,引用了《大学》中的名言,留给儿孙的传家宝应是"古人所说的'以善为宝'这句话。"这句话被写在同族会的会议记录当中,那么接下来,想问问您同族会的相关事宜,译事录中所记载的内容,有些部分也是同族的猜测吧?

涩泽 我先来说一下同族会的成员吧。首先,1882年(明治十五年)千代患上了霍乱,突然去世。作为荣一夫人,千代是功不可没的贤内助。在大仓八喜郎、古河士兵卫等荣一的新商业伙伴中也有非常高的人气。正因如此，作为那个年代的女性，她的葬礼少有的隆重，有700名社会名士前往吊唁，还在现在的谷中灵园建了非常气派的墓地。碑文也是请了当时最为知名的汉文学者三岛中洲撰写雕刻的，他也是二松学舍的创始人。那是一篇非常优美的文章，荣一阅读后也被这华美的言辞感动。千代除了长子笃二外还有两个女儿，长女歌子嫁给了东大法学部教授穗积陈重，次女琴子与当时大藏省的年轻官僚阪谷芳郎结婚。穗积之后成为枢密院的议长，阪谷则担任过大藏大臣和东京市长等职务。

宫本　能与当时最优秀的两位知识分子成为家人，对荣一来说这两位都是非常好的沟通对象吧。

涩泽　不过荣一在失去了千代后又与兼子结婚了，有了武之助、正雄和秀雄三个儿子，以及日后成为明石照雄夫人的女儿爱子。这时荣一的家族已经初具规模，可预估到将来会有包括荣一死后的财产问题等出现。为确保家人和睦相处，1886年（明治十九年）之后，每月一次以同族会的形式将大家召集到一起。每月一次，家人们一起吃晚饭，一边讨论荣一的事业和资产状况，还说一说家人之间的各种情况等。当初的成员有荣一、兼子、穗积夫妻、阪谷夫妻和笃二共7个人，也并没有出现过什么问题。

然后，荣一开始讲述自己的工作事务。主要就是向孩子们公布了自己的资产和工作，新的投资企业、说说资助学校或一些公益事业的捐赠构想，并把这些都记录在同族会的会议记录上，慢慢实行。在会议记录中我特别感兴趣的是，长女歌子嫁给穗积陈重时，询问荣一所给嫁妆的归属问题。荣一认真想了好几个月之后与穗积商量，并改写了家族个人资产归属的规则。虽然不太清楚当时的民法规定，但是当时的普遍做法是妻子的财产属于丈夫。敢于与社会主流相异，把嫁妆归属歌子这种革新的做法，也体现了荣一的民主主义意识和生存方式。

宫本　关东和关西的习惯不同。关西地区的新娘带来的嫁妆就是她个人的资产，和服上也都是娘家的家纹，离婚的时候就直接全都拿走。而嫁过来后做的带有夫家徽章的和服不能带走。如果陪嫁的钱都花光，离婚的时候什么都不能带走的话，夫家会觉得非常丢脸。

涩泽　是这样呀。果然环境不同习俗也不一样。

宫本　这种事情穗积恐怕也是知道的吧。穗积出身于宇和岛，同族人中学习法律的也不少吧。（笑）

涩泽　是呢。（笑）同族会刚开始的时候，兼子的孩子都还小，长辈们也都是在饭桌上闲聊，后来开始慢慢有所变化。

长子笃二无意继承父亲的事业,还从高中开始就一直因为女人的问题纠缠不清,引起了大家的担忧。为约束笃二的言行,特地选了当时官家桥本家的小姐敦子成婚,还为他们举行了盛大的婚礼和连日的宴会。二人先后有了敬三、信雄、智雄三个儿子,相安无事地过了10多年。直到1910年(明治四十三年),个中详情虽不得而知,但当时的笃二被废嫡,荣一直接指认了孙子敬三作为法定继承人。笃二名下的资产全部移交给了敦子和敬三。当时的法律规定如要废除继承人需要由区政府向东京市内提交申请,由法院审判,得到宫内省的认可之后才能生效。当时已经成为华族的荣一此举与当时的法律赫然相悖。

这个同族会仅是荣一嫡出的孩子及其配偶参加,是非常封闭的会议。同族会并不是要把荣一多年积累的资产尽数划分,而是把这些作为共同财产来经营,并将盈利分配给各个成员作为生活费用。敬三虽然不是荣一的嫡出,但成为荣一指定的继承人,娶的也不是千代的女儿,这在部分同族心中引起不满。当时还是高中生的敬三并没有得到大家的期盼,反而成为家族纷争的焦点,一定感觉很不愉快吧。但在我了解到个中缘由后,更是佩服荣一的先见之明。早在1886年(明治十九年),就制定了同族会的规则,并开创了家族共同管理的方式。

宫本　三井家也有同族会,成立于1893年(明治二十六年）10月，是三井家的最高决议机关。三井家族共11家，创业者三井高利的儿子们开枝散叶的6家（本家）和女儿的5家（连家）作为"正式成员"，家中的老人，指定的成年继承人和各家公司的重要管理人员作为"列席人员"，涩泽荣一则是"顾问"。需要说明一下的是"列席人员"仅仅是依据协议参与会议，没有投票权。"三井家族同族会规则"中规定，会议负责家族成员的继承、婚姻、继子、隐退、年薪、家产分配、共同财产管理、同族经济活动、三井家各企业的监督等各项三井家族的内务和三井旗下各产业的统筹管理。与涩泽家同族会既相似又不同。

涩泽 起草三井家规的是穗积陈重。与三井家涉足多方面的经营情况不同，涩泽家多是单独帮助企业的创业经营，完全没有吞并企业的意图。因此，同族会作为家族集合会议不论是在创建之初，还是成立了涩泽同族股份公司之后，都是作为辅助荣一而存在的机构，不具有调配现有资产分配给会员以外的任何业务权利。

宫本 能再详细说说涩泽同族股份公司吗？

涩泽 好的。荣一改组同族会为涩泽同族股份公司是在1915年（大正四年）。关于开办同族公司，荣一自己也讲述过期间的各种状况和自身想法的变化，这些都登载在同年6月

25日发行的《龙门杂志》中。"这样组建涩泽同族股份公司后，也曾担心家族资金集中起来后，特别是自己是否盈利这一点会受到世人的关注，但所幸事实并非如此。家族成员众多，尽可能保持公平，同时为了确保资产安全，每家也留有自己的财产，尽可能公正公平地经营并获利。"

宫本 这就是说涩泽同族股份公司不是以资本增值为目的，而是为了保全家族资本。

涩泽 顺便说一下，荣一支援建设的公司多达数百家，都是获得了同族会支持的。其基本模式是应联名发起人的要求，为保职责明确也会购进一定股票，但在公司事业步入正轨后就把这部分股份卖掉，把这笔钱作为资本再支援下一家。

宫本 如果不是这样的话，很难支援那么多家企业。

涩泽 作为会员的同族，选择发展家族事业或在现有企业当中就职均可。但是不允许利用同族的共同财产自行创业。正因如此，对于有心营私的成员来说，没办法利用涩泽家的资产和信用，应该多有不满。

实际上，第一次世界大战之后的泡沫经济时期，三男正雄因为这件事情和荣一意见不合，还曾有过激烈的争论。最后荣一败北，不得不同意正雄的主张。此后不久泡沫经济全面崩溃，正雄的公司当即损失了200万日元。当时家族内部商议由穗积作为代表,从家族的基础财产当中拿出了200万日元给荣一填补了缺口,提出了按照荣一的构思来平复此次危机的建议。后来完美地回避了危机,荣一对包括当时在仙台二高上学的毫无牵连的敬三在内的所有族内年轻人进行了训诫。敬三和我说起当时的情况时说"爷爷就是用这种形式在出售道德"。

宫本 所谓"出售道德"是指什么?

涩泽 就是说,保持荣一道德上的权威性。如果一方面讲着"论语与算盘"的漂亮话,一方面在自己儿子破产时把损失推给别人,就破坏了荣一的信用之源。因此,在不得不用共同财产弥补正雄失败导致的损失前,荣一一直坚守自己构建的道德信用。在那之后正雄被剥夺会员资格一年,其间各项分红也被扣除作为惩罚。这与10多年前惨遭废嫡,被永久流放甚至被直接忽视的笃二相比,正雄的处罚简直是轻得不能再轻了。实际上,阪谷芳郎曾经对晚年的荣一直说过这一点感受。

宫本 能够克服这样那样的困难,还能够把全族人聚集在一起,让同族会一直延续到了第二次世界大战后,这是非常了不起的。

涩泽 是的。从1886年(明治十九年)开始每个月召开会议,一直到1964年(昭和三十九年)1月,一共召开829次会议。1931年荣一去世后,敬三作为其后继者担任会议议长的工作。但是太平洋战争结束之后,情况发生了巨变。涩泽家成为占领军司令部的指定财阀,同族会解散。这之后的种种状况和通货膨胀,失去了家族共同拥有的准备金,无法支付7家(本家、穗积家、阪谷家、明石家、武之助、正雄和秀雄)的分红。"钱断缘分尽",就算在这时同族会终止也并不奇怪。但实际上此后每个月,敬三都会主持会议。尽管从大藏大臣职位上退任,但因为是革职,经济上非常窘迫,他一直坚持召开同族会是要向祖父留下的传统致敬吧。

宫本　第二次世界大战后同族会还有哪些参加者呢?

涩泽　除了荣一的四儿子秀雄和其他过世的兄弟姐妹配偶外,最初的同族会成员都已经病逝。出席者已经完全是第二代的代表了。不仅如此,我觉得敬三继续这个会议的另外一个原因就是为了追忆荣一,与嫁进来的媳妇们话话家常,有一些内心的慰藉。敬三去世以后,我想要不就此解散这个会议吧。在得到以长老秀雄为首的主要成员的同意后,1964年(昭和三十九年)1月31日,在高轮的光轮阁举办了午餐会。会议记录的开篇就写道"昭和三十八年10月25日,涩泽敬三辞世后的今日为最后聚会日,此后全员签署姓名后散会。"参加者共计17人,全员签名后结束了涩泽同族会的历史。

荣一在九一八事变后大约两个月去世。我想荣一如果活到第二次世界大战后的话,看到自己的国家没落,作为其中一员想必难以忍受这种痛苦吧。这应该是非常符合荣一作风的心声吧。作为大藏大臣,敬三亲身经历了财阀的解体,也明显是继承了荣一的作风。

曾祖父的艰苦奋斗及弥留之际

宫本 雅英理事长是从什么时候开始接触"涩泽荣一"的精神呢?

涩泽 在我6岁时荣一就过世了。说实话我并没有什么深刻的印象。因为我是在英国出生的,敬三就给荣一发了电报请他给起名字。得到回复说"叫雅英吧。雅是风雅的雅,英是英国的英"。从开始记事起,就一直听到日本战败、经济情况一蹶不振等消息,与荣一那个时代的距离随着年龄的增长越来越远。

后来受到父亲敬三的影响,慢慢开始关注荣一。1970年(昭和四十五年),有一个机会让我接触到了荣一的思想。吉田国际教育基金和读卖新闻社想要做一期关于荣一等企业家的国民外交历史栏目。当时正是我要去美国旅行的前一个月。我就在美国当地收集了一些材料,回国后阅读了一些相关传记。在研究明治、大正和昭和时期举世瞩目的日美关系过程中，荣一斗志昂扬和诚意满满的形象越来越清晰，有时候会像电视剧一样历历在目。

这是一部讲述荣一从经济界引退到他91岁过世这30多年间事迹的长篇电视剧。以孙文、蒋介石为首的中国领袖，四任美国总统，日本的伊藤博文、大隈重信等明治元勋，与荣一都是同志关系。无数财经人士作为民间外交家活跃在亚太地区的历史舞台。在这些人中，荣一超越了企业家和银行家的范畴，成为能够代表日本的经济领袖型人物。

宫本　美国和荣一的关系确实非常好。

涩泽　明治维新后，美国因佩里打开了日本国门的缘故开始亲日。日本也这期间加快了近代化进程。荣一在1901年(明治三十四年)以漫游为名赴美。此后取道欧洲，经欧洲回到日本。他非常感慨美国的经济活力，但失望于欧洲的状况。当时的欧洲已然富裕，却只依靠利息维持生活。他认为欧洲市场已经失去了活力，接下来应该是美国的时代。

同一辈的卡内基和洛克菲勒等，他们所在的国家资源十分丰富并且没有敌手。当时没有谁想要攻打美国。美国作为民主主义国家，虽然也有禁止垄断法，但从好的方面看洛克菲勒等人资本越雄厚越有利于国家繁荣强大。与当时一片繁荣的美国相比，日本资源有限，又与近邻俄罗斯和中国对立，只在人才资源方面略有优势。这样看来，确实与荣一难以持续发展的观点相符。

日俄战争以后，危机更显。日本的日韩合并等大陆政策遭到了美国反对。美国西部的日本移民问题也成为两国矛盾的根源。面对这样的困境，应日本政府的邀请，荣一推进两国商工会议所成立，还在1909年（明治四十二年）组织了赴美实业团，集合全国的经济代表在美国国内进行了为期三个月的周游，组建了日美同志会、日美协会、日美关系委员会等多种多样的组织机构，尽力缓和两国关系。

在处理西部诸州的排斥日本移民问题时，日本也曾尝试过抗议。但是1923年（大正十二年），美国还是颁布了有种族歧视之嫌的排日移民法，也有人说第二次世界大战是其间接原因，使得荣一在民间外交方面的努力付之东流。作为坚定的亲美派，一直支持荣一等人的金子坚太郎、新渡户稻造也非常愤怒，发誓再也不会踏入美国一步。战线破裂之际，荣一走出沮丧，并为加深双方理解、恢复双边关系做出了很多努力。

宫本 但是自那之后日本与全世界为敌，卷进了毁灭性的战争当中。

涩泽 是的。为了了解这段历史，我用了1年多的时间查阅了大量资料之后，在1970年（昭和四十五年）出版了《横亘太平洋的桥梁》（读卖新闻社）。那个时候一改以往对荣一的印象，改变了我对荣一的看法。

宫本 是不是因为撰写了《横亘太平洋的桥梁》一书后，对荣一的企业家活动和社会事业燃起了兴趣呢？

涩泽 是的。从第一国立银行到王子制纸、东洋纺织等，荣一的每项活动都令人震惊。直到他过世84年后的今天，很多企业的发展史上依然留下了他奋斗的足迹。不仅仅是企业创立和经营，对荣一来说，这也是日本成长和存续的手段，是最终的发展目标。刚才所述的同族会内容中已经提及，他并不想把自己支援建设的企业据为己有。荣一一直在发挥着推动国家近代化发展的重要作用。

宫本 雅英理事长作为国际问题的研究者，写过不少相关的书籍和论文吧。

涩泽 已经是很久以前的事情啦（笑）。也许这是个老生常谈的话题，就像荣一说过的"世界中的日本"吧。荣一从幕府末期旅欧以来，先后访问了美国、欧洲和中国，每一次都增进了对于复杂世界形势的理解。正因如此，荣一一直对日本需要什么，有什么必须要做的这些问题保持敏锐的感性和认真的态度。

后排左起荣一和敬三,前排笃二抱着雅英理事长(1925年11月1日)

排日移民法的颁布使荣一等人的努力付诸东流。1926年(昭和元年)荣一就任日本太平洋问题调查会评议员会会长,在这期间世界的格局已经不再是荣一所了解的。即便如此,荣一也在努力跟进新对话论坛的动向,在健康允许的范围内尽自己最大的努力。1931年会议在上海召开,10月6日继任日本议长的新渡户稻造亲自访问了位于王子飞鸟山的荣一府邸。

宫本 那个时候荣一已经91岁了吧。健康状况如何呢?

涩泽 当时荣一已身患不治之症。新渡户在这年的年末参加荣一的追悼会时讲述了当日的情况。新渡户说荣一知道自己的病情后，依然非常担心太平洋问题。所以当他专程访问时说了"后天再来拜访，把名片放到玄关就走了"，而当传话人告诉荣一后，荣一表示"一定要见上一面"。并且和新渡户说"太平洋问题调查会有种种问题，这次中国东北一定会出问题，那个时候一定要说明日本的立场"，"因为有大批美国人前来，关于移民问题务必再和美国协商，让他们重新考虑"，以及"这既是教诲，也是嘱托"。

宫本　新渡户生于1862年，比荣一年轻20多岁，二人可以说是像父子一般吧？

涩泽　是这样的。荣一还拜托了新渡户另外一件事情。据新渡户说，当时中国发生洪水，受灾人数多达2000多万，募集救援物资送到上海，但因为反日情绪高涨遭到了拒绝。荣一深感遗憾，拜托他说"如你有幸可以到上海，请尽量让他们接受这些物资。"当时荣一的想法是在灾难发生时，摒弃政治立场给予人道上的支持。新渡户接受了他的嘱托，次日就收到了荣一的相关书籍。新渡户以荣一的思想为念，在上海做了很多努力，但因为上海的反日情绪高涨，最后无功而返。事后提及此事还总是感到愧疚。

宫本　荣一也有面对死亡的恐惧吧？

涩泽 是的。在那之后91岁高龄的荣一，身体状况每况愈下。11月11日早上，他非常安详地离世了。荣一的遗物当中有同族会在他生前就整理好的目录清单。死后按照敬三的意愿，除去德川庆喜公的墨宝等本家所有的收藏外，其余都分给了同族各家。随着荣一夫妻年事渐高，会议记录也变成了主要记录夫妻二人每月检查治疗和各种看护费用的明细，成为了解当时状况的宝贵资料。

荣一从病重到去世的那段时间的情况，父亲敬三写过文章，也曾经直接和我说过。荣一过了85岁就开始有自己独特的风格。70多岁的时候还非常有精力，还能带着学生一起就餐，展平鳗鱼的天妇罗啦，吃带着血丝的牛排啦什么的。虽然表面上带着温厚的微笑，但总是目光如炬，仔细观察着别人。在嘱托别人做事时也总是非常强势地把自己的意愿传递给别人。当父亲在海外工作3年多，在大正末期回国时，已经不太能感受到这种压迫感了。

宫本 关于荣一的葬礼，您有没有什么印象呢？

涩泽 从王子到青山的葬礼队列，数千名他的学生和普通市民安静地立在道路两侧，衷心地追思荣一并送他最后一程。虽然不是国葬，作为个人葬礼这样的景象还是让人震惊的。当时昭和天皇还派特使把"送别书"送到青山。

"志存高远立朝堂,心有远虑归江湖。经济蓝图先规划,社会设施多回馈。教化众人振精神,亲善国际志毕生。秉诚为公志不渝,经济泰斗屈一指。朝野内外归众望,社会楷模乃典范。高瞻远瞩学识广,独具慧眼目光炬。惊闻噩耗公辞世,特遣使敕书抚慰。功勋德行昭后世,哀思追悼缅怀意。"

敬三诵读了全文后,感动不已。这份"送别书"现在仍在涩泽史料馆常设展出。

对社会文化事业的贡献

宫本 到去世之前,荣一头脑一直是清醒的。他不仅是一位成功的企业家,晚年对国际关系交流的努力,对社会文化事业的贡献,均功不可没。在教育事业方面,荣一资助了一桥大学,在公立大学方面则没有太多的关注。大概是受到美国的影响吧。

涩泽 这个详情确实不太清楚,但是荣一非常喜欢美国的开明和先进的学术研究。荣一曾任旅美实业团团长,参观了美国众多的教育机构,深切感受到美国企业对教育事业的支持和援助。当时实业团成员东武铁路的根津嘉一郎访问回国后创办了武州高中,这是一所现代化程度非常高的学校。我也曾就读于这所高中。

就像宫本老师您说的那样,荣一热衷于援助私立学校。晚年长期担任日本女子学校的校长职务。在女子教育方面,荣一的心愿是培养出贤妻良母型的女子,在开学、毕业等各项典礼的致辞中,也衷心祝愿这些女学生能造福社会,为民工作。

宫本　日本的女大学生都是以培养贤妻良母为目标的吗?

涩泽　并不是的。日本女子的国民教育是基于成濑仁藏的基本理念建立起来的。所以也培养出了平塚这样的女革命家。东京女学馆在荣一的影响下,确实是以培养贤妻良母为目标。当时认为只有优秀的妻子和母亲,才能够教育出优秀的男子。

宫本　对了,荣一是会说外语的吧?

涩泽　其实我也不太清楚,但是他有一本法语字典。

宫本　法语字典?

涩泽　是荣一自己做的,现在收藏在纪念财团那边,是一个像单词表一样的东西。都是"像租房子"啦、"乘船"等词汇,因为要开展一系列的活动,完全不会说法语也是不行的。自他回国之后没有再见他讲过法语,但还是能够达到日常会话水平的。

宫本　感觉荣一是一名非常和蔼的教育者,那么作为家长呢,他严厉吗?

涩泽 并不是这样的。作为出生于幕府末期的人,他对自己的子女算是非常和蔼的,沟通起来也没有什么隔阂。对于其他家族亲属也没有把自己的意见强加于人,是一个非常开明和谦虚的人。

宫本 次子武之助的女儿昭子,就是荣一的孙女,给《东京女学馆史料》第二集投稿的文章中提到了一件事,可以窥见他对子女的教育观念。昭子想要读一名关姓用人的书,没有打招呼就拿走了书。荣一看见之后问道"你看完了之后能借给爷爷吗?"待第二天荣一读过后严肃地问昭子"这本书是你的吗?"并教育她"就算是用人的书也不能随便拿走,你把书还回去吧。然后再礼貌地问问他,我爷爷想要借走读一下,可以吗,待他同意后再拿走。"昭子说通过这件事,她学习到爷爷"不轻视任何人"的教诲。

从这个小故事里可以看出荣一的人品。在城山三郎的小说——入选新潮文库的《雄气赳赳》中,有一段母亲的话……

涩泽 是得了麻风病的人照顾双亲的故事吧。因此也把荣一培养成了待人亲切,乐于助人的人。对我来说荣一作为一名企业家其现实主义印象更为深刻。

宫本 基本上不会拒绝要求面见的人吧?

涩泽 是啊,结果来的人太多了,一个人聊得时间久了,后面等着的人非常困扰（笑）。有时话没有谈完，会一直讲到上车之前，其实也就是杂谈而已。传记资料中收录了非常多的演说、演讲、座谈资料。荣一那个时代还没有磁带录音机，演说时都有两人随行，通过笔记来记录演说内容，但也因此不能确定哪一部分笔记是完全正确的（笑）。

宫本 荣一在社会文化事业方面除了教育事业外，还出版《德川庆喜公传》共8卷图书。但是，在开始制作前，荣一和庆喜应该接触不多吧，是因为那期间给荣一带来了很大的冲击吧？

涩泽 明治维新之前，庆喜公不是当时的将军嘛。荣一在一桥家工作的时间不过短短几年，但从明治政府卸任之后，成为银行家后去静冈时，又遇到了之前的主人。那时的庆喜因为政治原因与明治政府官员和旧幕僚臣子断了联系，看到身为平民的荣一十分高兴。当时荣一还带去了艺人为庆喜公解闷。

宫本 荣一在鸟羽伏见之战时，已经对庆喜公的行为有所质疑了吧。这次面谈，也能让他好好地了解庆喜公的真正想法吧。

涩泽 我也是这么认为的。此后便迎来了决定性的历史时刻。当时31岁的庆喜决心实行大政奉还，迎接新时代的到来。到1913年（大正二年）庆喜公77岁亡故之前，一直在明治政府的统治下闭门索居,从未有过一点辩白之言。在庆喜公受到种种不公正的对待之际,荣一一直对他多加关照。为了能让庆喜公恢复正常的社会活动,荣一想到编撰传记这个办法。这是1886年(明治十九年)的事情。前后经过了33年的努力才完成了这个浩大的工程。在兜町的自己家里编撰后拿给东京帝国大学历史学教授荻野由之汇总。在1916年(大正五年),荣一出版的庆喜公传记,得到幕府历史研究专家白眉的好评。而这期间的经费达到数百万日元,每一分每一毫都是荣一自己负担的。

与此同时,荣一还与以伊藤博文为首的政府官员展开了长期的洽谈。经过15年的努力,终于在1902年(明治三十五年)为庆喜公恢复了社会身份,并得到公爵的爵位。而同年同日,主导西南战争的西乡隆盛同样跻身华族,获侯爵爵位。现在想来,没有这两人的复权,就无法确立明治政府在历史上的合理性。

宫本 确实是这样。明治政府来就是一个幕府和倒幕派共同管理的政府。

涩泽 我在中学时总是问父亲敬三"您和荣一有什么不同"这样毫无意义的问题。当时他回答说"是截然不同的,你的爷爷是个会认真做事的人。"等到撰写完《横亘太平洋的桥梁》

之后，我才渐渐明白，在企业经营、日美关系和公益事业上，荣一真的是势在必得，殚精竭虑。所谓抱着必胜的决心，顾名思义就是赌上自己的一切，义无反顾地努力的意思吧。

"论语"——企业家的人生原则

宫本　敬三在荣一去世之后，整理了荣一相关传记资料68卷，跨越第二次世界大战，花费了40年时间。

涩泽　父亲敬三在第二次世界大战前得到了土屋乔雄的资助，收集祖父荣一一生的各种资料，并尽全力将其编撰成册。当空袭愈发激烈的时候，便将原稿放在第一银行的仓库中保管。在战后财政吃紧的背景下继续进行，其成果在他去世3年后，也就是1971年（昭和四十六年）出版了。因为世界上还没有对个人的资料的收集达到如此规模的先例，由此获得了朝日奖。近年来，这些资料为纪念财团注入了新的活力，成为其活动发展的重要基础。

宫本　龙门社也支援了涩泽企业的材料整理吧？

涩泽　是的，有的委托幸田露伴撰写荣一的传记，有的在常盘桥公园建造铜像，还有数不清的公司和团体组织纪念活动等。还刊行了从幕府末期到昭和年间荣一丰富多样的活动资料并进行了大规模的学术研究活动。如果敬三没有破釜沉舟的决心和坚定意志,一定是做不到的。

宫本　对于荣一非常推崇的《论语》,敬三是如何看待的呢?

涩泽　感觉敬三并不是那么关注《论语》。但他当然阅读过。我自己也读过一两次(笑)。但是敬三并没有将论语的教诲作为生存的信条。

而荣一在辞任明治政府的职务之后,决心在民间发展企业时,曾给予与他非常亲近的玉乃世履忠告他说:"为商不为恶",这非常具有时代感。我也在想这些体验是否对荣一后来的民间经营原则有所影响。在刚开始经营企业的时候,根本顾不上这些想法与理念。但是随着时间的推移,各个企业和财团步入正轨,开始培养继承人时,童年学习过的《论语》就自然而然地成为荣一的准则与信条。因此,我个人感觉他并不是从一开始就奉《论语》为经典的。

宫本　在论语的思想基础上将仁义道德和生产殖利融合,倡导"道德经济合一论"。但是,与《论语》和宗教相比,继承者敬三更注重合理性。

涩泽　是这样的。荣一应该是一位现实主义者。在宗教方面,荣一非常支持归一协会等,虽然不太顺利,但或许已经将其当成是思想论的一种了。

宫本 组建归一协会的主要成员就有刚刚提及的成濑仁藏。他自己皈依了基督教,并且一直致力于把佛教和儒家统一起来,即使到了荣一过世之后也没有改变信仰。此后,虽然有很多关于荣一的评论和研究,但至今仍然有一个疑问,就是江户时代的商人和明治时代的实业家们到底有什么区别?这两者都是信仰儒家的吧。进一步来讲,江户时代的商人的伦理观和荣一所信奉的基于《论语》与儒家的企业伦理不同。这是要把荣一归到哪一类人当中的问题。

涩泽 这也是我特别想向您请教的地方。为了能在第一国立银行的创立纪念活动上与大家共享成果,纪念财团的研究员们虽然非常努力地去研究这些内容,可最终收集到的资料还是寥寥无几。例如中间商是江户时期就有的,可具体是做什么的,其经营范围是什么,目前还没有找到相关的详细资料。江户时期有江户时期的规矩,也有诸如石田梅岩一类的人,我觉得荣一还是非常尊敬他们的,你觉得呢?

宫本 英国经济史学家加内德·汉达在他的著作中,将日本商人不好的一面大写特写。但是其所诟病的究竟是日本的传统商人,还是在通商口岸专门与初来乍到的外国商人进行交易的日本商人,我们无从得知。或者说,加内德·汉达在他的书中并没有说清楚日本传统的商业法律和商业伦理到底哪里不好。即便是荣一对江户时代的传统商人是否持否定态度，我们也无从得知。不过我觉得这些传统商人与儒家还是有一定的渊源的。

涩泽　彼得·德鲁克也说荣一是位伟人。因为他是世界上第一位指出经营的本质在于"责任"的人。问题在于在日本进入第二次世界大战之前，荣一的梦想到底实现了几成……

宫本　是啊，这也是今后需要研究的重要课题。可彼得·德鲁克是通过什么途径了解到荣一思想的呢？

涩泽　最近财团方面也在考虑是否要派人去克莱尔蒙特大学的大学院，研究一下德鲁克的文献。

宫本　"涩泽荣一"不仅是学者们也是小说家们创作的素材。这个是不是有点奇怪？

涩泽　山本七平在PHP研究所出版的《近代的创造》是一部杰作。幸田露伴和城山三郎等的书都只写到明治维新之前，此后由荣一来接手，他比较随意（笑），传记也算是完结了。荣一作为企业家，为我们展现了坚定信念和无比复杂的心境。如果写成小说的话应该挺有趣的。荣一在王子造纸公司鞠躬尽瘁，结果后来中上川来坐享其成，虽然川平三郎等与该公司创设颇有渊源的人强烈反对，但荣一却并没有提出异议，他认为如果这对日本这个国家有益，自己倒是无关紧要。东洋纺织公司也是类似的情况，山边丈夫当时受尽了股东的白眼，可荣一却始终在这个过程中支持他，荣一始终关心的是公司未来发展的大方向。

宫本　素材有些过于宽泛，这对于写作的人来说可能有些辛苦。但也因此才更有意义吧。

涩泽　近些年荣一的人气居高不下，也出现了不少优秀的书籍。鹿岛茂教授的《涩泽荣一》上下卷，涉及的知识面甚广，里面详细地讲述了荣一的故事。除了小说，橘川武郎教授与其他教授团队还一起撰写了《涩泽荣一与人才培养》（一桥大学日本企业研究中心研究丛书），汇总了荣一合本主义的国际共同研究《全球化资本主义发展中的涩泽荣一》。之后就是片桐庸夫的《涩泽荣一的国民外交》等。每部作品都是从新的角度对涩泽荣一进行观察，且都耐人寻味。现在回想起来，也许在露伴的那个时期，企业家的业绩并不被认为是"曾是活生生的人的行为"。还有一点非常重要的是，虽然人们给荣一贴上了"论语与算盘"的标签，但他做得要更多更好。当然，这并不是说他反对《论语》的意思。

宫本　诚如理事长您说的那样，荣一确实不是刚开始就打着《论语》的旗号。而是因为，有些令人遗憾的企业家逐渐出现在日本社会,这时荣一才开始使用"论语与算盘"这一论调。

涩泽 是的,我觉得荣一作为先驱者,他有自己的觉悟。他觉得如果不对日本经济做点什么,后果将不堪设想。一桥大学等高校从建校之初开始就有很多运营上的困难,荣一当时竭尽全力为其筹措资金。在这期间还与文部省产生了纠纷。当时人们认为商人不需要接受教育,在校学生甚至还曾经集体要求过退学。荣一当时强调说如果想成为优秀的经营者,不会英语和算术是不行的,没有经营头脑也是不行的。他的这些观点即使是现在我们也经常会这么说。尽管这样,文部省还是要把一桥大学并入东大……

宫本 这就是申酉事件吧。当时,荣一是东京高商的商会议员吗?

涩泽 是的,那时与文部省的争执真是到了你死我活的地步。荣一可能觉得一桥如果成为东大商学部的话,就成了姓"官"的大学。而企业家必须得有"民"的意识才行啊。

宫本 大阪商业讲习所(也就是现在的大阪市立大学的前身)创建伊始,五代友厚曾邀请荣一作为讲师。五代曾经师从福泽谕吉,受益颇深,他好像还学习过该教哪些科目。之前提到的新渡户稻造为了在国际上宣传日本,还发行了英文版的《武士道》。荣一在这方面有什么样的活动呢?

涩泽 有这么一件逸事。荣一到美国之后,很多人想要把他发展成基督徒,约翰·沃纳梅克就是其中一个。约翰不仅在实业经营方面颇有建树,也是一名活跃的政治家。他曾经对荣一传教数小时,说儒家固然不错,但一定要成为基督教徒等。荣一很是困扰,他说你们自己信仰就可以了为什么还非得让我也信呢?我的老师孔子曾说过,"己所不欲勿施于人"。最后总算是逃过了一劫。

宫本 确实是个有趣的故事。对于荣一的"论语与算盘",我以前也写过一点东西。江户的武士开始从商时,在当时贱商思想的影响下,确实让很多人有些犹豫。针对这样的人,荣一的"论语与算盘"理论可以说起到了鼓励的作用吧。

涩泽 三岛中洲高度评价了荣一的信念,这对于荣一来说是强有力的支持。我想荣一的言行,都是建立在维持独立人格,基于"日本人涩泽荣一"的基础之上的。对于他的思想,说实话我觉得美国人和中国人可能更容易理解和接受,在这两国间的人气也更高些。

宫本 他对公益事业也非常积极。例如,在关东大地震时捐款金额很高的,是吧?

涩泽 因为他有非常强烈的回馈社会的想法,在每个月的同族会的会议记录中也有很多捐赠记录。国际方面,在旧金山大地震时荣一率先捐款,据说当时日本的捐款额世界第一。当然,这也是出于日美关系还有移民问题考虑的结果。但荣一从未对捐款有过抵抗情绪,不但自己率先捐款,还邀请其他财经人士积极参与。

宫本　在中国方面,有和美国人一同投资的计划吗?

涩泽　日俄战争后,有一同经营东北铁路的美国人,桂太郎内阁也持赞成态度,还起草了备忘录,动工的时候,从朴次茅斯回国的外交大臣小村寿太郎表示反对,理由是不能在牺牲了很多日本人的东北地区与别国分享权益,计划随即终止。若是那时让美国人参与进来,之后东北的情势也会有所不同吧。

宫本　鲇川义介也持有同样观点。鲇川知道荣一吗?

涩泽　不清楚。

宫本　日本与中国的关系直到今天还有重重阻碍。现在的中国是不是已经没有信奉儒教的商人了呢?

涩泽　我想是有的,而且如何对待儒家思想也是中国未来的重要课题。2014年(平成二十六年)春,北京大学为纪念荣一在100年前的1914年(大正三年)访华,以"儒商论域"为题召开了大型研讨会,我也受到了邀请。1912年(明治四十五年)辛亥革命推翻了清朝的统治,成为国民党领袖的孙文在访日期间与荣一建立起了深厚的友谊,之后二人共同创建了一家叫作"中国兴业"的投资公司。此后,孙文病逝。1914年,荣一又接受了袁世凯的邀请,前去中国为中国经济发展提出建议。在"儒商论域"中,虽然我没能了解目前中国对待儒教是何种立场,但是即使是在荣一去世84年后的今天,坚持以儒家思想为核心的荣一及其业绩,仍旧有可能为今后的东亚政治经济的新发展做出一定的贡献。

闲话——荣一的那些事儿

宫本 荣一作为一个男人是受到家人信任的,并且是受到女性欢迎的吧(笑)。

涩泽 其实他有时很不拘小节,在废嫡之后与那个儿子也相处得很好。我出生之后,经常在敬三家里见到他们。同族会的规则是一定要遵守的,但是在我的记忆里好像有人批评过荣一对兼子的孩子格外宠爱,实际情况却不得而知。

荣一毕竟是生活在旧时代的人,他对于女性问题真的是束手无策,以穗积歌子女士为代表,而且他对亲戚也是毫无办法。同族会会议记录中明确记载着荣一65岁以后,虽然认了6个孩子,但是没过多久便送给别人家做养子了。在这些孩子中,最有名的是长谷川重三郎,曾担任第一银行的行长。他在与三菱银行的合并纠纷中失败,导致第二次世界大战后第一银行的独立经营举步维艰。第二次世界大战前,有很多与财阀无关的企业也和第一银行有贸易往来,照顾其生意,但是战后财阀本身也发生了变化,那个时候才开始考虑与三菱合作。

宫本 但是情报被提前泄露出去了。我也记得读卖新闻上一个版面都是他当时与三菱的对话。此后日本劝业银行与第一银行合并成第一劝业银行。

涩泽 是这样的。然后是关于女性的问题。他80岁之后的日记里面还记录了工作之后拜访朋友家的事情。真是非常直爽的人(笑)。年轻的时候,有一次浅野总一郎有事拜托荣一,在准备见荣一时,得知荣一在筑地一个与他关系亲密的女性家里。因此,浅野进门的时候说"我要见涩泽先生"。结果里面有人大声说道"这没有叫涩泽的男人,你去别处找找吧。"(笑)

宫本 非常有时代感的逸事啊(笑)。浅野开始经营水泥生意时也与荣一商量过。荣一那个时候经历了东京深川水泥官营工厂经营不善停业整顿的挫折,所以他曾经反对过浅野,但是在浅野的诚意感召之下,最后还是答应协助他经营水泥生意。这就是之后的浅野水泥合资公司,此后又经历了几次合并,成为现在的太平洋水泥公司。

涩泽 荣一还有一个和家父敬三的故事非常吸引我。荣一曾经让敬三放弃了他非常想要学习的生物专业，走上了经商之路。但是这并不是强制性的，而是以朋友的立场非常郑重地去拜托他的。面对荣一这样的人物如此做法，敬三毫无抵抗之力，最后也只能说"我知道了"。就在这一瞬间，敬三一边说生物学"就像死去的孩子"，一边哭。荣一和他的母亲也忍不住流泪。

自那之后，敬三就是肩负着"两个人"理想的人，或者像是有双重人格的人。敬三一方面继承了荣一的志向，担任过日银总裁和大藏大臣等财界职务，另一方面在民俗学等方面也做了很多研究，还曾获得过日本农业学会的农学奖。在银行工作之余所有时间都用于这样的学术活动，他的收入也多作为研究经费了。或许也是因为这样身兼二职，敬三67岁就过世了。

宫本 荣一对敬三说过"做个银行家吧"这样的话吗？

涩泽 没有。虽然说想让他成为企业家，但并没有说必须在第一银行工作。荣一临终前曾见过佐佐木勇之助，二人是共同创建了第一银行的同志，也是志同道合的朋友。当时敬三在旁边也非常感动于二人的友谊。分别之际，佐佐木说"敬三的将来就交给我，你就放心吧。"充分表达了他想要负责任地把敬三培养成第一银行行长的想法。但对此，荣一摆了摆手，敬三认为他是想要说"不要那样，看敬三他自己能有多少本事吧，你不要勉强为之"的意思。第一银行不是个人的公司，有能者为之。敬三也非常感激荣一能有这样的想法和感悟。可这样的话，这个故事就有些前后矛盾了。我想荣一病逝之前应该是想要说我不该让敬三走上这条实业之路。

宫本 不过，那也有可能是在荣一看来，当时的敬三已经成长为能够独当一面的经营者了吧。

涩泽 也许是这样吧。敬三和荣一的关系非常亲密，彼此心意相通。如果敬三选择了生物学，待荣一过世之后涩泽家族也许就没落了。

宫本 在同族会上都是穗积和阪谷这样的长辈，敬三的压力也很大吧？

涩泽 敬三多次说过最锻炼自己人格的事就是调解家族内部纠纷。

宫本 此外，众所周知荣一在"著书"方面特别有才华，但却没有资助过画家和艺术家们是吧？

涩泽 是的。不知道他是不是会关照特定的演员或者文乐木偶戏的名角儿。但是当时好像有位叫作川上贞奴的著名女演员。有一次她早上突然拜访荣一，荣一像往常一样接待了她。当时，贞奴说想要创建一所培养女演员的帝国女演员培养学校。她是曾经和川上音二郎周游世界时名声大噪的美女，之后回国。

也是一位连罗丹都想以她为蓝本创作雕塑的美人。遗憾的是，因为她太忙而拒绝了罗丹的邀请。

当时荣一给她回复说"那我就帮你吧"。碰巧当时正准备建帝国剧场，于是就在剧场里规划出30~40坪的地方作为培养女演员的场地，还邀请了当时非常著名的森律子、松井须磨子等加入，那里面的女学员还有当时国会议员的女儿。我还参加了几年前帝剧创建100周年的庆典，当时是在东京会馆，来了很多让人怦然心动的美女演员，还挺紧张的（笑）。顺便提一下，荣一在创校仪式上的讲话也被保留了下来。他鼓励说道："德川时代曾有三类人一直被社会贬低。第一就是企业家，第二是女性，第三就是演员了。我们这所培养学校，以培养女性演员为目标，我非常支持。也希望你们能够努力成为优秀的女演员。"

宫本 在荣一的内心，还是会介意社会对生意人的歧视吧。

II 同时代的人们对荣一的评价

  1897年（明治三十年）9月出版的《实业之日本》第1卷第4号，有位叫作"乌乌子"的作家撰写了一篇意味深长的文章。文章中提到了当时社会的变革家，并对思想界的福泽谕吉，实业界的涩泽荣一所作出的功绩深表敬意。这种论调在当时的实业界深得人心。福泽和涩泽二人打破了官尊民卑的思想禁锢，福泽（虽然在实业界有非常多的弟子）一直活跃在思想界，虽未踏足实业，但对涩泽在日本经济社会的贡献赞不绝口。比较之下，二者观点却有很多不同。例如福泽的父亲是大儒，他本身对于儒学并不赞同，而荣一却大力提倡"论语与算盘"。从二者各自的传记来看，二人的关系未必融洽。

  同时，从二人对后世的影响上看，深受福泽思想影响的企业家武藤山治与荣一的继承者之间是竞争关系。武藤在纺织业界功勋卓著，也曾涉足政界和记者领域，批判过井上准之助（藏相）的政策。甚至在荣一过世之后，把矛头直指乡诚之助等人。

然而，这两人在当时的政界和财界作为荣一继任者，都是被寄予厚望的人物[1]。

明治中期执笔的"乌乌子"当然不可能预测到这样的局面，只是肯定了二人均是日本的实业界、思想界的不世之材，将会大放异彩，受到后世敬仰。本章节对于"涩泽荣一"这位企业家的评价并不是从后人的角度出发，而是将其置身于当时的时代。

例如，明治、大正时期记者的代表人物山路爱山，从整体上客观地评价了荣一。爱山在1909年(明治四十二年)《太阳》杂志中以"涩泽和安田善次郎"为题投稿了一篇长文[2]。文中评价当时的荣一是"落后于时代的人"。因为爱山看到小资本家的股份公司被大资本家财力倾轧，并且每当引起恐慌时，都有小资本家的股份公司被大资本家企业收购这样的景象。即便如此，爱山也感激荣一提高了城镇居民的社会地位，并教会小资本家用"合本主义"这件"武器"来对抗大资本家垄断的"武器"。

本章所提及实业家们的"荣一评论"与爱山的评价主旨略有不同。如果要问他们的评价是否客观，恐怕应该说是各执一词吧。然而，当时的人们并不在意这样的人物评价会带来什么样的影响。

明治时期的文豪幸田露伴曾经评价过[3]，荣一在待人接物和对待事业时都十分"恭敬"，这从当时人们的评价中可见一斑。

此外，被采纳的"荣一评论"的作者按照出生年月排列，在各自的末尾标注了最初的出处（收录在《涩泽荣一传记资料》别卷第8，标注了＊），且只选取了重要部分。在标记方面，为了方便读者阅读，原则上使用常用汉字（一部分是正字），也有换成平假名表记的地方。括号内是作者的注释表记。同时把古代的假名改成现代假名，删掉不必要的标注假名，并根据需要适当换行，还加上了标点符号。为不损害原文韵味，保留了一部分较难阅读的部分，还希望能够得到读者的理解。

浅野总一郎（1848—1930年，实业家、原浅野水泥社长）

把我介绍给涩泽的是王子抄纸部（王子文化用品股份公司的前身）的负责人谷敬三。谷敬三对于把煤炭卖给王子抄纸部这件事起到了推动性的作用。最初是横滨的朝比奈医生将他介绍给我认识的。我本身没什么学识，为了弥补自身的不足做生意时都事必躬亲，开始做煤炭生意后，也绝对不假他人之手，船一到港就抢先帮忙卸货。王子抄纸部总经理涩泽偶然间见到我在王子抄纸部的河岸帮忙。有一次谷先生传话说"大塚屋，大人（我记得他称呼涩泽为大人）邀请你去他家玩儿，你就答应了吧。"但是我心里想"怎么能过去随意玩儿呢"，最后也就不了了之。

此后不知是过了多久，在一天夜里11点左右我第一次拜访涩泽家。一到门口，就看到他家里有十来个学生凑在一起玩。我说："我是被邀请过来玩的。"结果进屋后，涩泽责备说："晚上11点来别人家，也太过分了吧。"涩泽身边是他的夫人和一位十二三岁的姑娘（后来的穗积夫人），说了一会儿戏剧的事情。我记得当时因为太晚了，他家的姑娘催他说"爸爸，睡觉吧"，深夜造访也不怪涩泽抱怨。但是，我解释说是"因为每天晚上都要工作到10点多，记完当天的账，然后洗个澡再去拜访的，怎么都得11点多了。"涩泽听了之后赞许了我的工作态度，那时他说了一句"生为江户人，就得有靠本事吃饭的觉悟"。我当然是有了这样的觉悟才到江户来的，涩泽的这句话深得我意，更坚定了我靠本事吃饭的信念。

这是我对涩泽子爵的第一印象。我觉得子爵孤傲不羁，勤奋努力。若是一门心思想要继承家产、依赖他人，在这个世界上无论如何是不能成功的。

*《实业之日本》第31卷第20号（1929年10月）

佐佐木勇之助（1854—1934年，银行家、原第一银行行长）

子爵是一位非常和蔼的长辈，不管见谁，都会给予关照，还会带很多东西。而且，他带来的东西都不会弄错大家的喜好，竭尽所能地关心每一个人，给予大家各种各样的关照。（此处有删减）

他非常令人敬佩的一点是一旦决定了的事情就会排除万难坚持到底。大约是在明治三十年发生了这样一件事。当时纸币大幅贬值，也是西南战争以来纸币泛滥最严重的时候。各大银行和政府都为防止贬值，打算废除纸币。大隈（重信）在（东京）两国的中村屋里召集了银行家们商议此事。当时，有反对大隈政策的人。大隈大发雷霆，而涩泽则决心无论如何都要把这政策贯彻下去，率先从第一银行废除了大量纸币，才使纸币的购买力得以恢复。

涩泽做了很多无可挑剔的壮举。不管是哪方面都非常有勇气，同时（此处有删减）还非常有礼貌。我年轻时就一直在他手下工作，他对我一直是礼遇有加，极少有随意传唤的事情。如果没有特殊事情，也不会到家中叨扰。

*《实业之日本》第31卷第19号（1928年10月）

波多野承五郎（1858—1929年，实业家、记者）

无论到什么时候涩泽都是我的好朋友，是我最亲近的人。听起来有点偏袒他，但实际上绝对不是这样。他毫不懈怠地指导每个人，让他们竭尽所能发挥自己的才能。

有的人一旦犯错就一蹶不振，毫不反省失败原因。涩泽则是有了过失后改正它，并预防它再次发生。正因如此，涩泽门下的成功者比较多。前代的古河市兵卫成为铜矿之王也是多亏了涩泽的指导。浅野总一郎等虽然常为世人所诟病，但涩泽不管到了哪里都为他们辩护，说他们一直都在引导人们向善。涩泽不仅对人如此，对事业也是如此。一旦觉得好就投身其中，募集股东后即便经营不顺利也从不后悔退缩。有些发起人一旦事业发展不顺就率先抛售股票，若无其事地抽身而退，在涩泽的责任观看来这是绝对不能接受的事情。这样的事情毋庸置疑是损人不利己的，这时候应该倾尽全力挽回损失。就算用上一两年的时间也决不放弃，不断地扶持它、看护它，就算是再坏的经营状况也一定能够力挽狂澜，回到正轨。这样的事情既是荣一强烈的责任感所致，也是他不断努力的结果，也许是他自己都没有察觉的本能所致。因此，他的部下也都被他感化，献身于行动，经手的事业也都重新繁盛起来。直到现在，与涩泽有关的事业都在不断发展壮大。

*《实业之日本》第30卷第13号（1927年7月）

堀越善重郎（1863—1936年，实业家）

有这样一件事。(涩泽)子爵在明治三十五年第一次去美国时见到美国总统罗斯福。当时罗斯福总统夸赞了日本开国以来的巨大进步，赞扬了日本在美术方面的造诣。当时子爵并没有特别高兴，他说"真是遗憾，您称赞了当今日本的美术和兵制，却没提到日本的商业和工业。但愿下次见面时能够谈论到日本的商业。"（此处有删减）

接下来，在大正四年巴拿马运河开通博览会上，二人再次相遇。罗斯福总统说："上次的谈话没能让阁下满意，最近日本的商工业发展非常迅速。"子爵闻言非常高兴。当时的贸易额已经达到12亿美元。4年之后的大正八年子爵再次去美国时，因为欧洲战争的影响，贸易额达到42亿美元。遗憾的是罗斯福总统已经过世，子爵也非常遗憾地说如果罗斯福总统还在的话一定会大加赞赏吧。

*《实业之日本》第31卷第19号（1928年10月）

乡诚之助（1865—1942年，实业家、政治家）

这段时间，在杂志上经常讨论谁是涩泽第二的问题，实际上恐怕今后都不会有像涩泽那样的领袖了吧。并不是说没有优秀的人物，而是现在的财经界已经不可能再允许有涩泽这种操控全局的人物存在了。从这个角度来看，只有在财经界处于创世初期的混沌状态下才会有像涩泽那样的伟人存在，真可谓是时势造英雄。

反过来看，不管时势多么需求英雄的出现，如果缺乏乘风破浪的人才，这个团体、整个社会乃至于国家都会走向衰落，这样的先例不胜枚举。如果没有涩泽的存在，就不会有飞速进步的社会，快速发展的银行和成果卓然的实业。这样看来，不管时势的条件多么完备，也不能否认涩泽本身超凡的能力所发挥的作用。

而且，涩泽在财经界的卓越功勋不仅是构建社会繁盛实业和盘活银行这些显而易见的方面。因为人们很容易看到这些成绩，往往忽视他在精神层面为财经界做出的贡献。

本来日本的实业家都是利己主义，甚至被诟病说有江户时代商人的劣根性。但是涩泽却走出统治阶层，投身财经界，提倡"论语与算盘"的结合，大大鼓舞了实业家的士气，提高了他们的品性，他在这方面的功劳和苦劳不可估量。可以说涩泽

在精神层面的功劳比在事业方面的功勋更为卓越,可谓空前绝后。(此处有删减)

涩泽以善行为己任,这从他一生的事业发展中可见一斑。只是他在年富力强时有些喜好女色,此外再无别的嗜好。也不像别的富豪那样喜欢古董,最主要的是他不视财如命,甚至都不是一个富豪。

涩泽可以说是财经界的奠基人,长年累月的工作却并未成为富豪,说明他是个真性情的人。追求金钱财富而热爱事业的人不胜其数,因为热爱事业而为财经界做贡献的人才也不乏其人。但是,以行善为己任,热爱事业,散尽家财,88年如一日,为了财经界的发展倾尽心血的除了涩泽老先生别无他人。

所谓完美的人格是拥有高超的本领且能以公正角度来看待事物。但当财界的难题无法解决时,这往往就成了得意忘形之人的短处。只有不忘初心,一心一意地去追求,才能最终成名。说句极端的话,他把行善做成了权威。

就如(楠木)正成留下忠臣正成的名号一样,即使在百年后,他也会永远活在六千万国民的心中。青渊子爵涩泽荣一永存。

涩泽荣一翁颂德会编(1919),《漫谈世界级国宝涩泽翁》
(实业之世界社)

矢野恒太（1866—1951年实业家，第一生命保险创业者）

我有一本《论语》，是比口袋书更精巧的精装收藏本，这本书是（涩泽）子爵送给我的。子爵非常喜欢这本书，即使不带其他书籍，也会经常把它揣在怀里，稍有空闲就拿出来读一读。因此，经常是一年就看坏一本，所以我也每年就赠送给他一本。（此处有删减）

有一件让我感激涕零的事情。那是在前些年（1927年），子爵去美国时把我介绍给了加里（原US钢铁公司总经理）。介绍信里面写着"我的朋友，是一名孔子研究者，拜托您多多关照。"当加里看到介绍信后，说"我也喜欢研究孔子"，还经常使用"己所不欲，勿施于人"这个名句。

不得不说的一点是涩泽简直就是至善之人，从来不会贬低和强迫别人。如果旁边有人哭着拜托他的话，他是很难拒绝的，基本上都是有求必应。我们即使看到了，也不想插手那些事情，但是涩泽却是鼎力相助。他有一颗普度众生的仁慈之心，不管是多么鸡毛蒜皮的小事，也从不会忽视。

我想能达到涩泽这种程度的智者比比皆是吧——这么说或许有些失礼，今后也会有很多吧。像涩泽这样有勇气的人也有很多，但是，这样的仁慈之人除了涩泽别无他人，而且，今后也不会多见。——聚集在涩泽身边的人，除了因为仰慕他的德行，也有很多是为了追求利益。但这最终都是仁慈的力量所致。

*《实业之日本》第 31 卷第 19 号（1928 年 10 月）

大田黑重五郎（1866—1944 年，实业家）

这需要从甲午战争后涩泽被封为男爵开始讲起。有一次，朝野名士们聚集到了一起，偶然的机会我坐到了涩泽男爵的旁边。当时我们只是点头之交，双方不了解。但是，天生有些粗线条的我在闲谈时问了男爵这样一个问题。

我听说男爵您参与了无数事业的经营活动，首先非常感谢您为国家做出的贡献，还有就是真心佩服您充沛的精力。最后我有一个疑惑，作为一个实践者参与到如此多的事业经营当中，是好事，还是坏事呢？要是选定一个事业为主，并选择一些直接相关或者间接相关的事业的话，我也能够理解。可是像男爵这样，参与很多完全不相关的事业领域，很有可能相互影响。而且，男爵您开始接触诸多事业是从明治维新之后，作为实业界的元勋有很多不得已的情况。面对这些都要尽职尽责逐一解决的话，身体会吃不消的吧。男爵您能做到游刃有余，但对我们这些后生来说有没有什么建议呢？

在男爵看来，我们可能是一些没什么经验的学生吧。毋庸置疑，对于繁忙的男爵来说也仅仅是几面之交，谈不上了解我们与否。如果是普通的社会名士的话，可能会非常高傲地，从头开始就带有轻蔑地笑而不语吧。但是涩泽男爵却非常认真地听取了我的问题，做了如下回答。

"真的是非常诚恳的问题，实际上我也经常在想这样的问题。这样说有点像是在辩解，但我在明治维新之后也算为国家尽了绵薄之力，创办了银行。当初的想法是只想做个银行而已，没想到银行建好之后聚集了不少资金，却苦于没人来贷款。当时也没有合本组织这样的企业，也不能随随便便就贷款给商家。不得已我就开始考虑除了银行，再创立一个合本公司吧。在这期间，渐渐地发现了事业发展的商机，于是开始全力发展经营。也是不得已，必须将这些事业联系在一起，我做这些也只是因为这个时代还不成熟，希望大家知道这是例外。总之，今后会生出各种弊端，虽然我能够充分预见，但原则上还是像你说的最好还是专注于一项事业领域。"

我听了这个回答后一方面感到这真是非常中肯的回复，另一方面也感受到涩泽平易近人的个人魅力。

*《实业之日本》第 14 卷第 7 号（1911 年 4 月）

井上准之助（1869—1932 年，官僚、政治家、原日本银行总裁）
我认为迄今为止，我们所熟知的元老级人物中没人能有涩泽子爵那样的思想和态度。

同时，迄今为止有很多功勋卓著的人物，但涩泽子爵比他们更具备完美的人格和丰富的知识。而且，长期以来养成的良好修养使他待人接物都十分和蔼，而且还有一种说不出的魅力，这也说明他有非常亲近民众的一面。

因此，和其他官僚出身的元老不同，他是非常现代化的。不管是从思想上，还是从见识上都可以说他是非常现代化的、亲民的代表人物。

*《实业之日本》第 31 卷第 19 号（1928 年 10 月）

添田敬一郎（1871—1953 年，官僚、政治家）

涩泽子爵是财经界的大功臣。纺织行业也好、银行业也罢，还有其他很多行业都得到过子爵的大力支持。因此就算说子爵是日本商业的奠基人也毫不过分，此外，他还是推动社会事业发展的先驱者。

子爵从年轻时就开始参与养老院的经营，一直到今日。当东京市的经费出现问题准备关闭养老院时，子爵投入私人财产帮助它继续运营。

此外，各种各样的社会事业都得到了子爵的关注。特别是在他的晚年，从商界引退之后他更加关注社会事业。其一就是强烈希望能够把当时社会的一些混乱现象导向和平。

与此同时,在国际方面更是不遗余力地推进各项事业的发展。像日美关系确实令人担忧,虽然移民问题依照绅士约定已经能够解决一部分问题,但土地所有权问题也是刻不容缓的棘手问题。为此,子爵在83岁高龄还不厌其烦地赴美,和相关负责人士会谈,回国后又创建了日美关系委员会,真可谓为解决两国问题而鞠躬尽瘁。

同时,在日中关系上,无论是在政治上还是在经济上都积极促进两国的睦邻友好,为事业经营献计献策。这些都是子爵努力的成果。因此,如果说日本也有民间外交的话,毋庸置疑子爵是其先驱者。

在国际关系问题上,子爵毫不吝惜地投入私人钱财,不顾高龄数次出访。即便是生病期间,也经常为了这方面的工作废寝忘食,殚精竭虑。不管是从国家的立场上,还是从国民的立场上,都是值得感谢的。

涩泽荣一翁颂德会编著(1929),《漫谈世界级国宝涩泽翁》
(实业之世界社)

冈崎国臣(1874—1936年,官僚、原东京株式贸易所理事长)

大正十四年的春天,当时先生因为哮喘复发在家中静养。

前一天还发作过,医生警告说禁止会客,需要安心静养。可是因为贸易所出了可能会影响到国家的大问题,所以我无论如何都想拜见先生。老先生当下就答应了我,即便是卧病在床还讲了好久的话,他当时说会竭尽全力帮助我,我非常感激。这些都是普通人难以做到的。而老先生则因为是事关国家社稷,不惜舍命相助。我这坚定的信念就是在老先生这里建立起来的。

当时的事情简而言之就是需要拜托时任内阁的某位阁老,这是除了老先生以外任何人都做不到的事情,所以我才去拜访他。当时先生病重,在大矶静养。先生听了我的请求十分在意,虽然他因为生病不能移动,但却不顾医生病重不能执笔的嘱咐,写了一封长长的书信,说是希望这封信能等同于他本人亲自拜访。当时还是病着的老先生,写着写着就开始发烧,他看起来非常难受,全凭着毅力在坚持。写不动毛笔字了,就改成用铅笔写,其间数次休息。他坚持写完后还让我抄写了一份,并把抄写的书信拿给了阁老。因为事情非常复杂,阁老也回复了一封长长的信。虽然最后没能达成初愿,但不论成功与否,老先生排除万难照顾后辈的热忱使人不得不动容。

我把老先生当时的亲笔信,作为纪念妥善地保存了起来。每看到这封书信,就能想起先生满腔热忱的样子,总是感动得流泪。是他的言行让我看到了自身的不足。我会把这封信写明来由，永远地传给我的子孙后代。

涩泽荣一翁颂德会编著（1929）《漫谈世界级国宝涩泽翁》
（实业之世界社）

涩泽敬三（1896—1963年，银行家、政治家、民俗学者）

祖父一直到80岁，还是每天忙于俗务，对于各个方面的事业都很感兴趣。两人一起吃饭时，祖父总是用筷子把星鳗的天妇罗展平。就算是提醒别人时的责备之言也总是带着幽默的语气，当然也有讲道理教训别人的时候。我深深感受到他是一位把自己的想法直接地传达给别人，总是面带微笑积极地指导别人的老人。一方面总是惊讶于他的丰功伟绩，另一方面又能感受到他无时不在的和蔼可亲。

祖父到了80岁左右的时候，（此处有删减）我越来越明显地感受到他超乎常人的意志。我不想用圣人和圣明之类的词汇来形容他。换句话说，我感觉他已经活得非常通透了，但这时，我也能慢慢感受到祖父散发出的光芒，或是世俗的那一面正在逐渐消逝，反而觉得他更像是个普通人了。

很多时候我都跟随着祖父的步伐前进，这样更容易想象到他的身姿。他头稍稍偏向左，像个孩子似的，还带有一丝温柔，一头与年龄略不相符的花白头发，蹒跚走来的形象越来越清晰。

这样的身影不是我自己臆想出来的,而是多年的经历所得。比起端庄的伟人,他更像是一位孤独的乡野农夫。

同时,虽然难以再次瞻仰他的容颜,但总能感受到他诗一般的境界和孩童一样纯真的灵魂。

《龙门杂志》第530号,青渊先生1周年忌纪念号
(1932年11月18日夜记)

注释:

1 松浦正孝(2002),《财经界的政治经济史》,(东京大学出版会),57—74页。

2 龙门社编(1966—1971),《涩泽荣一传记资料》别卷第八(同社),251—261页收录的山路爱山(1909),"涩泽男爵与安田善次郎",《太阳》第15卷第11号(博文馆)。

3 幸田露伴(1940),"青渊先生的后半生",《龙门杂志》第616卷(龙门社)1—16页。同上,《涩泽荣一传记资料》别卷第8,305—318页。这里露伴说到,孔子传授"仁"的思想,弟子问"如何能得仁",孔子答曰"恭、宽、信、敏、惠"五德,其中首推"恭"字。

"企业家涩泽荣一"简略年表

公历	和历	年龄	相关事件	社会状况
1840	天保十一年		2月3日出生在武州国榛泽郡血洗岛村（现埼玉县深谷市血洗岛村）	这年鸦片战争爆发
1853	嘉永六年	13	这时开始只身买卖蓝叶（此后15岁左右积攒了家业）	6.3蒲贺的黑船来航事件
1856	安政三年	16	这年，以其父亲的名义在冈部兵营负责征税	10.8亚罗号事件
1858	安政五年	18	12月，与千代结婚	6.19签署日美修好通商条约
1863	文久三年	23	9月，夺取高崎城，策划焚烧横滨异人馆计划 11月，终止计划来到京都	7.2萨英战争
1864	元治元年	24	2月，就任一桥家	6.5池田屋事件
1867	庆应三年	27	1月，作为巴黎万博会的幕府随行人员赴欧洲，增长了见识（次年11月回国）	10.15敕准大正奉还政策
1868	明治元年	28	12月，继任静冈藩检定组织首领，不久后请辞退	3.14五条誓文
1869	明治二年	29	1月，担任静冈藩检定组织负责人，首席执行官，就任商法会所首席股东 11月，担任民部省税务长，民部省修订委员	12.25开通东京与横滨间的电报书信业务

续表

公历	和历	年龄	相关事件	社会状况
1870	明治三年	30	闰10月，任富冈造丝厂事务主任	这一年普法战争开始
1871	明治四年	31	8月，任大藏大丞 12月，兼任大藏省纸币管理官，完成（国立）银行条例编写	7.14废藩置县
1872	明治五年	32	2月，任大藏少辅事务官 6月，发行《航西日记》共6卷 10月，长子笃二出生 11月，申请成立抄纸公司（之后的王子制纸有限公司）	11.15公布国立银行条例
1873	明治六年	33	2月，抄纸公司成立申请获批 5月，从大藏省离职 7月，就任第一国立银行总监，迁至东京兜町	7.28公布地租改正条例
1874	明治七年	34	1月，接受抄纸公司事务委托，就任临时首席股东	10.9开始万国邮政联合
1875	明治八年	35	8月，就任第一银行首席股东 12月，东京会议所首席董事兼任行政科首席执行官	5.7签署库页岛、千岛交换条约
1876	明治九年	36	这一年，搬迁至东京深川福住町的府邸	10.2在东京开设美国商业会
1877	明治十年	37	5月，第一国立银行开设海上保险业务 7月，择善会创立筹备（之后解散，成立银行集会所）	2.15西南战争爆发
1878	明治十一年	38	8月，担任东京商法会议所会长	5.4制定股份交易所条例
1879	明治十二年	39	8月，担任东京府养育院院长	4.4琉球藩改成冲绳县
1880	明治十三年	40	10月，成为大阪纺织会社创立指导委员	10.10日本银行开业
1882	明治十五年	42	1月，成为银行集会所委员（之后就任会长） 7月，妻子千代过世 11月，仓库会社、均融会社开业，担任顾问	6.27颁布日本银行条例

续表

公历	和历	年龄	相关事件	社会状况
1883	明治十六年	43	3月,担任大阪纺织会社顾问 1月,同兼子再婚 11月,成为东京商工会会长	7.7鹿鸣馆落成
1884	明治十七年	44	7月,浅野水泥工程落成之际给予经营支援	12.4甲申政变
1886	明治十九年	46	4月,成立龙门社	10.24诺曼顿号事件
1887	明治二十年	47	10月,成立日本炼瓦制造公司,担任理事 12月,担任有限责任公司东京宾馆(之后的帝国宾馆)的发起总带人,并提出创立申请 担任东京人造肥料公司委员长	9.21在横滨铺设了日本第一条水道设施
1888	明治二十一年	48	12月,兜町府邸竣工,搬迁至此	4.25颁布市制与町村制度
1889	明治二十二年	49	3月,担任日本炼瓦公司理事长	2.11颁布大日本帝国宪法
1890	明治二十三年	50	9月,成为贵族院议员	11.25召开帝国议会
1891	明治二十四年	51	1月,东京商业会议所获批成立 7月,担任东京商业会议所会长 10月,辞去贵族院议员职务	5.11大津事件
1893	明治二十六年	53	5月,担任东京人造肥有限公司董事会会长 9月,担任东京石川岛造船有限公司,王子制纸有限公司董事会的会长 10月,担任帝国宾馆有限公司董事会会长 12月,担任日本邮轮有限公司董事	4.14颁布出版法、版权法
1894	明治二十七年	54	1月,担任东京瓦斯有限公司董事会会长 5月,担任札幌麦酒有限公司董事会会长	8.1中日甲午战争爆发

续表

公历	和历	年龄	相关事件	社会状况
1896	明治二十九年	56	8月，笃二的长子敬三出生 9月，第一国立银行转设为有限公司第一银行有限公司，继续担任负责人	4.6召开第一届奥林匹克运动会
1897	明治三十年	57	3月，涩泽仓库部开业（之后成为涩泽仓库有限公司）	10.1实施金本位
1898	明治三十一年	58	4月，赴大韩帝国视察	6.30成立了日本最初的内阁
1900	明治三十三年	60	5月，被授予男爵称号	3.10颁布治安警察法
1901	明治三十四年	61	5月，迁居飞鸟山府邸（现东京都北区西原）拒绝了大藏大臣的就任邀请	11.18开始了官营八幡制铁所的经营
1902	明治三十五年	62	5月，在兼子夫人协同下赴欧洲视察（同年9月回国）	1.30签署日英同盟协议
1903	明治三十六年	63	11月，感染流感，疗养度日	12.17莱特兄弟公开飞行
1904	明治三十七年	64	9月，结束长期疗养，恢复工作	2.10日俄战争爆发
1906	明治三十九年	66	7月，成为中国东北南部铁路有限公司设立委员会委员长 11月，日本精致糖和日本精糖合并，成立大日本制糖有限公司，出任顾问	3.31颁布铁路国有法
1907	明治四十年	67	2月，成立帝国剧场，担任董事会会长	6.4别子铜矿暴动
1908	明治四十一年	68	10月，担任中央慈善协会会长	6.22红旗事件

续表

公历	和历	年龄	相关事件	社会状况
1909	明治四十二年	69	6月，辞去诸多企业和团体的职务 8月，作为赴美实业团团长第二次赴美，同年12月回国	5.6颁布报纸法 10.26伊藤博文遇刺身亡
1910	明治四十三年	70	8月，担任社团法人东京银行集会所会长	8.22签署日韩合并条约
1912	大正元年	72	6月，成立归一社，担任干事	7.30明治天皇驾崩，改元大正
1913	大正二年	73	10月，成立日本实业协会，担任会长	10.6日本政府承认中华民国
1914	大正三年	74	1月，成立东北九州灾害救济会，担任副总裁 5月，中国视察（同年6月回国）	7.28第一次世界大战开战爆发
1915	大正四年	75	4月，成立涩泽同族会（株），委任敬三为社长 10月，第三次赴美（参观巴拿马太平洋万国大博览会等，次年1月回国） 11月，被授予一等功勋旭日勋章	1.18向中国政府提出21条要求
1916	大正五年	76	7月，从有限公司第一银行有限公司引退，担任顾问 9月，发行《论语与算盘》 10月，担任财团法人理化学研究所创立委员会会长	9.1实施工厂法
1918	大正七年	78	1月，出版《德川庆喜公传记》（荣一著）	11.11第一次世界大战结束
1920	大正九年	80	4月，担任国际联盟协会会长 6月，担任日华实业协会会长 9月，被授予子爵称号	3.15发生战后恐慌
1921	大正十年	81	10月，第四次赴美（参加华盛顿裁军会议，次年一月回国）	11.4原敬遭到暗杀
1923	大正十二年	83	9月，创立大地震善后会，担任副会长	9.1关东大地震
1924	大正十三年	84	3月，东京女子学馆馆长和日法会馆理事长	这一年，美国颁布排日移民法

续表

公历	和历	年龄	相关事件	社会状况
1925	大正十四年	85	5月,日美无线电信(株)设立委员会会长	4.22颁布治安维持法
1926	大正十五年	86	8月,(会社)日本放送协会顾问 10月,召开第一回雨夜谈会(直到1930年)	12.25大正天皇驾崩,改元昭和
1927	昭和二年	87	2月,担任日本国际儿童亲善会会长	3.15发生金融恐慌
1928	昭和三年	88	11月,被授予一等勋章旭日桐花大绶章	4.10成立日本商会议所
1929	昭和四年	89	11月,成为中央盲人福祉协会会长 12月,参观皇居内苑,与天皇共进餐	10.24纽约股市大跌
1931	昭和六年	91	1月,(财团)癫痫预防协会负责人,担任理事 4月,担任日本女子大学校长 8月,担任中华民国水灾后援会会长 9月,在飞鸟山府邸为救援中华民国水灾后建设进行募捐演讲 11月11日,上午1点50分,去世	9.18九·一八事变

* 到1872年12月为止的日期均为农历。

* 年龄均以当年生日作为满龄计算。

* "相关事项"主要是参考了涩泽史料馆副馆长桑原功一所提供,涩泽史料馆发行的《常设展示图录 涩泽史料馆》(2000年)所收录的"涩泽荣一略年谱"等。

写在 PHP 经营丛书"日本的企业家"系列发行之际

本套丛书介绍了像日本明治时期的涩泽荣一那样优秀的几位企业家。他们将日本商业在中世纪和近代的奋斗精神发扬光大,引领了近代的发展。日本在昭和时期饱受战争之苦,此后能快速复兴正是因为这些企业家的不懈努力。他们团结和领导人们,为实现社会富裕作出了杰出的贡献。1946年(昭和二十一年)11月创立本公司的松下幸之助就是其中的一人。他一方面励精图治致力于经营事业,另一方面又以"人乃万物之灵"为理念,通过本公司的各种活动向世人展示了繁荣、和平、幸福的美好愿景。

我们秉持着尊敬这些创时代的企业家的态度,汲取他们的人生智慧。在了解这些优秀企业家之后,通过他们的人生经历和经营历史一定会获得现实性的启示。秉承这种信念,为纪念公司创立70周年,决定发行PHP经营系列丛书。在策划本套丛书时,首先选取了活跃在日本近现代,重视经营理念的企业家们，一人做成一卷。松下幸之助以展现言微旨远的寓意为初衷，将宣传图标设计为两匹头部相对、在天空翱翔的飞马，给人以尊重个体、旨在和谐的印象。"以史为鉴可知战略，洞察人心"——基于史实和研究成果所撰写的本套丛书如蒙钟爱，我们将不胜欣喜。

株式会社 PHP 研究所

2016 年 11 月

SHIBUSAWA EIICHI
Copyright © Matao MIYAMOTO & Kouichi KUWABARA
First published in Japan in 2016 by PHP Institute,Inc.
Simplified Chinese translation rights arranged with PHP Institute,Inc.through
Beijing Hanhe Culture Communication Co.,Ltd
Simplified Chinese edition copyright © 2019 New Star Press Co., Ltd.
All rights reserved.
著作版权合同登记号：01-2018-1535

图书在版编目（CIP）数据

涩泽荣一／（日）宫本又郎编著；崔小萍译．
-- 北京：新星出版社，2019.6
ISBN 978-7-5133-3349-8
Ⅰ．①涩… Ⅱ．①宫… ②崔… Ⅲ．①工业企业管理-经验-日本
Ⅳ．① F431.35
中国版本图书馆 CIP 数据核字（2018）第 260733 号

涩泽荣一

[日] 宫本又郎 编著；崔小萍 译

策划编辑：杨英瑜
责任编辑：杨英瑜
责任校对：刘 义
责任印制：李珊珊
装帧设计：斑 马

出版发行：新星出版社
出 版 人：马汝军
社　　址：北京市西城区车公庄大街丙3号楼　100044
网　　址：www.newstarpress.com
电　　话：010-88310888
传　　真：010-65270499
法律顾问：北京市岳成律师事务所

读者服务：010-88310811　　service@newstarpress.com
邮购地址：北京市西城区车公庄大街丙3号楼　100044

印　　刷：北京美图印务有限公司
开　　本：787mm×1092mm　1/32
印　　张：12.5
字　　数：300千字
版　　次：2019年6月第一版　2019年6月第一次印刷
书　　号：ISBN 978-7-5133-3349-8
定　　价：69.00元

版权专有，侵权必究；如有质量问题，请与印刷厂联系调换。